**图书在版编目（CIP）数据**

社区归来：一个珠三角村庄的公共生活与社区再造／李翠玲著 . —北京：
中国社会科学出版社，2015.6
ISBN 978 - 7 - 5161 - 6170 - 8

Ⅰ.①社…　Ⅱ.①李…　Ⅲ.①农村社区—社区建设—研究—广东省
Ⅳ.①D669.3

中国版本图书馆 CIP 数据核字（2015）第 107334 号

| | | |
|---|---|---|
| 出 版 人 | 赵剑英 | |
| 责任编辑 | 田　文 | |
| 特约编辑 | 胡新芳 | |
| 责任校对 | 张爱华 | |
| 责任印制 | 王　超 | |

| | | |
|---|---|---|
| 出　　版 | 中国社会科学出版社 | |
| 社　　址 | 北京鼓楼西大街甲 158 号 | |
| 邮　　编 | 100720 | |
| 网　　址 | http：//www.csspw.cn | |
| 发 行 部 | 010 - 84083685 | |
| 门 市 部 | 010 - 84029450 | |
| 经　　销 | 新华书店及其他书店 | |

| | | |
|---|---|---|
| 印刷装订 | 北京君升印刷有限公司 | |
| 版　　次 | 2015 年 6 月第 1 版 | |
| 印　　次 | 2015 年 6 月第 1 次印刷 | |

| | | |
|---|---|---|
| 开　　本 | 710 × 1000　1/16 | |
| 印　　张 | 17.5 | |
| 插　　页 | 2 | |
| 字　　数 | 295 千字 | |
| 定　　价 | 55.00 元 | |

# 《公益与转型丛书》
# 编委会

# 总　序

## 公益转型推动社会转型

朱健刚

在经历了 30 多年经济体制转型以后，中国进入了社会体制转型的关键时期。在这个时期，一方面，社会结构急需改革，以适应市场经济的发展；另一方面，社会矛盾凸显，社会问题层出不穷，这个时候也急需政府和公民之间能够良性互动，防止矛盾的暴力化倾向，形成理性的公民秩序。

正是在这个关键时期，公民公益成为社会转型的重要动力。未来之中国能否超越传统的革命与改良二元论，以社会力量促使体制变革，从而能够既化解暴力冲突，又实现社会转型？这是我们研究和关注的重要命题。为此，我们诚邀一批行动导向的学者，共同编辑"公益与转型"学术丛书，我们的作者从理论思考和社会实践切入，共同观察当前的公益转型如何促成社会转型，又共同研究社会建设理念如何推动治理变革。在转型时代共同见证和推动国家的善治。

所谓公益转型，也是传统慈善到现代公益的转型。其中从计划慈善体制缝隙中顽强生长出的民间公益最值得关注。在过去的 30 年间，中国的慈善体制长期处于计划体制的阴影中，大部分慈善行为仍然是政府主导，指令摊派，而且慈善行为也常常被过度政治化，这种计划慈善和市场经济已经格格不入，市场经济的发展必然呼吁国家在保障社会救济和社会福利的同时，要让慈善事业回归民间，激发民间慈善的活力，也应该由此改革相对应的社会治理体制。

市场经济推动了普通人更多的身份平等，这也使得公益慈善事业不仅仅是富人的专利，而是成为人人都能参与的全民公益。这种全民公益的实质就是公民公益，它强调普通的公民通过志愿行动来实现公共利益或者公共价值。这种行为方式与市场行为和政府行为的不同是：首先，它是志愿的，而非被迫的，它是普通人自愿地不计报酬地实现自助、互助和他助；其次，它是公共的，而非个人的，作为公共行为，公民公益或者追求公共利益，或者展现公共价值；最后，它是公民性的，这种公民性体现在它试图超越以往国家主义的计划慈善和纯粹个人性的施舍行为，强调公益慈善是人与人之间的互惠关系，是一种情感和价值的礼物交换。除此之外，公民公益还寻求共识，强调以政府、市场和社会合作的方式来解决社会问题，化解社会矛盾。

公民公益对于社会转型有着重要的意义：第一，公民公益可以给普通公民参与公共生活提供一条柔性理性的管道。公民公益是普通人个体面对日常生活中遇到的社会问题和困难而志愿地去寻求方法加以解决的过程。这就使得作为日常生活之地的社区成为公民重要的参与空间。也只有社区的公共生活活跃起来，整个社会才能充满活力。公民公益的重要作用在于激活基层社区，为整个社会治理的多元共治积累社会资本，同时直接带动社区治理的民主参与。

第二，公民公益还可以培育社会组织，推动社会组织的成长。社会体制建设最重要的工作之一就是社会本身有能力自我组织，自我解决社会问题。当前社会组织中最能够迅速成长的就是各类公益慈善组织。人们在社区自愿参与的基础上，为了解决社会问题，很容易跨越社区，逐渐使自己的志愿行为制度化和规范化，这就形成各类专业性的公益组织。这些一线公益组织并不需要行政动员或者政府资源，就可以自我发展，还会逐渐形成整个公益组织的生态价值链条。包括直接服务的民间公益组织和提供资金资助的基金会，也包括国际机构、企业 CSR 和政府的购买服务部门，这些社会组织之间的互动与创新逐渐会形成社会组织的一个自我循环的公益生态。

第三，公民公益还可以直接影响社会政策过程，直接推动社会治理机制的改革。和传统慈善单纯的救助不同，公民公益还强调助人自助，也强调整个社会政策的完善。社会政策直接面对老百姓的民生和发展问题，其政策过程并非由政府单方面促成，而往往是利益相关方通过公益倡导等方式来影响相关法规和社会政策的创新，促进受助群体权益的保障。因此，公民公益也包含公益倡导的内容，通过公益人或公益组织对政府的表达、要求、沟通和对话，使得政府能够调整政策，改善制度，以满足民生和社会发展需要，从而实现社会的善治。

第四，公民公益对社会体制改革最长远的推动是它能不断培育出积极公民。社会体制改革虽然关注制度的改革，但好的制度也需要好的公民来推动和实施，制度才能真正成为可以落实的制度。积极公民是指那些敢于积极担当社会责任的公民，从汶川到芦山，我们都能看到在公益慈善的行动中涌现出来的积极公民。我们今天谈到很多的社会创新家，很多就拥有积极公民的精神。他们最重要的特征是可以以公民价值观为核心，进行资源整合和动员，推动各类公益慈善的行动。公民公益需要通过激活以往的中华公益慈善传统，需要改革当前的教育、传播和知识生产机制，通过这种改革，使得更多的积极公民从公益慈善事业中涌现出来。

社区参与、社会组织、改善治理和培育公民构成了公民公益推动社会转型的四种途径，希望这套丛书能够丰富和拓展各方面的研究。我们相信，社会转型不仅需要自上而下的推动，更需要自下而上的普通人的努力，虽然人们常说，有什么样的国家就有什么样的公民，但从另一面看，有什么样的公民，也将决定我们有什么样的国家。未来中国的转型正蕴藏于每个参与公益的普通人的转变之中。

# 目　录

# 导　论

　　在从事田野调查期间，很多当地居民都问过我，为什么会来到他们这个地方，为什么要研究他们，他们有什么可研究的。这是个严肃的问题，在田野工作过程中，我也多次扪心自问。的确，起初我不是冲着宁村去的，我甚至都不知道还有这么个地方，不过似乎有一种莫名的力量，最终将我牵引到了这个叫宁村的社区。按照最初的设想，我刚开始到小榄的时候，是打算研究这里颇具特色的一项民俗——菊花会的。2009 年的夏天，我在小榄镇地方志办公室查阅相关资料的时候，"宁村"两个字不断跃入眼帘：小榄"首富"，远近闻名的"亿元村"，乡村工业化、都市化的"样板"，公共基础设施建设、社会保障最为先进的村庄……不论是政治、经济，还是文化、教育、福利，这个村庄都是耀眼的"先进典型"，任何小榄镇的重大事务，宁村都是最积极、最具影响力的参与者。在前期走访的过程中，我不止一次从当地居民口中听到宁村的大名，无一例外地流露出对这个村庄强烈的羡慕与向往。这些记载和描述逐渐使我对这个村庄产生了兴趣，决定前去一探究竟。

　　之前我对这个村庄毫不知情，也没有任何熟人朋友介绍，凭借一副"闯荡"田野的无畏气概，我带着一封学校的介绍信，从满街飞驰的"摩的"中截下一辆，不到 10 分钟就被带到了宁村居委会。这座大院楼宇森严，秩序井然，气派非凡：正对大门的主体建筑是一座有着深蓝色玻璃幕墙的大楼，在阳光照射下通体泛着冷峻的幽光，颇具现代气息；院子右侧是一个"服务大厅"，无论是面积、设施、办公方式，还是人员做派，都让人恍若置身于广州的某个街道办事处。上前向一个年轻的工作人员说明了来意，年轻人对此并不知情，但他马上询问其他同事，打电话帮我联系相关机构和人员。出去没一会儿，我就接到他打来的电话，问我找到了地方没。不经意间流露出的周到与关切，令我十分感动。后来在居委会下属的一个部门，由于部门负责人出差，另一名年轻人接待了我。他对菊花会的传统渊源知道得不多，菊花会也不是他们日常工作的重点，因此我们并未就此过多交谈。他对我的到访很热心，建议我去找他们的村书记，还给了我书记的电话号码。初次接触，我对这个村庄留下的印象很好，觉得这个地方的人很热情，跟一般发达地区本地人的冷漠、戒备、傲慢很不一样。不过，我真正对这个地方感兴趣始于半年之后。

2010 年 1 月，我又一次前往宁村进行短暂访问。几天之后，我有幸受到邀请，去参加居委会政工办公室组织的"社区文体总结表彰大会"。听了主管政工的郭书记的介绍，得知众多文体社团在这一年中的出色表现——健身队、拔河队、粤剧团、歌舞团、龙狮武术团、书画协会……我才发现原来这里的文体活动如此繁荣，群众团体如此众多，取得的成就如此显著！这个社区的拔河队居然要代表中国去意大利参加一个国际拔河比赛！来参会的基本都是受表彰的团体和个人，好些穿着运动服，看上去个个精神饱满，英姿勃发，令人感到非常振奋。会议结束后是晚宴，来吃饭的人比开会的更多，偌大的宴会厅中座无虚席，席间觥筹交错，洋溢着欢声笑语。在这个社区，这样的集体聚餐在年底非常密集，居委会各个部门——环卫、治保、物业、城建都会组织各自的年终总结聚会活动。对于我们出生于改革开放后的这一代人来说，火热的集体生活只是书本中的描述或长辈们充满感情的回忆。然而，在宁村，这种激动人心的生活场景却在重新变得鲜活，这里的人们如今就是在这样生活！调查期间，这个地方、这群人对我触动最大的地方，就是他们竭力营造共同体，将自己归属于群体生活的那种努力。

每个家庭都有着以血亲和姻亲为底色的社会关系网。此外，同学、同事、生意伙伴等友缘和业缘关系也在关系网中扮演着日益重要的角色。社会关系与家庭的财富、地位、声望相互作用，是当地人获取各种资源最主要的渠道。这些灵敏的关系网触角伸向四面八方，牢牢托起当地人的生活，使之在自己的"地盘"上生活得泰然自若、游刃有余。红白喜事是展示、扩大和加强家庭关系网的大好时机，促使人们不惜重金，在这些人生礼仪中大肆铺张，广泛宴请四方宾朋。

人们与祖先的关系强烈而紧密，每个家庭都在客厅中央郑重地供奉着祖先牌位，凡家庭重要事务必向祖先汇报请示，请求祖先保佑。社区墓地坐落于村西北的一座小山岗上，可以很容易地前去拜访探望故去的亲人先祖。清明祭祖是一年一度与祖先团聚的大日子，受到各个家庭的高度重视。在墓地中选择一块风水宝地被认为对家族的繁荣昌盛至关重要，以至于尚还健在的人们也都急急忙忙去抢占一方墓穴，虚位以待。除了在各种仪式活动中与历代先祖保持紧密联系，人们还热衷于修订族谱，仔细厘清本宗本族的支系脉络，在将自己归入某姓某房某支的同时，发掘与自己源出一族的同胞，联络往来，一同去到周边市镇甚至省外寻根问祖。同一姓氏集团之间的男性成员相互称兄道弟，提到他们的"兄弟"时那种亲密无间的微笑和语气，十分令人生羡。

这里仍旧是一个有"神"社区，家家户户客厅都有观音、北帝、天后等数位大神坐镇，门口有土地神把守门户，厨房有灶神保佑食物充足、滋味甘美。乔迁新居的头等大事就是安放好神位，郑重祭拜，不如此不足以安居。拜神也是婚礼中的一道重要程序，新郎新娘必须悉数拜过双方家庭中的诸神，才能完成嫁娶，展开小家庭的新生活。家神之外属于社区神的管辖范围：村中遍布社坛，"社头"被视为"那边"的村长，掌管辖区范围内大小事务，受到当地居民普遍供奉；村里近年来还重建了大大小小数座庙宇，除了净意庵因为有在宗教管理部门的注册记录而得到大规模的公开重建外，其余都是人们私下自发重建的小庙。每个庙宇都有各自的信众和节日，香火普遍较为旺盛。

社区文化娱乐活动发达，活跃着健身队、拔河队、粤剧团、歌舞团、龙狮武术团、书画协会等众多群众文体社团，每个月几乎都会举行一场文艺演出，放上一两场电影。寒暑假期间，有专门为孩子们举办的篮球赛、少儿才艺大赛、游园会等活动。村里每年都会组织一次全村性的健身操比赛、舞蹈比赛、拔河比赛和环村长跑。每当夜幕降临，许多妇女就会聚集到广场上，随着欢快的音乐集体起舞。年轻人在旁边的运动场打篮球、乒乓球或羽毛球，孩子们踩着滑板在人群中穿来穿去，玩耍嬉戏。另外一些粤曲爱好者聚集在街巷或幽静古朴的"佩兰书室"，吹拉弹唱，自娱自乐。村里还会举行一些大规模的集体宴饮，每年的重阳节，村里都会集体宴请上了年纪的老人们。年底的聚餐活动也非常频繁，村政府各个职能部门都会召开各自的总结表彰大会，会后的聚餐无疑是活动的重头戏。

在对这个村庄的调查过程中，我似乎慢慢体会到，人们为什么要说"宁村好"。一方面，这个村庄有着异常雄厚的经济实力，能够为村民提供"从摇篮到坟墓"的良好福利；另一方面，经济的发达并没有摧毁这个村庄的社区生活，反而既促成了"传统复兴"，又为现代都市文化的引入提供了条件，使社区成员得以尽情享受集体生活的美好愉快。传统与现代、乡村与都市、生活富足和社区归属感，在这个正在经历工业化和都市化转型的村庄并行不悖，使之充满别具一格的魅力。

宁村生机蓬勃的社区生活给我留下了深刻印象。在查阅相关文献的过程中，我发现这种现象并非宁村独有，许多经济发达的东南沿海地区，如福建、广东和浙江都出现了"社区生活的回归"和传统复兴的倾向，这类村庄"不仅经济迅速发展了，而且富有地方文化的韵味"①。根据一般的认识和理解，工业化和都市化将导致农民和村落的终结，一方面在城市社会中，血缘纽带、邻里关系、世代生活受同一民俗传统影响等形成的情感荡然无存或极大减弱，竞争和正式的控制机制代替了民俗社会赖以存在的坚实纽带②；另一方面现代市场经济所要求的制度设置和精神要素，在各种细节上都与村庄的运行传统、结构、制度处于不同轨道，在资本主义发展的过程中，"自我维系和自我再生产的共同体，位居需要加以熔化（瓦解）的固体物（传统）名单的榜首"，迫使个人脱离共同体，凝结为"劳动的大众"③。然而，为什么在宁村这类社区，人们的日常生活却并没有完全服从城市化、工业化和市场化的运行逻辑，变得高度理性、紧张、个人化，反而人们愿意花费大量时间精力，组织参与各种与生产及利益无关的仪式和文化娱乐活动，致力于追求社区团结和集体生活？

我注意到，这些村庄表现出一些显著的共同点：经济发达，工业化、城镇化程度高，处于急剧的社会转型进程中。这些因素与社区回归之间有何关系？为什么在农民和村落终结的地方，反而更容易出现社区回归？社区回归对这些地区意味着什么？对这些问题的思考，贯穿于本书调查和写作的始终。

---

① 贺雪峰：《乡村治理的社会基础：转型期乡村社会性质研究》，中国社会科学出版社2003年版，第160页。

② ［美］路易·沃思：《作为一种生活方式的都市主义》，载汪民安、陈永国、马海良主编《城市文化读本》，北京大学出版社2008年版。

③ ［英］齐格蒙特·鲍曼：《共同体》，欧阳景根译，江苏人民出版社2003年版，第33、29页。

当前，中国正处于高速城市化时期，各地乡村都不同程度地卷入了这一进程之中。在一些经济发达的沿海地区，随着大城市扩张导致"城市带"的出现，以及乡村工业化带来的乡村"自然城镇化"，城市和乡村之间的地理、社会文化边界日益模糊，农民的终结和乡村的终结成为不可避免的普遍现象。然而，很少有人讨论过，农民和乡村在终结之后要往何处去。部分学者注意到，农民并不像通常所预期的那样张开双臂迎接都市化的到来，尤其是沿海发达地区农民，他们对"跳农门"表现出顽强的反抗和抵制。法国社会学家孟德拉斯凭借对农民社会的深入研究预言，认为乡村社会和乡下人将来将会变得和大城市的情况一样，是一种过于简单的幻想，农业劳动者和农村居民在某种意义上依然将是有别于城市人的。① 美国学者高斯密则指出，（乡村）在都市化的进程中积极的一面并没有超过消极的一面——社区共同体的感觉和传统生活的社会团结消失了，代之以一种传统的没有个性的都市社会互动模式。② 乡村都市化是否就一定以社区共同体的衰落为代价？有没有可能在都市化的背景下保持社会团结和带有人情味的社会互动？如果有，这种带有乡村和都市混杂特质的社区和社区生活会是什么样的？这些都是在社会发展中产生的重大社会问题，需要社会科学工作者深入思考。

另外，社会转型导致的社区解体对既有道德、价值观念和社会秩序造成重大冲击，并导致了一些社会问题。张思指出，近 20 年来，中国农村在非集体化、私有化和市场化过程中，出现"私·个人"的一面极度膨胀和"公·集团"的一面退化萎缩的不平衡现象，不但导致共同致富无望，稳定有序的共同管理也出现困难。③ 阎云翔的观察更是充满悲观色彩，他认为走出祖荫的个人并没有获得独立自主的个性，而是表现出极端功利化的自我中心取向，在一味伸张个人权利的同时拒绝履行义务，在公共领域表现自私。④ 如何在改革开放的新形势下，积极培育与新型的制度、组织形式、生产方式相适应的"公·集团"的观念和习惯，已经成为当前社会面临的迫在眉睫的问题。

---

① ［法］孟德拉斯：《农民的终结》，李培林译，社会科学文献出版社 2005 年版。

② ［美］高斯密：《农民的终结》，《广西民族学院学报》2004 年第 2 期，第 16—19 页。

③ 张思：《近代华北村落共同体的变迁——农耕结合习惯的历史人类学考察》，商务印书馆 2005 年版，第 5 页。

④ 阎云翔：《私人生活的变革》，上海书店出版社 2009 年版，第 4 页。

改革开放以来，我国社会进入快速转型时期，国家治理方式的转变导致以往的社会组织结构方式大面积失效，城市单位社会解体，农村基层社会陷入"原子化"困境，寻找一种切实可行的社会整合替代方案成为当前中国面临的重要问题。"社区"所具有的行政管理单位和生活共同体的双重含义，使之成为追求稳定、秩序和满足人的需求的不二选择。20世纪90年代以来，在国家和政府的主导下，"社区建设"首先在城市大规模展开。进入21世纪后，这一社会运动向农村蔓延，在全国范围内掀起"新农村建设"浪潮。这些沿海发达地区的村庄，往往被视为"新农村建设"典范，这些村庄的发展道路，也许在一定程度上预示着中国乡村未来的发展。

本书试图阐明：在都市化变迁的进程中，社区共同体、村落传统生活和社会团结并不一定会消失，在现代条件下，社区公共生活能够得以存续，甚至更积极地复兴，社区共同体也将随之重获生机。需要指出的是：（1）当前的村落社区是经过改造和调适的共同体，传统村落社会在向都市社会转型的过程中，其社会结构和组织方式也在发生相应变化，从以往依靠强关系维系的机械团结向以弱关系为基调的有机团结转变；（2）当前的村落社区是被生产和建构出来的。鲍曼指出，所有的共同体都是假定的，是在个体选择之后而非个体选择之前，是计划的东西而非现实的东西。① 折晓叶等提出，社区回归"不是传统社区形貌的简单再现，而是一个创造性地利用传统社区的社会性资源，再组织社区生活的过程；也不是一种历史的必然，而是一个创造和重新建构的过程"②。本书认为，共同体在变迁中表现出的表面上的延续性和稳定性实际是经过动员和再生产的结果。当地民众对社区共同体的追求，可以视为对当下快速社会变迁的一种回应，人们借助共同体的稳定性和归属感抵御现代化和市场化的全面入侵。只有将社区共同体置于更为广阔的时代和区域背景中，才能理解这种共同体产生的文化策略。

---

① ［英］齐格蒙特·鲍曼：《流动的现代性》，欧阳景根译，上海三联书店2002年版，第263页。

② 折晓叶、陈婴婴：《社区的实践——"超级村庄"的发展历程》，浙江人民出版社2000年版，第29页。

# 一　关键概念界定

## （一）社区

"社区"概念从提出至今，已经发展出上百种以上的定义。鉴于本书研究主旨和田野调查点具体情况，本书将主要从四个方面来界定和把握"社区"概念：

### 1. 作为生活共同体的社区

从词源上来看，"社区"（community）的英文词根来自拉丁文 communis，其含义等同于共同安全和伙伴关系。① 将"社区"引入社会学研究视野，则要归功于德国社会学家滕尼斯，他的代表作《共同体与社会》（*Gemeinschaft and Gesellscha*）奠定了"社区"在社会学研究中的地位。滕尼斯所指的"社区"，主要是一种相对于"社会"的组织类型，这些社会组织是由"本质意志"所导致的、建立在自然情感一致基础上的、联系紧密的、富有人情味的小规模生活共同体。在他看来，共同体是一种持久的和真正的共同生活。②

作为生活共同体的社区是人们孜孜以求的最美好的生活理想之一，也是当前社区建设的重要内容，中共十六届六中全会通过的《关于构建社会主义和谐社会若干重要问题的决定》中提出："全面开展城市社区建设，积极推进农村社区建设，健全新型社区管理和服务体制，把社区建设成为管理有序、服务完善、文明祥和的社会生活共同体。"费孝通指出，只有形成了一定程度的认同和情感，才能为居民之间达成共识提供条件，促使居民参与社区公共事务，社区自治才能实现③，因此，"社区秩序的关键，社区建设的归宿，都在于社区共同体的形成与逐步强化"④。作为共同体的社区生活理想还与儒家文化价值观高度一致，具有深厚的传统思

---

① 朱健刚：《国家、权力与街区空间》（上），《中国社会科学季刊》1999 年第 26 期，第171—193 页。

② ［德］滕尼斯：《共同体与社会》，林荣远译，商务印书馆 1999 年版。

③ 费孝通：《对上海社区建设的一点思考》，《社会学研究》2002 年第 4 期，第 1—6 页。

④ 马西恒：《社区建设：理论的分立与实践的贯通》，《浙江社会科学》2001 年第 6 期，第87—91 页。

想文化基础，"社区建设的目的之一是要建设一个基于中国优秀文化传统之上的守望相助、尊老护幼、知礼立德的现代文明社会，这实际上也是社会主义道德建设的一部分"。①

2. 作为地域单元的社区

从芝加哥学派开始，社区的地域性开始得到重视，芝加哥学派将社区作为连接环境和人的生活方式的概念，地域性成为界定社区的关键因素之一，地域范围成为开展人文生态学研究的基础。芝加哥学派对社区地域的强调带动了社区研究从"社会类型"向"地域社会"的转向，对社区的界定由"组织"论进入"区域"论。中国社会学界倾向于把社区界定为地域社会。中国早期社会学的奠基人吴文藻和费孝通等人，都将社区理解为边界清晰、相对封闭的实体。吴文藻认为"社会是描写集合生活的抽象概念，是一切复杂的社会关系全部体系之总称。社区乃是一地人民实际生活的具体表词，它有物质的基础，是可以观察的"；费孝通也表示："以全盘社会结构的格式作为研究对象，这对象并不能是概然性的，必须是具体的社区，因为联系着各个社会制度的是人们的生活，人们的生活有空间的坐落，这就是社区。"② 他们对社区的界定有两个共同点：一是将社区视为具有明确边界的"实体"；二是都有出于便于实际研究操作的考虑。

3. 作为行政管理单元的社区

在中国的城市改革背景中，"社区"指的并不是有着共享的认同和有机联系的社会群体，而更多是指一种新的城市行政管理地域单元。2000 年经中共中央办公室、国务院办公室转发的《民政部关于在全国推进城市社区建设的意见》明确指出，"社区是指聚居在一定地域范围内的人们所组成的社会生活共同体。目前城市社区的范围，一般是指经过社区制度改革后作了规模调整的居民委员会辖区"。这份文件也对社区建设做出了说明："社区建设是指在党和政府的领导下，依靠社区力量，利用社区资源，强化社区功能，解决社区问题，促进社区政治、经济、文化、环境协

---

① 费孝通：《居民自治：中国城市社区建设的新目标》，《江海学刊》2002 年第 3 期，第 15—18 页。

② 王铭铭：《小地方与大社会——中国社会的社区观察》，《社会学研究》1997 年第 1 期，第 86—96 页。

调和健康发展，不断提高社区成员生活水平和生活质量的过程。"这份文件确定了社区建设的主要基调，即社区基层政权建设，社区成为基层政权的代名词。此后中央政府出台的一系列有关社区建设的文件，尽管增加了社区自治内容，但基本上都是对这一定义的补充和完善。

将社区作为城市行政管理的基本单元，是近年来中国城市管理出现的重要新变化。项飚等指出，社区建设，就是要把街居组织由政府的"脚"，变成社区居民的"头"；把作为简单行政区划和行政设置的街居，变成具有自我组织性和能动性的"地方性社会"，从而重构社区与居民以及政府的关系。① 朱健刚用"社区行政建设"描述1949年以来街道权力的变迁，认为街道行政权力在由虚拟状态不断向政府实体化方向转变。尤其是20世纪90年代"单位制"解体后，社区行政权力急剧加强，主要表现为社区管理委员会正在成为新的基层权力中心。② 托马斯·海贝勒等认为，城市社区的成立是"从上面"建立集体的一种尝试，建设这种社区的目的，是使社区取代单位，成为新的社会控制和联系群众的机制。③当前，基层政权意义上的社区建设在中国城市方兴未艾，并且逐渐与时下的"新农村"建设相结合，呈现出从城市向农村扩展的趋势。

4. 作为城市社会象征的社区

当前，对社区概念的论辩几乎都集中于其类型、要素或组织结构特征等方面，很少有人注意到这一词语所蕴含的城乡心理差异。我国社会学界普遍承认，社会学术语之外的"社区"是城市社会改革中开始流行起来的新词汇。近年来的社区研究基本上围绕国家推动的社区建设运动而展开，研究区域主要集中于城市，这就给人一种错觉，即"社区"是城市特有的事物。尽管村庄是社会学、人类学领域典型的社区研究单位，但对于生活在乡村的普通民众而言，这个概念却十分陌生，与其日常生活经验具有相当的距离。师凤莲指出，不仅那些世世代代习惯了"村"、"庄"、"寨"、"屯"等称谓的农民对社区含义一无所知，就是那些实际指导农村

---

① 项飚、宋秀卿：《社区建设和我国城市社会的重构》，《战略与管理》1997年第6期，第11—19页。

② 朱健刚：《城市街区的权力变迁：强国家与强社会模式》，《战略与管理》1997年第4期，第42—53页。

③ ［德］托马斯·海贝勒、君特·舒耕德：《从群众到公民——中国的政治参与》，张文红译，中央编译出版社2009年版。

社区建设的县、乡干部，许多人对其也知之甚少。①

近年来，在我国城市化进程中普遍推行的"村改居"政策，无疑在话语层面加深了"村庄"与"社区"的城乡对立色彩。居住在村庄的是"村民"，村民委员会属于农村社会管理体制；而居住在"社区"的则是"居民"，居民委员会属于城镇社会管理体制。"村改居"对当地居民来说，除了管理体制的变革以外，更多意味着从"乡村"到"城市"、从"农民"到"市民"的身份改变带来的社会心理冲击。

与这四种界定相对应，本书所指的社区兼具以上四重含义：生活共同体、地域社会、行政管理单元和城市地域单位。首先，本书强调社区的共同体性质，情感、文化和认同被置于社区构成要素的首要位置。本书所要讨论和展示的，正是在急剧的社会变迁过程中，文化认同和道德情感共同体意义上的社区如何被维系和再造的过程。其次，本书的研究对象，是一个具有明确地理边界的村庄，村落地域由行政区划和传统信仰祭祀范围、民众心理认同等因素共同决定，地域认同构成当地居民身份认同的重要组成部分之一。再次，本书所指社区也是一个行政管理单元，是由众多自然村合并而成的行政村。这个村庄自改革开放初期开始就开始持续进行自发的"社队合并"。2004 年，小榄镇正式全面推行"村一级核算"，宁村成为实体化的行政村，土地、资金、人员控制权向行政村转移，各个自然村/生产队则相应被虚化，成为隶属于行政村的一个个"小区"。最后，工业化推动了宁村的城镇化，20 世纪 90 年代中后期，宁村在经济结构上完全实现了由农业向非农的转变，村庄公共基础设施建设也日趋向城镇靠拢，村民生产生活方式、村落景观布局日渐都市化。2004 年年底，在实行了"村一级核算"不久，小榄全镇实行"村改居"，各个村庄在行政管理体制上成为真正意义上的"城市社区"。

本书所讨论的社区再造也有四重含义：一是作为共同体的社区再造，重在论述社区认同的重构，人们通过发掘社区历史文化，恢复社区传统，以及开展新式的群众文体活动重新激发社区归属感和凝聚力，恢复社区作为"家园"和生活之地的本义；二是作为地域社会的社区再造，社队合并的直接后果就是村庄边界的变化，由一个个"小村"变成统一的"大

---

① 师凤莲：《农村社区：概念的误解与澄清》，《浙江学刊》2008 年第 5 期，第 148—151 页。

村",社会生活也不再以生产队或自然村为单位进行,而是以行政村为单位进行,所有村民都转变为"宁村人";三是作为行政管理单元的社区再造,从自然村归并为行政村,不仅意味着社区地理边界的调整,更是社区权力和利益格局的调整,对村庄社会生活产生重大影响;四是城乡关系重构,乡村工业的蓬勃发展,使得珠三角的村庄经济增长速度和发展态势较之城镇更为迅猛,农村居民享有的福利和社会保障普遍超过城镇居民,城乡关系在这一地区出现重大逆转,以至于当地政府声称,其发展目标不是实现"城乡一体化",而是实现"乡城一体化"。

### (二)公共生活

要弄清楚公共生活的含义,首先必须澄清何为"公共"。当前,对"公共"的定义主要受到两方面因素影响:一是中国历史上对"公"的理解和界定;二是西方主流学术界对"公共领域"的认识理解。一般学者在讨论中国公共生活问题时,都会将二者结合起来进行思考,这一点在罗威廉、玛丽·兰金等人的著述中有明显体现。[①]

台湾学者陈弱水对中国历史上"公"的观念进行了较为细致全面的梳理,将其分为五种类型,其含义分别为:(1)政府、朝廷或政府事务;(2)普遍或全体;(3)"公"即是"善"或世界根本原理;(4)承认"私"的正当性,理想的"公"就是全天下的"私"都得到合理实现;(5)"公"即"共",包括共同、共有、众人等义。[②]西方学界在"公共生活"研究领域最具影响力的三位学者,分别是汉娜·阿伦特、哈贝马斯和桑内特。汉娜·阿伦特指出,"公共"一词表明了两个密切联系却又不完全相同的现象,即公开展现性和差异共在性。她强调,只有不同的人相互都能听见和看见对方,共同世界的出现才成为可能。[③]哈贝马斯从语源学的角度对德语、法语和英语中的"公共"含义进行了对比,认为"公共"一词的含义经历了从"公众"、"公共性"到"公共领域"的演变过程。他指出,有些时候,公共领域说到底就是公众舆论领域,它和公

① 参见黄宗智主编《中国研究的范式问题讨论》,社会科学文献出版社2003年版。

② 陈弱水:《中国历史上"公"的观念及其现代变形》,载许纪霖编《知识分子论丛——公共性与公民观》第5辑,江苏人民出版社2006年版。

③ [美]汉娜·阿伦特:《公共领域和私人领域》,载汪晖、陈燕谷主编《文化与公共性》,生活·读书·新知三联书店1998年版。

共权力机关直接相抗衡。① 哈贝马斯尤其强调交往在公共生活世界中的作用。桑内特指出，"公共"一词最初是与公共利益联系在一起的，这个词语在 18 世纪获得了其现代意义，它不仅意味着一个处于家人和好友之外的生活领域，还意味着这个由熟人和陌生人构成的公共领域包括了一群相互之间差异比较大的人。② 在桑内特看来，都市是有利于展开公共生活的最佳场所。

以上对"公共"的理解具有三个共同点：一是与私人性/私密性相对的集体性、公开性；二是与私人利益相对的公共利益；三是具有差异性的公众之间交往互动。本书所指的"公共"，取其最基本的"与众人一起"或"公众分享"含义。这些对"公共"的理解直接影响到对"公共生活"的认识。当前国内学者一般将公共生活理解为公共文化娱乐活动，如民俗节日、地方戏剧、游神赛会、体育竞技等。③ 本书也在这种意义上使用"公共生活"概念，指借助公共空间、场景或仪式展开的、有一定数量公众参与的、人们能够在其间交往讨论的文化娱乐活动，包括文艺表演、体育竞技、民间信仰、红白喜事等。

## 二 理论综述

### （一）社区的陷落与重构

共同体一直是人们孜孜以求的最美好的生活理想之一。鲍曼指出，共同体是一个"温馨"的地方，一个温暖而又舒适的场所。在共同体中，我们能够相互依靠。④ 一般认为，工业化以前的前现代农业社会是社区共

---

① ［德］哈贝马斯：《公共领域的结构转型》，曹卫东等译，学林出版社 1999 年版，第 2—3 页。

② ［美］理查德·桑内特：《公共人的衰落》，李继红译，上海译文出版社 2008 年版，第 18—19 页。

③ 刘铁梁：《作为公共生活的乡村庙会》，《民间文化》2001 年第 1 期，第 48—54 页；傅谨：《百年越剧与农民的公共生活》，《南风窗》2006 年第 5 期（下），第 78—79 页；付华顺：《城市化进程中的乡村演剧与公共娱乐生活变迁》，《戏曲研究》2008 年第 3 期，第 187—205 页；甘满堂：《福建村庙酬神演戏与社区公共生活》，《福建省社会主义学院学报》2006 年第 1 期，第 58—63 页。

④ ［英］齐格蒙特·鲍曼：《共同体》，江苏人民出版社 2003 年版，"序"。

同体占统治地位的时期，地域在前现代社区共同体维系中扮演着极为重要的角色，吉登斯指出，前现代社会以地点的方式组织起来的地域化关系是本体性安全的焦点。[①] 在中国，费孝通也强调传统村落社会对土地的依赖，他将此概括为"乡土中国"。工业化开启了通往现代社会的大门，也使社区共同体的命运变得跌宕起伏。在现代社会，对社区共同体存在造成冲击和挑战的因素主要有：

都市化。齐美尔指出，都市依靠规模庞大和结构复杂的科层组织来运作，城市经常变化的环境和科层化的组织运作改变了都市人的精神生活和人际关系的性质特征，并由此与乡村形成深刻对比。芝加哥学派的骨干成员帕克（R. E. Park）在研究中发现，在城市社会，邻里关系正在失去重要性，居民与地方的联系变得越来越松弛，他们虽住在同一地方，却互不相干，甚至互不相识。[②] 费舍尔对此也持相似观点，他从功能必要性、居住在同一地方的人们之间的关系以及与外界的联系难易程度三方面对都市邻里关系进行了检视，认为地方性的邻里社区在居民生活中变得越来越无足轻重。[③]

资本、市场。波兰尼指出，与前现代时期经济嵌入在社会中的"实体主义"不同，资本主义力量要求经济从社会中"脱嵌"，并转而使社会关系嵌入经济关系中。这就导致经济进步"以社会混乱为代价，如果混乱的程度过大，共同体就会在这个过程中被瓦解"[④]。鲍曼对市场力量对共同体的冲击进行过精彩论述，他认为资本主义策略是反共同体的，市场致力于将劳动者从共同体中分离，并且分解共同体的模式设定和角色设定。[⑤] 商业从家庭分离，以及生产者与其生计来源的分离，使得除了谋生之外的赢利行为挣脱了道德和情感之网，摆脱了家庭和邻居的束缚。同样地，它也使这些行为以前承载的意义和内涵被剥离，现代秩序很少承载有

---

① ［英］安东尼·吉登斯：《现代性的后果》，田禾译，译林出版社 2000 年版，第 90 页。

② Park, R. E, (1916) "The City: suggestion for investigation of human behavior in the urban environment. " Reprinted in R. Sennet（ed. ），*Classic Essays on the Culture of Cities*, New York: Appleton-Century-Crofts, 1969.

③ Fisher, C. S., *The Urban Experience*, New York: Harcourt Brace Jovanovich, 1984.

④ ［匈］卡尔·波兰尼：《大转型：我们时代的政治与经济起源》，浙江人民出版社 2007 年版，第 79 页。

⑤ ［波兰］齐格蒙特·鲍曼：《共同体》，江苏人民出版社 2003 年版，第 33、29 页。

"尊严、价值和荣誉"的意义。

　　共同体衰落导致了一些严重的社会问题。传统社区的瓦解意味着既有社会控制的松弛，人们失去了传统乡村或小城镇社区提供的基本保障和精神、心理慰藉，处于孤立无援的状态，在自由的同时变得更加孤独和漂泊，社会时常处于一种混乱无序的"失范"状态，许多社会问题，诸如犯罪、暴力、家庭破裂、吸毒、邪教等也由此应运而生。为了摆脱这种境地，有两种趋势始终伴随着资本主义：第一种是用人为的监控规则来取代共同体过时的"自然而然的理解、取代由自然来调整的农业节奏和由传统来调整的手工业生活的规则"；第二种则是在新的权力架构框架内，恢复或从零开始创造一种"共同体的感觉"①。"空想社会主义者"们所建立的"乌托邦"就是建立这样一种"共同体"的尝试。

　　许多研究者都是社区/共同体价值观的坚定拥护者。刘易斯（Oscar Lewis）和甘斯（Herbert Gans）凭借各自出色的研究对芝加哥学派所持的社区悲观论调进行了有力回击②；费舍尔（C. S. Fisher）、韦尔曼和雷顿（B. Wellman and B. Leighton）等人虽然否定了地域对于社区的决定性意义，但却另辟蹊径，开创了从社会网络角度界定社区的新途径。③ 按照费舍尔等人的说法，在现代条件下，社区公共生活要么得以存续下来，要么甚至更积极地复活了。④ 近年来社区复兴趋势日益显著，主要基于三点原因：一是很多研究者在理论取向上依然坚持功能主义和结构主义共享的"整体主义"信念⑤。二是社区所具有的"沟通"、"分享"、"共同利益"含义，使其无法退出人们的思维和价值选择。⑥ 鲍曼指出，社区共同体是

---

　　① ［波兰］齐格蒙特·鲍曼：《共同体》，江苏人民出版社 2003 年版，第 39 页。

　　② Lewis Osar. *Vida*：*a Puerto Rican Farmily in the culture of Poverty-San Juan and New York.* London：Random House，1967；Gans，Herbet. *The Urban Villagers.* New York：Free Press. 1962.

　　③ Fischer，Claude S. *To Dwell among Friends*：*Personal Networks in Town and City.* Chicago：University of Chicago Press，1982；Fischer，Claude S. "The Sub-cultural Theory of Urbanism：A Twentieth-Year Assessment". *The American Journal of Sociology.* Vol. 101. No. 3. Nov. 1995，543 – 577；Wellman，Barry. "Studying Personal Communities". In Peter V. Marsden & Nan Lin（eds.）. *Social Structure and Network Analysis.* Beverley Hills：Sage Publications，1982；Wellman，Barry，P. Carrington & A. Hall. "Networks as Personal Communities". In Wellman B. & Berkowitz S. D.（eds.）. *Social Structure*：*A Network Approach.* Cambridge：Cambridge University Press. 1988.

　　④ ［英］安东尼·吉登斯：《现代性的后果》，译林出版社 2000 年版，第 102 页。

　　⑤ 卢晖临：《社区研究：源起、问题与新生》，《开放时代》2005 年第 4 期，第 25—31 页。

　　⑥ 高鉴国：《社区意识分析的理论建构》，《文史哲》2005 年第 5 期，第 129—136 页。

人们在现代性和全球化时代寻求温暖和确定性的本能需要。三是社区在民主政治和经济发展方面所具有的巨大动员能力。吉登斯认为："社区建设是一种促进街道、城镇和更大范围的地方区域的社会和物质复苏的可行办法。"[①] 在吉登斯看来，社区建设不仅是扶贫的好办法，而且社区建设中广泛的民主参与和互助合作还能直接或间接地促进社会公正，并改善街区的生活质量。在当代西方社会，社群主义（Communitarianism）已经成为与自由主义并驾齐驱的两大主要政治哲学之一，政治影响日益扩大。[②]

### （二）社区在现代社会的意义转变

20世纪下半叶以来，随着现代化、都市化、全球化进城的不断推进，对社区共同体的认识和理解也发生了重大变化：

首先，对共同体的界定发生了变化。社区共同体不再限于以地域为边界的实体，而是向意识形态上的价值和情感认同拓展。在现代社会，共同体更多是"指人们共有某些东西，它把人们紧紧连在一起，而且给人们一种彼此相属的感觉"[③]。费舍尔和韦尔曼的研究表明，在现代都市社会，社区已经从地理空间中解放出来。与传统按照地理范围划分社区的做法相比，他们更愿意将社区视为"个人关系网络"[④]。地理学家梅西将社区的关系网络性质研究又向前推进了一大步。

在她看来，社区不仅是"个人关系网络"，而是社会关系中某个特定的关系丛结，以及理解这些社会关系的特定时刻。[⑤] 人类学家古柏塔与弗

---

① ［英］安东尼·吉登斯：《第三条道路：社会民主主义的复兴》，北京大学出版社2000年版，第83页。

② 俞可平：《社群主义》，中国社会科学出版社1998年版。

③ Day, Graham. *Community and Everyday Life*. London and New York：Routledge，2006. 转引自毛丹《村落共同体的当代命运：四个观察维度》，《社会学研究》2010年第1期，第1—33页。

④ Fischer, Claude S. "Urbanism as a Way of Life：A Review and an Agenda". *Sociological Methods and Research* 2. 1972，；Fischer, Claude S. *To Dwell among Friends：Personal Networks in Town and City*. Chicago：University of Chicago Press, 1982；Wellman, Barry. "The Community Question-the Intimate Networks of East Yorkers". *The American Journal of Sociology*. Vol. 84. No. 5. Mar. 1979：1201－1231；Wellman, Barry. "Studying Personal Communities". In Peter V. Marsden & Nan Lin (eds.). *Social Structure and Network Analysis*. Beverley Hills：Sage Publications. 1982.

⑤ Massey, Doreen. *Space，Place，and Gender*. Minneapolis：University of Minnesota Press. 1994：5.

格森（Gupta & Ferguson，1997）认为，地方不是一个固定既存的实体，而是一连串地方形塑（place making）的结果。同时，地方与空间相互依存的辩证关系，也使得地方的界线时时变动，这使得过去人类学将文化和地方等同为一的做法发生问题，连带动摇了传统的文化观念。① 这就使社区共同体的界定超越了地域限制，小至学校、村落、街道，大至民族、国家，都可被称为共同体。随着网络社会的崛起，共同体的"脱域"性更是表现得淋漓尽致。卡斯特指出，以"虚拟的现实"为特征的网络社会，以地方和全球系统的分裂以及权力与经验在不同时空架构中的分离为基础。网络社会导致了共同体认同的重大变革，这种认同应具有充分的自主性，完全独立于支配性的制度与组织的网络逻辑。②

其次，共同体联系纽带发生了变化。沃思则在《作为一种生活方式的都市主义》一文开篇即宣称，大城市的发展标志着文明发展史上鲜明的现代时期的开始。城市不仅容忍而且鼓励个体差异，城市集合体成员的来源和背景各不相同，血缘纽带、邻里关系、世代生活受同一民俗传统影响等形成的情感荡然无存或极大减弱，竞争和正式的控制机制代替了民俗社会赖以存在的坚实纽带。城市人之间的接触是非个人的、表面的、短暂的，因此也是部分的；都市社会关系的特征是肤浅、淡薄和短暂。③ 因此，现代社区在人际关系上不再追求彼此承担较大权利与义务的"强关系"，而更注重自由随意的"弱关系"。程玉申和周敏指出，为了响应大规模社会变迁的压力、机遇和约束，社区生活方式和运行方式也必然趋向多样化。当代城市社区正在逐渐从传统社区或俗民社会向"有限责任社区"转变。如果能够增加地域特征和降低对同质性的要求，社区是可以在现代城市社会被"重新发现"的。④ 费舍尔和韦尔曼发现，城市化并没有削弱人际联系，只是改变了人们联系的方式。城市化改变了社区和个人关系的形态，它不再是紧密的、团结的和在空间上相对固定的、重叠的，

① 庄仲雅：《五饼二鱼：社区运动与都市生活》，《社会学研究》2005 年第 2 期，第 176—197 页。

② ［美］曼纽尔·卡斯特：《认同的力量》，社会科学文献出版社 2006 年版，第 10 页。

③ ［美］路易·沃思：《作为一种生活方式的都市主义》，汪民安、陈永国、马海良主编《城市文化读本》，北京大学出版社 2008 年版。

④ 程玉申、周敏：《国外有关城市社区的研究述评》，《社会学研究》1998 年第 4 期，第 54—61 页。

而是在空间上扩散的、关系的节点少、关系的强度较弱和多元化的，但它对都市人来说仍然是社会化、获得社会支持和社会资源的重要来源。①

最后，共同体与个人的关系发生了变化。传统社区共同体最受诟病之处，即在于同质性过高，过于封闭、狭隘。齐美尔认为，前现代共同体的凝聚力和团结是以牺牲个人的自由和个性为代价的，与之相对立的都市则能够有效避免这种弊端，使人的自由独立得以实现，是促进个人生活的真正场所。② 鲍曼也指出，人们追寻共同体是为了寻求确定性和永久的和平安宁，然而事实上这种堡垒似的共同体极为脆弱，外部敌人入侵产生的威胁和内部成员追求个性导致的矛盾无时无刻不使共同体处于高度紧张戒备状态，与人们所期望的和平宁静背道而驰。③ 为了协调个人与集体之间的关系，吸收了部分自由主义思想的社群主义一再申辩，群体公益与个人权利并不矛盾，而是可以并行不悖。④ 因此，现代社会中的共同体，一般都具有既在一定程度上培养、保持社区公共精神和社区的凝聚力、认同感，又注重个人权利和自由；既在一定范围内保持稳定、亲密的人际关系，又能够与外界自由交流往来的特征。纽顿认为，现代西方大规模社会基本上不是由小型的、内聚性的、排他的、具有面对面特征的共同体构成的，而是以更松散、更不定型、更稀疏的社会接触为基础的。现代社会创造的不是机械团结的"深度"信任，而是有机团结的"浅度"信任，弱关系为现代大规模社会中的社会整合奠定了强大而持久的基础。⑤

当前，对社区共同体的认识理解已经超越了"同质、限定与静态"的文化概念，庄仲雅对近年来台北都市社会运动的研究显示，"社区"已经发展成强调在地性、空间性甚至异质性的概念。她指出，社区必须被看成是个人与群体挣扎的场域，一个权力斗争与社会想象的混合体，一个历史的产物。庄仲雅对地理学家梅西的一个观点深表赞同，即地方的特殊性

①　黎熙元、陈福平：《社区论辩：转型期中国城市社区的形态转变》，《社会学研究》2008年第2期，第192—217页。

②　［德］格奥尔格·齐美尔：《大都会与精神生活》，载汪民安、陈永国、马海良主编《城市文化读本》，北京大学出版社 2008 年版。

③　［波兰］齐格蒙特·鲍曼：《共同体》，江苏人民出版社 2003 年版。

④　俞可平：《当代西方社群主义及其公益政治学评析》，《中国社会科学》1998 年第 3 期，第 105—121 页。

⑤　［英］肯尼斯·纽顿：《社会资本与现代欧洲民主》，载李惠斌、雪冬主编《社会资本与社会发展》，社会科学文献出版社 2000 年版。

应可从一个动态、开放与冲突的过程中获得。①

### （三）乡村都市化与社区复兴

20 世纪 70 年代末以来，以市场为导向的经济改革导致了乡村社会的巨变：计划经济体制逐渐解体，市场供求取代国家计划指令，在资源配置中发挥主导作用。与此相应，政治体制设置也发生巨大转变，在农村，实行了 20 多年的人民公社制度宣告结束，乡村集体被瓦解，农村家庭联产承包责任制重新确立了个体小农家庭的基本生产单位地位。广东、福建等东南沿海地区依靠毗邻海外、华侨众多的地理、社会优势，成为改革开放的前沿阵地。在这些地区，改革开放带来的最显著的成就不是农业生产的巨大发展，而是乡镇企业的崛起。乡村工业化与城镇化、市场化相互交织，构成转型时期沿海发达地区乡村发展的鲜明特色，这三种力量的互动极大地改变了沿海村落的社会结构，使之呈现出与传统乡村迥然相异的发展道路和独特风貌，引起了许多学者的关注和兴趣。

折晓叶、王颖、毛丹、蓝宇蕴、周怡都对转型时期村落社会的再组织进行了卓有成效的研究，他们的研究主要从以下路径展开：

一是传统与现代的辩证关系，力图从此着手寻求对这类村庄发展道路的解释。折晓叶对深圳万丰村的"共有制"进行了分析，认为这种制度与单姓村的既有社会结构密不可分，传统乡村社会结构在改革时期与市场经济结合，推动了乡村社会内源型发展。② 蓝宇蕴的研究对象是广州的一个"城中村"，她用"都市村社共同体"这一术语界定了这个"城中村"的性质，认为农民借助传统的村落组织架构和本土资源等"小传统"吸纳现代都市文明"大传统"，从而实现与大都市的融合③。二是集体主义，王颖和周怡的研究对"集体主义"的探讨做出了有益的贡献。王颖对改革开放后南海农村的再集体化进行了讨论，在此基础上提出"新集体主义"概念，认为这种新制度的关键在于分化基础上的重新联合，个人利

---

① 庄仲雅：《五饼二鱼：社区运动与都市生活》，《社会学研究》2005 年第 2 期，第 176—197 页。

② 折晓叶：《村庄的再造：一个"超级村庄"的社会变迁》，中国社会科学出版社 1997 年版；折晓叶、陈婴婴：《社区的实践："超级村庄"的发展历程》，浙江人民出版社 2000 年版。

③ 蓝宇蕴：《都市里的村庄——一个"新村社共同体"的实地研究》，生活·读书·新知三联书店 2005 年版。

益在这种重新联合中被予以承认，各级政府组织基于推动经济发展的共同目标而积极协商合作。① 周怡则采用"后集体主义"概念，剖析了江苏华西村的分化与整合。② 三是将这类村庄集体与城市单位社会进行对比分析。毛丹在研究中发现，浙江部分沿海地区的乡村在改革开放后的发展变迁中出现了"单位化"现象，村办集体企业与乡村基层政权重叠，村庄模仿城市单位的福利和其他运作制度实现对村落和企业的管理，导致村落产业组织和社会组织合二为一，向城市单位体制趋近。③ 李培林也认为"城中村"中存在与城市单位相似的组织形态。④

在这些研究中，折晓叶和周怡的讨论与本书的研究主旨最为接近，引起我的较多关注。折晓叶认为万丰村的凝聚力来自于单姓村落的宗族纽带、土地集体所有制和强大的村集体"准政府"领导。折晓叶的一个主要观点，就是村庄社会中的一些传统社会结构仍然在新时期乡村社会的团结合作中扮演着重要角色。她指出，工业化和自然城镇化并不一定会必然消灭社会的结构和文化，而后者也不一定与前者绝对不相容或对抗。"在新时期的特定条件下，对村庄结构和文化中的稳态要素加以再创造，或恢复并利用它们原来的意义或形态"，就可以使之在村庄文化传统、村社结构组织和社区形态的再造中扮演新的角色。⑤ 折晓叶认为，那种互惠合作的、利用血缘关系和集体制组织资源建立的合作体系，仍然具有持久的生命力。⑥ 本书所调查的村庄是一个杂姓村而非单姓村，传统社会结构对新时期乡村社会团结的影响，主要表现在地缘而非血缘方面，这一点在当地的社神信仰中有着明显表现。

周怡的兴趣在于村落社会的整合而非团结，为此她特意在叙述开始部分对这两个概念进行了辨析，认为整合是社会行为，而团结则是个人行为，这就为后文的论述做好了铺垫。周怡注意到，即使以"共产主义"

　　① 王颖：《新集体主义：乡村社会的再组织》，经济管理出版社 1996 年版。

　　② 周怡：《中国第一村——华西村转型经济中的后集体主义》，香港：OXFORD，2006 年。

　　③ 毛丹：《一个村落共同体的变迁》，学林出版社 2000 年版；毛丹：《村落变迁中的单位化》，《浙江社会科学》2000 年第 4 期，第 134—139 页。

　　④ 李培林：《巨变：村落的终结》，《中国社会科学》2002 年第 1 期，第 168—179 页。

　　⑤ 折晓叶：《村庄的再造：一个"超级村庄"的社会变迁》，中国社会科学出版社 1997 年版，第 363 页。

　　⑥ 折晓叶、陈婴婴：《社区的实践："超级村庄"的发展历程》，浙江人民出版社 2000 年版，第 9、16 页。

著称的华西村中也存在明显的分化。但这种分化并没有使村庄合作衰落，而是呈现出分化与整合同步加强的趋势，二者之间的张力才是周怡的兴趣所在。周怡指出，在从农业社区向工业社区、从计划经济向市场经济转型的过程中，华西村出现了结构分化、职业分化和身份分化的"社会事实"。这些分化在一定程度上解构了既有的集体主义，但集体主义价值理想依然是村庄整合最基础的层面，由此构成她所描述的"后集体主义"境况。她认为村庄声誉、村规民约、家族政治以及村庄主要领导干部的威权都是促使村庄在出现分化的情况下继续保持合作的因素，但权力则是实现村庄分化与整合的根本原因。权力成为主控村庄分化的人为分层机制，同时权力在背后给予集体价值观以支持，使价值共享得以实现，是维护村庄整合不可或缺的潜在力量。①

　　与上述研究者从利益、权力等因素讨论改革开放时期的乡村社区重组不同，另外一些学者强调文化传统在乡村社区复兴中的作用。文化传统对于社区回归的意义主要体现在三方面：一是社区文化认同的建构和加强。王铭铭将近年来民间仪式的复兴称为"传统的再造"，这种再造可被视为寻找社区历史的行为，或民间再创造社区认同和区域联系的行为。他指出，社区认同的机制之一，就是通过共同参与仪式，造成村庄居民之间的合作，并通过仪式上的合作行为，界定社区内的人文关系。② 高丙中提出，当前人们对共同体的把握、对共同体成员成分的体验越来越多地转向民俗，因此，民俗对于共同体的存在来说已经重新具有了本体论意义。③不仅如此，地方性节日和仪式能够起到一种"文化再生产"的作用，社会通过节日和仪式活动，能够使特定的观念、价值被传递下去，使文化及其所代表的规范得以继续存在区内的人文关系④。二是加强人际交往，促进关系网络的形成和扩展。传统民俗、节庆为人们提供了大量交往互动机

---

① 周怡：《中国第一村——华西村转型经济中的后集体主义》，香港：OXFORD，2006年，第179页。

② 王铭铭：《溪村家族——社区史、仪式与地方政治》，贵州人民出版社2004年版，第149页。

③ 高丙中：《"中国民俗志"的书写问题》，《文化艺术研究》2008年第1期，第74—81页。

④ 高丙中：《对节日民俗复兴的文化自觉与社会再生产》，《江西社会科学》2006年第2期，第7—11页。

会，节日常伴有娱乐和宴饮活动，人们在这些活动中建立感情联系纽带和人际关系网络。三是培养社区集体公共意识。面对中国社会的快速分化，如何通过文化空间的"打造"来塑造和维护社会的公共性，成为许多学者共同关注的议题。① 由于节庆、礼仪具有浓厚的公共文化意味，因而受到高度重视。许纪霖指出，节日与假期是不一样的，假期是私人的，而节日是公众的，公众的节日有其独特的价值和意义。②

在讨论传统是如何在社区认同中发挥作用的研究方面，贝斯特的《邻里东京》是一个极富启发性和参照价值的优秀范本。贝斯特考察了都市化、现代化背景下的东京邻里。邻里内外，是当地社会结构和社区生活得以维系的力量。研究结果表明，社区内部看上去明显的持续性是传统主义的结果。"传统主义"是贯穿全书的核心概念，贝斯特认为，这一概念是指"通过赋予当代现实有价值的历史内涵，对文化模式、文化符号和文化主题进行操纵、创造和重新组合，从而使当代社会获得合法性地位"③。邻里组织和传统主义都不是历史给予的，而是在社会剧烈变迁过程中获得发展的，正是社会变迁本身，造就了许多当下被标注为"传统的"和被认为是代表了过去遗存的特征。贝斯特反对将城市邻里仅仅视为政治和行政实体，理由是如果只是以这种方式来想象，必将忽视对城市邻里居民来说有意义的社会关系和文化价值。贝斯特强调老中产阶级对创造传统主义的贡献，这个社会群体之所以与传统主义发生紧密关联，是因为传统主义作为一个活跃的动因，创造和再造了附加于社会形式的想象和意义，人们围绕它组织自己的生活。老中产阶级的地方认同强调的是地方主义和积极参与邻里事务，由此构成了邻里制度及其价值强有力的支持因素。通过强调对地方组织的参与以及坚持将邻里团结的价值作为地方社会首要的决定因素，商人和小工厂主能够创造一个别样的社会世界。④

上述研究为理解当下发生在东南沿海地区普遍发生的社区回归提供了良好基础，对本书的讨论极具启发意义。尤其是折晓叶所开展的"超级

①　关昕：《"文化空间：节日与社会生活的公共性"国际学术研讨会综述》，《民俗研究》2007年第2期，第265—272页。

②　许纪霖：《市民社会与日常生活传统礼仪的传承》，《绿叶》2008年第7期，第34—39页。

③　[美]西奥多·贝斯特：《邻里东京》，上海译文出版社2008年版，第2页。

④　同上书，第276—280页。

村庄"研究系列，她敏锐地捕捉到了这类村庄正在发生的深刻而全面的社区重构，察觉到了其中蕴含的某种社会发展趋势。然而，这些研究也存在一些缺陷和不足：

首先，这些研究遵循的都是传统社会学结构分析路径，将讨论的焦点置于村庄社会结构变迁与村庄经济发展的关系方面，将利益视为共同体联系的主要纽带。在这些研究中，共同体都是作为一种功能性的设置存在：建立在集体土地所有制基础的新型集体合作经济，为社区经济发展和社区成员提供社会保障和社会支持系统。这种解释与我在宁村感受到的社区生活的人情味、归属感和生活乐趣大相径庭。Brint 批评社区研究更多的关注的是权力、利益、统治等庸俗的东西，而非手足之情（Fraternity）。①

其次，这些研究采用的都是宏观叙事模式和外部观察视角，注重从总体上讨论抽象的结构、权力，基本看不到村庄日常生活细节和对社区成员个人命运的关注。这些研究中的人要么仅仅作为面目模糊的群体存在，要么表现为"理性"人，人们出于利益而进行经济合作或结成社会关系。作为个体的人的感受、追求、渴望和行动等因素，完全没有在社区重构过程中得到应有的重视。

最后，这些研究对都市化变迁在社区再造中扮演的角色关注不足。既有研究的讨论多集中于国家—社会关系变迁和工业化、资本、市场等领域，而较少涉及都市化对社区回归产生的影响。都市化所产生的生活方式及价值观念在社区回归过程中扮演的角色被忽略了，这无疑会在一定程度上损害研究的解释力。

这种状况促使我开始尝试从另外一些视角理解当下的社区再造：（1）将注意力从共同体的结构—功能面向转向其文化和生活面向，强调社区的归属感、分享性和参与性。本书认为，当下的社区已经在一定程度上超越了利益共同体性质，而向建立在大量交流互动、感情亲密融洽、互惠共享等基础上的文化、情感共同体回归。（2）本书采取的是日常生活叙事模式，注重从日常生活细节理解社区社会变迁。对个人命运的关怀是本人从事这项研究最主要的立足点所在，当地人的情感、诉求和行动始终被置于本书论述的中心。（3）村民参与村庄公共生活，在许多情况下并非出于经济

---

① Brint, Steven, "Gemeinschaft Revisited: A Critique and Reconstruction of Community Concept", *Sociological Theory*, Vol. 19, 2001, pp. 1 – 23.

理性，而是出于精神和心理上的需求。人们希望借助参与公共生活结识朋友，锻炼身体，开阔心胸眼界，获得生活乐趣，提高生活质量。"好的生活"不仅包括物质上的富足，还包括精神上的充实和人际关系的改善。越来越多的人在公共生活中表现出慷慨奉献和志愿服务精神，出于社区认同和社区责任感而不是对个人利益的追求参与公共生活。（4）当下的村落社区再造与都市化社会变迁密切相关。当前，珠三角村落社区居民的生产生活方式日益与城市社区趋同，价值观念也在都市化的冲击下发生巨大转变。这些因素使得社区回归呈现出传统与现代交织的状态，一方面"小传统"复兴，另一方面大量吸收现代都市文明"大传统"。当下的村落社区无论在空间景观、组织结构方式还是思想文化观念方面，都表现出浓厚的都市色彩。

就研究视角而言，本书试图通过对珠三角一个处于都市化进程中的村落公共生活进行民族志个案考察，讨论公共生活与村落共同体再造之间的逻辑关联。之所以选择将公共生活作为研究的切入点，主要出于以下原因：

第一，公共生活不仅是社区生活的重要组成部分，也是地方文化最好的展示。公共生活中包含着丰富多样的内容，既存在着大量传统仪式信仰、风俗习惯，又不乏新兴的现代流行文体活动，社区文化的独特性和多样性在公共生活中表露无遗。公共生活为不同社会阶层和集团的交往互动提供了平台，各种社会关系网络在公共生活中得以形成，矛盾和权力斗争在公共生活中集中上演，掌握了社区公共生活，也就找到了认识了解地方社会的重要途径。

第二，公共生活是社区认同产生和形成的最有力的促进因素。塞尔兹尼克指出，为了内聚和美德，社会和政治运动通常指望丰富的内部生活，"离开公共生活——没有利益交叉和不同形式的归属感，共同体的约束就是脆弱的、易受攻击的"。[①] 公共生活是培养集体意识和公共精神的最佳方式，社区文体活动、公共宴饮、庆典仪式等活动将人们重新团结、凝聚到一起，是培养社区居民身份认同的有效工具。活跃的社区公共生活还有助于加强居住者之间的社会联系，促进社区成员之间的沟通和信任，为社

---

① ［美］菲利普·塞尔兹尼克：《社群主义的说服力》，马进、李清伟译，上海人民出版社2009年版，第20页。

区发展提供社会资本。

第三，公共生活是反映外部社会变迁良好的指示器。地方社会权力结构变化、市场化和商品化的冲击，大众传媒和流行文化的普及，工业化和都市化的日益推进，都对社区公共生活具有重要影响。在这些因素的推动下，不仅公共生活的内容和形式发生了变化，而且公共生活的组织方式也发生了重大转变，市场、消费和利益广泛渗透于公共活动的组织开展之中。

第四，公共生活为考察社区权力关系互动提供了良好平台。公共生活的大众性质使其成为各种意识形态激烈争夺的领域，一方面，国家有选择地组织、支持一些公共活动，向民众宣传官方意识形态所主张的价值观念、秩序、生活方式，试图促使基层民众遵从、认同由国家建构的发展道路；另一方面，在国家控制之外的社会领域，民间力量在公共生活的组织、发展中发挥着巨大作用，尤其是一些民间信仰活动，几乎完全由民间力量主导。与此同时，村庄与乡镇地方政府之间既合作又竞争的微妙关系也在公共生活中有所体现。

当前的乡村公共生活研究，主要集中在节庆仪式领域，强调仪式、节庆等公共集体活动的社会整合功能，是这类研究的重要主题。迪尔凯姆指出："仪式是在集合群体之中产生的行为方式，它们必定要激发、维持或重塑群体中的某些心理状态。"① 只有在这类集体活动中，个体的人才能成为作为"类"的人，社会也才能够成为社会。法国学者葛兰言则高度肯定节庆在巩固社会结构方面的功能，认为古代社会的节庆不仅标志着社会生活的节奏，而且还使人们短时期聚集到一起，社会生活也变得十分热烈。他持有与迪尔凯姆类似的观点，认为节庆活动的公共性，是社会之所以成为社会的方式。② 近年来，国内民俗界出现了一种"公共文化空间"的研究取向。关昕指出，面对中国社会的快速分化，如何通过文化空间的"打造"来塑造和维护社会的公共性，成为许多学者共同关注的议题。③

---

① ［法］埃米尔·涂尔干：《宗教生活的基本形式》，渠东、汲喆译，上海人民出版社1999年版，第11页。

② ［法］葛兰言：《古代中国的节庆与歌谣》，赵丙祥、张宏明译，广西师范大学出版社2005年版。

③ 关昕：《"文化空间：节日与社会生活的公共性"国际学术研讨会综述》，《民俗研究》2007年第2期，第265—272页。

高丙中是秉持这一研究旨趣的学术团体的领军人物。他提出，中国社会依托自己的文化空间运行自己的公共性逻辑，"公共空间，特别是公共的传统文化空间，是公共性的载体和运作领域"，"有公众约定俗成的文化空间，并且约定的程序、俗称的机制持续有效，是一个成熟社会、稳定社会的条件或标志"。在他看来，一些传统节日成为国家法定的公众假期意义重大，这是民间文化成为公共文化、普通人的文化成为被普遍承认的"文化"的阶段性标志。①

这些研究呈现出丰富的肌理，为认识和理解当下的乡村公共生活提供了开阔的视野。本书希望在吸收这些既有研究成果的基础上，加入到公共生活的讨论中来。本书对一个珠三角村庄的公共生活进行了民族志考察，悠久的历史文化传统、发达的集体经济和私营"老板"及新兴中产阶级的崛起，是这个村庄最突出的特征，对村庄公共生活的影响也最为显著，本书的论述也将围绕这三方面展开。

## 三　研究方法：都市田野工作的挑战

2009年夏天，我开始到中山市实地探访，为博士论文的调查选择田野点。经过一番综合考察比较，我将小榄镇定为了田野工作地点。很快我就遇到了进入田野的第一个难题——寻找住所。以往在小型乡村社区调查，住到当地居民家的做法在这里完全行不通，没有哪一户城镇居民愿意接纳一个陌生人到自己家中来住，除非是与主人住宅相隔离、专门用以出租的房屋。只是，镇上的出租房虽多，但要找一间适合我的实非易事：狭小拥挤、位于"城中村"的民工房环境太差，人身安全也成问题；小区商品房的租金对一名学生来说又太过高昂，而且我还是一名利用假期进行调查的短期租客，找房子更是难上加难。最后，足足花了近一个月时间，我才在网上找到一名女孩发布的合租信息，顺利地在小榄找到一处合适的落脚点。

2010年1月，我带着两名做本科学年论文的学生一起来到宁村，找房子仍然是一个让人头疼的问题。尽管得到了村委会干部的大力协助，能

---

① 高丙中：《民间文化与公民社会》，北京大学出版社2008年版，"序"。

够找到的房源依然是出租房,这就意味着对村民日常生活的参与要大打折扣。在这个高度都市化的村庄,家庭是非常严格的私人领域,无论白天和黑夜,到处看见的都只有紧闭的大门。坚固的防盗门窗、大门后面的猫眼,甚至高墙大院角落的红外线监视器,都清楚地表明了村民对外来者的态度。无奈之下,我们只好在居委会附近一座由倒闭的酒店改造成的出租屋住了下来。2010年夏天,我又独自来到宁村,正式展开长时段的田野调查,这一次,居委会安排我住到了村集体物业的一栋出租楼里。

尽管事先已经做了一些心理准备,寻找住处的艰难还是让我倍感挫折。这是我第一次在都市社区开展田野工作,以往的乡村田野工作经验完全派不上用场。在我之前的乡村田野工作经历中,寻找住处完全不是问题,不论是村干部帮忙安排,还是自己与老乡联系,都能迅速稳妥地找到住处,感觉当地村民都很欢迎来自外地的大学生住进自己家里。然而在城镇,我感觉自己就像大海中的一滴水,混同于身边来来往往的过客,面对的几乎全是冷淡漠然的陌生面孔。城镇没有拒绝我,但也丝毫没有表现出欢迎的意思。这也让我清楚地意识到,今后的田野工作还将面临更多的挑战和考验。

果然,与找房子问题接踵而至的是田野工作的开展问题。如果是在一个小村庄,只要在那里待上一段时间,尽可能多地与当地人相处,基本就可以认识大部分社区成员,弄清楚社区内的主要社会关系,掌握大量社区事务信息。但是在宁村这个7平方公里,常住人口超过10万人的超级"都市村庄",我再次感到茫然无措:这么大的地方,这么多的人,像以往一样在掌握个人信息的基础上勾勒社区社会关系无异于天方夜谭。依靠田野工作者个人力量掌握社区情况的道路走不通,我只好将目光投向社区组织管理机构。幸好,这里有着一个规模和功能同样强大的基层政府——以前叫村委会,现在叫居委会。更加幸运的是,这个居委会接受了我的求助,应允为我的田野调查提供帮助。

事实上,当我第一次怀着忐忑不安的心情给居委会党委书记打电话请求入村调查并请他给予帮助时,对他将作何反应丝毫没有把握,因为我们没有任何官方背景,在当地也没有熟人朋友。也许是中山大学的声誉帮了忙,也许是我的恳切打动了他,这位素昧平生的书记竟然答应了让我们去调查,并在随后的调查中慷慨相助。就在我们去到村里的第二天,村里召开了一年一度的民主评议大会,会后政工办公室的BBW主任邀请我们一起吃中午饭。她带我们来到一家日式餐厅，一起来吃饭的还有许多在村委会工作的年轻人，大家把两张长条餐桌拼到一起，席地而坐，尽情享受美味的日本料理。席间大家各自作了自我介绍，边吃边聊，又都是年轻人，很容易就打成了一片。这顿饭让我们感到喜出望外，很容易地一下子就认识了这么多人，各个部门的人都有，这就意味着我们获得了进入村庄的第一张通行证。的确，这一次聚餐认识的大部分年轻人，后来都成为我们的报道人和资料提供者，也是我在村庄关系最为密切的朋友。

　　接下来的调查基本在居委会的协助下进行，先由我们自己决定要了解哪方面的问题，或者去什么地方，告诉居委会政工办公室的工作人员后，再由他们帮我们联系，介绍我们过去。如果不是通过这种方式，我们虽然可以在地理上进入村庄，见到一些房屋、建筑、人群，但真实的村庄生活、当地的人和事，却完全隐匿于我们眼前，根本无法触及。党委书记对调查的支持为我们提供了许多便利，除了亲自向我们介绍情况，安排手下工作人员为我们提供帮助，还在生活起居方面对我们予以照顾关怀。他的态度使居委会的工作人员对我们的调查十分配合，我们在居委会的协助下与村委会主要职能部门——物业、财会、治保会、建委、农办、城管的相关人员进行了访谈，对村庄总体情况有了初步了解和掌握。此外我们还走访了一些居委会下辖的"小区"，向小区工作人员了解情况。考虑到我们希望参与村庄日常生活和运作的迫切愿望，居委会邀请我们去参加了民主评议大会和文体活动表彰大会，让环卫管理办公室的工作人员带着我们一起去小区检查卫生，允许我们跟着农业办公室的工作人员一起去农田区丈量土地，实地查看村庄的各种情况。就这样，我们对这个村庄的概况建立了初步印象。

　　由于村庄是由十几个自然村合并而成的行政村，规模庞大，人口众多，针对这种情况，在正式的长时段调查展开时，我采取了以点带面的研究方法：以对一个"小村"的调查为重点，兼顾调查主题，对全村范围内的相关人员、社团进行调查。在和居委会的工作人员商量之后，我选择了南村作为主要调查点，这里离居委会和我的住处都较近，紧邻宁村目前最大的文体广场——永南广场，是社区文体活动最为频繁的举行之地。除了依靠居委会联系介绍访谈对象，我也开始尝试自己与南村居民建立一些相对深入密切的关系。很快机会就来了，南村在暑假期间要组建健身队训练，参加下半年的社区健身操比赛。我立刻要求报名参加，小区社教员娟姐也对我表示热烈欢迎，她正为找人来参加健身队犯愁呢。就这样，我开始与南村健身队的妇女们一起跳健身操，每个星期训练三次，每次训练两小时，一直跳到我9月初返校。在这期间，我与其中的几名队员建立了良好的关系，尤其是住在我附近的LK和王老师，每次训练结束，我们都会结伴步行回家，边走边聊，有时到了分岔的路口还意犹未尽地说上一阵才各自回家。在南村待了一段时间之后，我与一名经常到小区办公室来的街坊组长HWG变得熟悉起来，他读过高中，性格外向开朗，很快成为我的关键报道人之一。当得知他是专门在各种仪式庆典上为主人家"抓笔"记账的"师爷"以后，我兴致勃勃地请求他记账时带我一起去，他满口答应，后来果然带我去参加了婚礼和葬礼。

南村小区办公室是我的一个重要"据点"，基本上每天都要去光顾一遍，与办公室工作人员聊聊天，了解社区的动态，看他们如何开展工作。南村办公室的三名工作人员——管理员强哥、妇委芬姐和社教员娟姐都变成了我的老熟人，尤其是社教员娟姐，因为我的调查与她的工作关系最为密切，我跟她接触也最多。她是第一个邀请我到家里吃饭，介绍家人给我认识的本地居民。另外两名街坊组长，HWG和LCQ也都跟我关系比较好，HWG也邀请过我去他家参观吃饭。居委会是我的另外一条调查主线，政工办公室的工作人员不仅介绍我去各个小区和社团做访谈，Q书记还经常邀请我参加居委会的"民间活动"，也就是跟居委会的工作人员一起吃饭，尤其是居委会近年来新聘用的大学生们。饭桌上的闲聊不仅提供了大量正式场合无法得到的宝贵信息，也使我跟他们的关系亲近了许多，深感田野调查的乐趣。

但也就是仅此而已。在这个村庄，无论我怎么努力，都只能获得有限参与：去当地人家里吃上一两顿饭，跟村委会的朋友们进行一点"民间活动"，参加几次居委会的会议，观摩一两场婚丧嫁娶，跟着粤剧团去演出，到广场观看文艺表演，去寺庙仪式观礼、吃上一顿"盒子饭"，参加健身队与妇女们一起跳舞……全都停留在浅显的表层。语言也是限制我深入参与的重要原因之一，我虽然能够听懂部分当地方言，自己却不会讲；村里的大部分居民也能听懂普通话，自己讲起来却始终觉得拗口。语言上的障碍，使我无论如何也觉得与当地居民在感情上有隔膜，无法真切地分享他们的体验和感受。没有办法深入参与了解当地人的"私人生活"，是我将选题定为公共生活的一个重要原因，我只能将大部分注意力放在对外在的、可见的事物的观察上，通过访谈获得信息，并将参与保持在公共活动范围内。

在本次田野调查中，我深切感受到传统小型社会人类学田野调查方法在大型的、异质化程度较高的都市社会研究中面临的局限和挑战。如何在都市社会研究中保持人类学定性研究所特有的细致深入和情感体验，是我在田野调查过程中一直思考的问题。George Gmelch 和 Walter P. Zenner 编著的《都市生活》特意使用一定篇幅对都市田野调查进行了讨论，列举了都市田野调查的种种困难：调查对象居住分散、难以取得调查对象信任、不容易接近调查对象等。如何破解这些难题，都市田野工作者至今还一筹莫展，唯一可行的似乎只是将调查对象限定于大都市中特质清晰的小群体。不仅如此，都市田野最大的挑战，还在于如何将城市作为一个整体来理解。①

# 四　本书框架结构安排

第一章从地理位置、行政区划沿革、经济结构、人口等方面对田野点基本情况进行了介绍，为论述的展开提供了背景。

第二章以时间为序，将社区公共生活分为新中国成立前、集体化时期和改革开放后三个时期，从总体上回顾了社区公共生活的传统和现实，梳理了社区公共生活发展变迁脉络。

第三章和第四章讨论了社区公共生活的时、空安排，集中论述现代化、工业化对传统时空观念的改造及其对社区公共生活的影响。传统与现代双重时空观念的并行，使得社区公共生活也表现出传统与现代相互交织的局面，并且是形成社区感或地方感的重要源泉。

第五章对社区公共生活组织进行了考察，着重讨论了地方政府、民间社团和私营企业"老板"在社区公共生活组织中所扮演的角色，三者相互之间的权力关系在社区公共生活中得以充分体现。

第六章考察了社区公共生活参与，讨论了不同年龄、性别、地域的社

---

① George Gmelch, Walter P. Zenner. Ed. *Urban Life*: *Readings in the Anthropology of the City*. Part 3: Urban Fieldwork Anthropologists in Cities. Waveland Press, Inc. , 2002, pp. 127 - 128.

会群体在社区公共生活参与中的特色和差异，并对其成因进行了简要分析。

第七章对全书论述进行了总结，突出本书的三个主题：首先，从文化、经济、社会三个角度讨论了当前的社区再造如何可能，指出传统、集体和新兴乡村中产阶级分别为宁村的社区再造提供了文化基础、经济及组织基础和社会基础。这三种因素结合在一起，共同推动了社区再造的实现。其次，经过重构的社区不再是以往建立在强关系基础上的熟人社会，而变成了新型的现代弱关系社会，现代社团的出现和多元参与动机催生的活跃的社区参与，都在社区再造过程中扮演了重要角色。最后，当下的社区再造以乡村都市化为背景展开，可被视为对快速社会变迁的反思和响应，当地居民通过丰富多样的公共生活恢复、重建共同体的集体生活感觉，寻求安全感和稳定感，保持自身身份认同。不仅如此，乡村都市化和社区再造还是一个互构的过程，二者相辅相成，相互促进。随着都市化和市场化的推进，社区再造成为由怀旧、情感和功利主义共同生产出来的混合体。

# 第 一 章

## 古村新貌:宁村概况

### 第一节 自然气候及地理位置

从广州市汽车站出发，向南走 60 公里，不出一个半小时便可以径直穿过顺德，看到屹立在沙口大桥脚下的"小榄欢迎您"标志牌。2011 年 1 月，广珠轻轨建成运行通车，广州至小榄的距离缩短为令人难以置信的 20 分钟路程。这个小镇坐落于珠江三角洲中部，是宋元时期才从海中成陆的海积冲积平原。元大德八年（1304 年），香山西北部冲积平原"西海十八沙"——榄面沙、螺沙、流板沙、绩麻沙等沙洲（今小榄、东升、坦背、横栏镇）不断扩大和开垦，全县农业用地增至 31.1 万亩，人口增至 11379 户。[①] 因境内的几座小山丘形似橄榄，分别被命名为大榄、小榄、圆榄、半边榄等，小榄长期被称为"榄溪"或"榄乡"。小榄地势低平，平均海拔 2 米以下，圆榄山峰海拔 48.2 米，是全镇最高点。小榄河涌密集，绿水环绕，东北有小榄水道，北有桂州水道，西有横琴海，南有拱北河。这里属南亚热带季风气候，日照充足，雨量充沛，年平均气温 21.8℃，终年温暖湿润，茂盛的热带植物将一年四季都浸染得绿意浓浓。

小榄地理位置优越，区位优势明显：从这里出发，往南 27 公里可到达中山市政府所在地石岐，继续南行 70 公里左右，即可到达珠海、澳门；向东走不过 150 公里，就可以踏上深圳、香港的土地；往西过了古镇，便与江门、新会隔江相望。由于地处珠三角水乡，小榄历史上水上交通发

---

① 中山市地方志编纂委员会编：《中山市志》，广东人民出版社 1997 年版，第 18 页。

达，商贸发达，上可达广西、贵州等内陆地区，下可通香港、澳门，中可
至珠三角各地。现代交通兴起后，公路网又将其在东、南、北方向与南中
国最繁华的三座大城市——香港、广州、深圳紧密相连，使其成为珠三角
都市圈中的有机组成部分。当前，途经小榄的广珠轻轨不仅在小榄设置了
出口，而且其中通往江门的支线还从小榄镇引出。同时，小榄还在修建一
条新的沙水公路。一轨一路再加上已有的国际货运码头——小榄港，小榄
的交通设施将为其保持竞争力提供了有力保障。

　　小榄的地理位置甚至使小榄在战乱中都没有经受太大冲击，保持了繁
荣和发展。据即将出版的《小榄镇镇志》记载，抗战前夕及抗战时期，
小榄经济出现畸形繁荣。这是因为，抗战时期，小榄处于日军、国军与当
地豪强之间的权力"飞地"，因此小榄的市面交易仍得以国币为本位。这
就使得珠江下游沦陷区以及上游未沦陷的梧州等地的商贾，都乐意到小榄
镇买卖货物，致使小榄一时成为沦陷区与内地之间物资交流的总汇地，金
融物价，咸以小榄镇的行情马首是瞻。① 各地手工业者也纷纷前来小榄谋
生。小榄的地理位置也减缓了政治风波对小榄的冲击。"文革"时期，小
榄基本没有发生激烈的武斗。小榄人民公社之所以能够顶住压力不搞武
斗，很大程度上是因为他们借口小榄紧邻港澳，华侨众多，武斗会破坏统
一战线。

　　在小榄镇的西北，有一个远近闻名的村庄——宁村②。这个由众多自
然村合并而成的行政村总面积达 7 平方公里多，下辖 12 个"小区"（自
然村），2009 年本地户籍人口 6700 多户、26500 多人。20 世纪 90 年代以
来，这里常年保持着超过 5 万人的外来工人口规模。从面积和人口来看，
这个村庄的规模不仅在小榄独占鳌头，即使在全国也十分罕有。

　　这个村庄还有两项引以为豪的闪光点：全国闻名的"亿元村"，小榄
的发源地。早在 1985 年，宁村已成为广东省最早的"亿元村"之一；
1993 年，宁村总收入突破 10 亿元；1994 年，宁村被《中国亿元村》③ 一
书列为"全国十大首富村"之一。宁村也是小榄的开埠之地，据明嘉靖

　　① 何仰镐：《日寇、大天二在小榄》，政协广东省中山市委员会文史委员会：《赤子丹心》，
《中山文史》第 62 辑，2009 年。

　　② 遵循学术惯例，本书使用化名称呼所调查的村庄。

　　③ 高俊良、宗泉超：《中国亿元村》，今日中国出版社 1994 年版。

《香山县志》记载，南宋绍兴二十二年（1152 年）香山设县时，全县设十乡，其中之一即为由南海县划入的永宁潮居里，划归香山县后改称宁安乡，含大榄、小榄二村。"宁安乡大榄都，故永宁潮居里，在县一百里，七十里海中村二，曰大榄、小榄"①。由于宁村飞驼岭也称"大榄冈"，因而大榄村经常与飞驼岭脚下的冈头村交替使用。宁村下辖的自然村之一——冈头村，被公认为小榄开村之所。民间传说、史料记载和考古发掘均表明，这里较早形成了规模较大的自然村落，有杜、毛、曹诸姓②。因此，宁村是小榄镇名副其实历史最悠久的村落。

宁村紧邻小榄镇中心城区，东面与小榄老城区新市居委会相连。全村地势平坦，制高点是矗立在西北的一座小山丘，名"飞驼岭"，又称"大榄冈"，海拔 45.6 米，面积 0.37 平方公里。这座小山丘不仅是宁村，而且是整个小榄镇的集体墓地，甚至小榄镇周边的一些乡镇居民也会将墓地建在这里。今日的宁村早已失去了桑基鱼塘、田园牧歌的乡村风光，变成了一座人烟稠密，工厂林立，商场、医院、学校、邮局、银行等一应俱全的现代小城镇。宁村的居民区主要集中在邻近小榄城区的东南部，村庄西北相对偏远空旷，是以往的农作区。现在除了保留了少量鱼塘、菜地等农业用地，村西北的大部分土地被用于兴建工业园区。

## 第二节 历史、行政沿革

小榄镇大约成陆于宋代，最初隶属于南海县，称南海县永宁乡"潮居里"。南宋绍兴二十二年（1152 年）设置香山县时，将永宁乡潮居里由南海县划入，改称宁安乡。明洪武十四年（1350 年），香山县全县改"乡"为"坊都"，宁安乡改称"大榄都"，辖大榄、小榄二村。大榄村位于大榄冈（飞驼岭）附近，又称冈头村；小榄村位于小榄山（凤山）附近，又称冈底村。

从宋朝立县至明朝前期，宁村所在的大榄村都一直是小榄镇的政治、经济中心。1267 年，官府置香山寨于大榄冈头村，设寨官一员主理民政及

---

① （嘉靖）《香山县志》卷一《风土志》。

② 高华载、梁华海主编：《小榄镇初志》，1986 年，油印本。

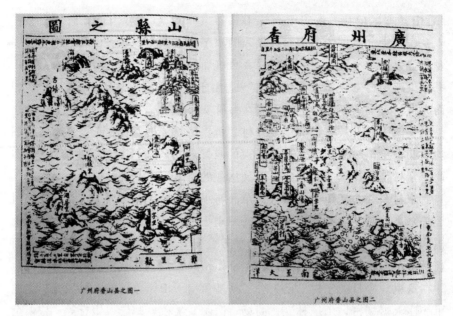

**图1—1　《广州图经》所载香山县地图①**

治安事宜。② 明洪武三十三年（1369 年），宋末设于大榄村的香山寨（大榄寨），改称为大榄巡检司。"大榄巡检司去县一百里大榄村，即旧香山寨。洪武三十三年（1369 年）巡检张学重建正厅三间，左右厢二间，鼓楼三间。"③ 明洪武初年，朝廷鼓励军民屯田垦荒，小榄地多人少，且位于珠江三角洲下游，沙田日有增加，因此官方派遣广州后卫、广海卫、新宁卫来小榄围垦开荒。这三个卫在小榄共建了 18 个所，故称"三卫十八所"。其中广州后卫下辖 12 所，全部分布在小榄村；广海卫下辖 4 所均位于大榄地区；新宁卫下辖 2 所，因人丁稀少，统以"卫"称，不用"所"名④。"大榄一隅因是公署要地，巡检分司署设在寨前，螺沙辟有官、军埗头，水道纵横交错，水陆交通便利，渐成榄乡'市井之地'。"⑤ 明代飞

---

① 骆伟、骆廷辑注：《岭南古代方志辑佚》，广东人民出版社 2002 年版，第 262—263 页。

② 高华载、梁华主编：《小榄镇初志》，1986 年，油印本。

③ （嘉靖）《香山县志》卷三《政事志》。

④ 何仰镐：《小榄卫所设置的缘起和发展》，载何仰镐《榄溪风物》，政协广东省中山市委员会文史委员会：《中山文史》第 42 辑，1998 年。

⑤ 李尚仁：《浅谈小榄墟市》（http://lisrxl.blog.163.com/blog/static/2442142720083199910917/.2008.4.19）。

驼岭林埗附近已有客栈、酒肆、店铺，"林埗酒家"曾是明代"榄溪八景"之一。大榄城隍庙每年神诞期间，"各铺行演戏半月之久，多至两旬，其茶坊酒肆罗列庙之左右，若墟市然"①。

　　小榄在发展过程中，曾遭受过两次重大打击，一是明正统十三年（1449 年）的黄萧养起义；二是清朝康熙初年的"迁海"事件。明正统十三年，黄萧养在南海县冲鹤堡聚众起义，波及小榄，"正统十四年，南海贼黄萧养作乱，黄梁都贼林帝佑附之，大榄都、龙眼都民多被诱胁"②。"次年，都督同知董兴讨平黄萧养，剿除余党。官兵至榄都，居民走避不及者，被其杀害，惨于遇寇。"③ 大榄村在这场战乱中遭受洗村之劫，人员遭受重大伤亡。起义过后，小榄经济中心逐渐从大榄村向圆榄冈底村即小榄村转移。

　　明末清初，广东沿海地区海盗活动猖獗，为了打击海盗，同时消除反清势力的威胁，顺治十八年（1661 年），清政府正式发布《迁界令》，史称"迁海"。据地方史料记载，香山最初划界 30 里，小榄并不在迁界范围内。然而，康熙三年（1664 年），迁界范围扩至沿海 50 里，小榄也被牵涉其中。"甲辰康熙三年春，续迁番禺、顺德、新会、东莞、香山五县沿海居民，先画一界，以绳直之，其间多有一宅而半弃者，有一室而中断者，浚以深沟，别为内外，稍逾跬步，死即随之。于是龙眼都、小榄、古镇、黄圃诸乡皆徙。"④ "总镇张大人出示，悬挂海洲并及榄都，责令概徙，万姓彷徨。"⑤ 据《何氏发家史》记载，大榄都于康熙三年（1664 年）农历十月十九日开始大迁徙，人民流离失所，农田屋宇全部丢弃荒废。康熙八年（1669 年），经广东巡抚王来任及其继任周有德数次奏请，朝廷终于同意康熙三年迁界的地区复界。"迁海"是大榄都有史以来遭受的最沉重的打击，此后，尽管小榄多次经历政权更迭及匪患战乱，但对地方社会的影响始终不及"迁海"涉及面之广、破坏力之大。

　　1950 年，大榄村恢复使用"宁村"名称，喻义在共产党领导下，人

---

　　① （清）何大佐：《榄屑·榄溪岁时记》。

　　② （清）《香山县乡土志》卷三《兵事录》。

　　③ 何仰镐：《纪事》，载何仰镐《榄溪风物》，政协广东省中山市委员会文史委员会：《中山文史》第 42 辑，1998 年。

　　④ （清）《香山县乡土志》卷三《兵事录》。

　　⑤ （清）何大佐：《榄屑》。

民生活永远安宁。自新中国成立开始，宁村的行政建制屡经调整：

1949—1953 年，称宁村乡，隶属于中山县第三区，下设 12 个自然村。1957 年 2 月，宁村成立农业生产合作社。1958 年 8 月起，宁村成为小榄人民公社的一个生产大队——宁村大队，至 1983 年撤销公社、大队建制时为止，期间宁村大队共分为 34 个生产队。1983 年，宁村恢复宁村乡名称，隶属于小榄区。1987 年 10 月乡镇合并，原小榄区下辖的各乡均改制为管理区，宁村乡管理委员会改成小榄镇人民政府宁村办事处。1998 年，农村行政区划建制再次调整，宁村成为村级行政区划，改成宁村。①2004 年，小榄全镇实行"村改居"，宁村随之摇身变为宁村社区，原村委会变为宁村社区居委会。

引人注目的是，随着改革开放的推进，从 20 世纪 90 年代初开始，宁村开始大规模地推行社队合并，村庄边界不断扩大，人们对"村"的理解也逐渐从各自所属的自然村或队、社，向与原大队设置相当的行政村过渡。改革开放后，珠三角地区普遍实行以土地启动工业化的做法，先是采取土地股份合作制的方式，将土地从家庭向生产队集中，后来随着工业化对土地需求规模的扩大，又发展到队、社合并，将土地由自然村、队、社向行政村集中。经过持续的社队合并，宁村的自然村、社已经从最初的30 多个减少到目前的 12 个，它们分别是：宜男、就松、南村、西上、西下、东村、北村、大华、五福、洪山、螺沙和沙垄。现在，宁村的土地全部由村集体统一规划、管理、使用，所有宁村农业户籍、拥有股权证的"股"民都能获得村集体收益的股份分红。小榄镇将这种做法称为"村一级核算"，认为相对于各自然村各自为政的状态，这是一大进步。宁村的社队合并状况如表 1—1 所示。

表 1—1　　　　　　　宁村社队合并一览表

| 时间/年 | 合并社队 | 合并后的社队名称 |
|---|---|---|
| 1992 | 东二、东三 | 东村 |
| 2000 | 螺二、螺三、螺五、螺六、螺七 | 螺沙 |
| 2000 | 宜一、宜二、宜三 | 宜兰 |
| 2000 | 上一、上二、上三 | 西上 |

---

①　上述资料来源于小榄地方志办公室提供的《宁村村志》（打印稿，未出版）。

| 时间/年 | 合并社队 | 合并后的社队名称 |
|---|---|---|
| 2000 | 南村、南壮 | 永南 |
| 2000 | 洪一、洪二 | 洪山 |
| 2000 | 华一、华二、华三 | 大华 |
| 2000 | 五福、竹围 | 五福 |
| 2000 | 就一、就联 | 西就 |
| 2006 | 西就、赤松 | 就松 |
| 2006 | 宜兰、冈头 | 宜兰 |

# 第三节　经济结构

## 一　农业

小榄是香山北部著名的粮仓，自元代"西海十八沙"成陆，到明代以来的大规模沙田开发，持续的农业开发使得小榄成为沃野千里的"鱼米之乡"，盛产桑、蚕、甘蔗、水稻、塘鱼等农产品。宁村的许多地名，都还遗留着沙田农业生产的痕迹，如螺沙、沙垄、基咀等。直到20世纪70年代末，宁村都还是一个以农业生产为主的乡村，农业生产采取的是珠江三角洲地区典型的"桑基鱼塘"模式，以蚕桑、甘蔗种植、塘鱼养殖为主，辅以蔬菜、水果种植和生猪、"三鸟"饲养。宁村较早走上农业商品化生产道路，20世纪50年代末60年代初就开始办金鱼场、花木场，向香港出口金鱼和花木。尽管当时宁村已经有了一些工业，但农业还是占据了经济生产总值的大头。1978年，宁村工农业总收入707万元，其中工业、副业收入291万元，农业收入416万元。①

改革开放后，宁村乡村工业迅猛发展，土地、资金、人员急剧向工业集中，农业收入所占工农业生产总值比重迅速下降，宁村的经济结构也随之发生根本性转变。1980年，宁村工农业总产值已达1700多万元，其中工业产值1042万元，首次超越了农业，并占到了总产值的一半以上。2009年，社区物业总收入1.77亿元，其中来自农业的收入仅

---

① 以上数据来源于《宁村村志》（油印本）。

为 220 万元，对于社区生产总值不具统计意义。据宁村农业办公室相关人员介绍，宁村现在每年用于农田水利基本维护的费用超过 400 万元，是农业收入的两倍左右，中间的差额都由社区进行补贴，是名副其实的以工补农。

但宁村的农业并未完全消失。社区刻意保留了约 3000 亩农业用地，主要是鱼塘、菜地和苗圃。社区主要领导人表示，保留农地主要出于三种考虑：一是为子孙后代留下一些土地，农业用地一旦用于工业开发，就永远不能再恢复。二是将土地作为一项社区福利保障，如果有些本地居民缺乏从事其他行业的技能或资金，务农至少不会使他们失业。而且有些上了年纪的老人家对务农有感情，喜欢干点农活，分给他们一小块土地耕种也是照顾村民情感的表现。三是出于生态考虑，菜地也相当于绿地，鱼塘则可以保湿，还能起到蓄水防涝的作用。目前宁村从事农业生产的家庭仍有694 户，但家庭经济全部依赖农业生产的纯农户不到 200 户，其中种养蔬菜、鱼塘 1 亩以上，达到规模生产的"专业户"仅有 81 户，其他都是半农户、退休户和业余户。① 在宁村从事农业的居民中，还有一群特殊的"农业外包"群体，即在宁村以外的其他社区、乡镇、县市或外省承包土地从事农业生产的本地居民。2009 年，宁村外出种养农户 65 户，承包鱼塘面积 4295.78 亩，承包耕地、经济林面积 11685.76 亩。由此可见，这些外包农才是真正的"农业大户"、农业资本家。

## 二　工业

宁村工业起步较早，20 世纪 50 年代末即开始探索尝试兴办工业、副业。1958 年，宁村利用削低塘基挖下来的泥土兴办砖瓦厂，取得良好收益。凭借砖瓦厂盈利积累的资本，宁村先后办起了金鱼场、花木场、制锁厂、粮油加工厂、建筑队等企业，到 1962 年，工副业收入已经达到了 92万元。遗憾的是，从 60 年代初开始，一系列政治运动不断来袭，从"四清运动"到"文化大革命"爆发，都将矛头对准"资本主义尾巴"，宁村

---

① 根据宁村农业办提供的《宁村农业耕种用地、户数、租金收入、出外种养情况统计》说明，纯农户指夫妻双方均以务农为生；半农户指夫妻双方一方务农，另一方从事非农业，或者一方务农另一方退休；退休务农指男 60 岁、女 55 岁以上达到退休年龄后继续从事农业；业余户指夫妻从事工业，业余务农。

的工副业生产受到上级党委的严厉批评，并勒令他们将这些产业向上级政府"交公"。但当时的大队党支部书记李汉章也是一名异常"顽固"的强硬派人物，对这些命令和要求坚决抵制，既不交公也不停产。不仅如此，宁村的社队企业还在一直发展壮大，又陆续兴办了电子厂、电珠厂、玩具厂、制衣厂、五金厂、蓄电池厂等企业。到 70 年代末，宁村的社队企业已经具有相当规模。

良好的前期积累，加上港澳同胞众多的优势，得天独厚的条件使得宁村成为小榄镇改革开放后最先兴办乡镇企业的村庄。1979 年改革开放伊始，宁村就建起了永南总厂生产牙膏，第二年又建了一家服装厂。1984年，原籍宁村的香港企业家麦克贞回乡投资，与宁村合作，建起了永大粘胶制品厂。这是小榄第一家三资企业，建成投产后获得巨大成功，在获得巨额利润的同时也成为著名的时代先进典型，直到 20 世纪 90 年代中后期都还不断有省、市甚至国家领导人前来参观视察。永大是宁村工业腾飞的起点，在其带动下，大批乡镇企业相继发展起来。宁村村支书 QGT 指出，1980—1984 年是宁村经济发展势头最好的几年，很多企业都是这一时期办起来的。1988 年也是比较重要的一年，一方面大量外资进入；另一方面大量产品开始出口，号称"大进大出"。

与以前的社队企业相比，这些改革开放后兴办的集体企业普遍投入大、占地面积大、科技含量高、产值高，成为带动全村甚至全镇的经济"龙头"。在这些企业中，年产值过亿的大型企业有永大粘胶制品厂、永一粘胶制品有限公司、永南总厂、广利时装厂和华锋锁厂。永大和永一最初都是合资企业，20 世纪 90 年代中后期，村集体把这两家企业的外资股份都买了下来，使之成为宁村集体独资的企业，大大加强了宁村集体经济实力。在大办集体企业的同时，宁村还鼓励各生产队积极开办"工业区"，兴建厂房出租获利。80 年代初至 90 年代中后期是宁村经济发展的黄金时期，不仅集体企业、物业蓬勃发展，家庭联合企业、私人企业、个体工商户也如雨后春笋般出现，共同带来了宁村的经济繁荣。

1999 年至 2000 年，随着改革开放的逐步深化，在全国范围内掀起企业转制浪潮。宁村集体企业也在此期间大规模转制，除了永大、永一、永包、永安电力公司、宁村自来水厂等 8 家集体企业仍由村集体经营外，原有的 40 多家集体企业全部被转包给私人经营。这些被保留下来的集体企业，要么是效益最好的龙头企业，要么是带有公益福利性质、需要集体支持补贴的企业。宁村党支书 QGT 一再强调，这些企业不是卖给私人，而只是承包给私人经营，原有的土地、厂房、设备仍属集体资产，企业承包者只有使用权，没有所有权。保留下来的这些集体企业，加上集体物业，使得宁村在集体企业转制后仍然保持着相当强大的集体经济，令这个村庄的生活处处都体现出强烈的集体主义色彩。截至 2009 年，宁村共有工商户 3000 多家，集体企业 8 家，转制企业 21 家，集体物业超过 100 万平方米。

工业化令宁村的村庄面貌发生了以下深刻变化：

**（一）经济快速发展，积累起大量财富**

1978 年，宁村总收入 707 万元；至 1988 年，宁村总收入增加到 31061 万元，10 年间增加了 43 倍。1993 年，宁村总收入突破 10 亿元，成为全国最富裕的 10 个村庄之一。截至 2009 年，宁村社区工农业总产值已将近 40 亿元。经济发展使得集体与村民都获益匪浅，村集体经济实力雄厚，村民生活水平提高。现在大部分本地家庭都拥有至少一处住宅，日常生活电器一应俱全，家家户户都有至少一辆摩托车或电动车，拥有私家车的家庭也越来越多。

**（二）公共基础设施建设极大改善**

"要想富，先修路"，为了满足工业化发展的需要，宁村花大力气改善交通，修筑了工业大道（现称环镇公路）、兴宁路、新永路、东宁路、华业路、赤岗路等纵横交错的主动脉，使宁村的各小区之间以及对外交通畅通无阻。村内的便道、住宅之间的街巷也都进行了水泥硬化，安装了路灯提供夜间照明。工业的迅速发展对水、电等能源的需求量十分巨大，而国家能提供的资源有限，为了突破能源限制，宁村兴建了自己的发电厂和自来水厂。在工业化发展起来、集体经济实力大幅提高以后，各自然村都出资兴建了一些社区小公园、篮球场、老人活动中心等群众公共活动场所，宁村也在学校、卫生院、敬老院、影剧院、图书馆、体育馆等建设上投入了大量资金，满足群众生活需要。这些公共基础服务设施的兴建，不仅极大地改善了村民的生产生活条件，而且也使村庄的景观发生巨大改变，日趋与城镇接近。

**（三）社区福利保障水平大幅提高**

强大的集体经济使得村集体能够为村民提供良好的福利保障。宁村为村民提供的福利保障包括分红、医保、社保、综合养老金和各种困难补助、住房贷款、奖励等。这些保障不仅能够为村民提供一笔稳定的现金收入，而且在医疗、养老、失业、生育等方面也为村民提供了有力保障。贫困家庭能够从社区得到一些救助。达到退休年龄的老人不再参与分红，但可以领到一笔不菲的养老金，2010 年，每位达到退休年龄的老人每月可以领到 1380 元"综合养老金"。村里每年都会为妇女和老人组织身体检查。能提供的福利越好，进入福利共享体系就越难。宁村的福利只为拥有股份的村民所享有，2000 年实行股权固化以后，甚至连新出生的婴儿和嫁进来的媳妇都被排除在"股民"群体之外，更不用说大量居住在本地的城镇居民和外来工。

## 三　第三产业

宁村的第三产业主要包括商业、餐饮和物业三类。村里分布着一家大型超市，三家农贸及商品综合交易市场，一家建材市场，一家纸业市场。村里的餐饮业不太发达，只有一些小型的粥铺、甜品店、快餐店和大排档。位于村庄西南角的海怡酒店是个例外，这家由宁村村集体投资开办的中高档酒楼（现也已转制）曾以经营蛇类食品著称，经营管理较为良好，一直处于盈利状态。2010 年，宁村在永南与东村交界处兴建了一家大型酒楼——大观酒家。这座酒楼采取的是股份制投资经营模式，由宁村村委会和几名私人老板共同出资，投资总额高达 2500 万元，规划占地面积16000 平方米，是近年来村集体投资的大型项目之一。社区报纸《宁村月刊》称，酒家落成后，宴会厅可同时开宴 150 席，除了经营饮食以外，这里还有棋牌、足浴和健身设施，将"有效提升宁村居民的生活环境和生活质量"[①]。2010 年 10 月，大观酒家正式建成营业。

与这里的经济发展水平相比，宁村的餐饮、娱乐等服务业发展的确无法与之相匹配。这与宁村村委会的产业结构规划有关。村委会的一名干部告诉我，在宁村以前的规划设计中，就是以工业为主，尽量少发展服务业，让那些外来工只在村里工作，村外消费。这样做是为了维护村庄秩序，因为服务业一般都比较"乱"。但近两年来，在国际金融风暴的冲击下，珠三角制造业受到很大影响，发展工业，尤其是劳动密集型产业的前

---

① 《宁村月刊》2009 年第 5 期（内部刊物，内部发行）。

景变得黯淡起来。在这种情况下，村庄不得不转变思路，将发展第三产业正式提上日程，兴建"大观酒家"就是这种转变的体现。

在宁村为数不多的第三产业中，物业发展可谓一枝独秀。宁村的物业主要包括厂房、商铺、农业用地、工业地和其他物业①四类，以前两类物业居多，收益也较高。2009 年，宁村出租厂房、铺位、宿舍、市场等建筑物 140 多万平方米，出租工业地 40 多万平方米，获得的厂铺租金、宿舍费、车位费、垃圾费、管理费等收入近 1.77 亿元。② 这个数字远远超过了集体企业收入，2009 年，受全球金融风暴影响，宁村集体企业收入仅为 7000 万元。这表明，在这个改革开放初期的"工业明星村"中，物业已经一举超过工业，成为集体经济最重要的经济支柱。激烈的市场竞争和动荡的市场、金融环境使得企业的收益很难保持稳定，而相比之下以土地资源为基础的物业明显受市场影响更小，更容易做到旱涝保收。认识到这一点之后，物业在集体经济中的作用和地位日益凸显，受到空前强调和重视。

宁村的物业不论是从出租率还是租金收取率来看，都是周边村落中的佼佼者。与深圳、东莞出现厂房、出租屋大面积退租，土地食利者收益大幅下降不同，2008 年的金融风暴并没有对宁村物业出租造成太大影响，这是因为租用宁村物业的大部分公司、厂家都是内地企业，港澳企业并不多，因此不存在资金转移问题。宁村物业的市场竞争力主要来源于三点：一是管理规范。不仅物业部本身的管理方便科学、公开透明，物业部管理服务人员热情友好，而且配套设施完善，厂房硬件设施质量好，水、电供应充足，道路交通状况良好。治安状况良好也是吸引客户的一大原因。二是拥有丰富的地方关系网络资源。村集体与当地的派出所、工商税务部门、劳动管理部门以及其他一些政府职能机构保持着良好的互惠关系，来宁村租用物业的客户，可以享受宁村村集体关系网的庇护，在遇到困难和问题时向宁村居委会求助，居委会一般都会予以积极协助。三是注意与客户保持良好的关系。物业部有时会组织一些小调研，听取客户的评价和反映，并对物业的经营管理做出相应调整。每年年底，物业部都会组

---

① 根据宁村物业管理处工作人员解释，工业地是指没有建筑的空地，有些客户会租来堆放材料。其他物业主要是地段较好的道路和建筑上可供招租的广告位。

② 数据资料来源于宁村物业管理处主任 2009 年的个人述职报告。

织大规模的客户聚会活动,请客户们吃饭,给他们发利市,增进与客户的感情。

## 第四节 人口

### 一 人口分布格局

宁村是一个人口大村,2009 年该村户籍人口达 6700 户近 3 万人,外来流动人口约 5 万人。宁村人口有两个鲜明特色,一是人口基数大,外来流动人口多,本地人与外地人杂处;二是本地户籍居民中 2/3 是拥有农业户籍的"农民",另外 1/3 则是拥有城镇居民户口的"居民","农民"与"居民"杂居。这种人口分布格局与宁村的历史和现实发展轨迹密切相关,对宁村的发展产生着深刻影响。

宁村是一个乡镇企业发达的村庄,工业的迅速发展对劳动力产生巨大需求,不仅本地人几乎全部"洗脚上田",变成了工人、个体工商户等非农职业者,而且还吸引来了大量外来工。从 20 世纪 90 年代中期开始,这个村的外来人口常年保持在 4 万—5 万人的规模,2005 年和 2006 年是流动人口最多的时候,超过 6 万人。此后形势开始发生变化,由于近年来发展势头强劲的长三角为外来工提供的工资水平和生活条件普遍优于珠三角,许多外来工被吸引到了浙江、江苏等长三角地区,以致珠三角爆发"民工荒"。2008 年的金融危机更是使缺工状况雪上加霜,企业招不到工的现象比比皆是,街上、工业区的厂房门口,招工启事随处可见。

外来工对宁村的经济贡献主要表现在三个方面:一是参与了宁村经济建设,宁村的道路和房子基本都是外来工修建的;二是为工业生产提供了大量廉价劳动力,当地的经济发展在很大程度上得益于外来工奉献的"人口红利";三是拉动当地消费。宁村总共约有 5000 间出租房,一半以上的本地家庭有房屋出租,房租收入是当地家庭收入的重要组成部分。尤其是螺沙小区,这里是宁村最大的工业区,外来人口也最多,超过 2 万人。在螺沙,房租收入是大部分当地居民家庭的主要收入来源。

宁村的外来工大部分是广西人,也有不少四川人和湖南人,他们从事的主要是劳动密集型企业流水线工作。也有些人为私人老板打工，或在工厂外面从事相对自由的散工，或租村里的土地种菜卖，在鱼塘塘基上养猪等。这些外来工普遍受教育程度较低，工作时间长，工资收入低，无法获得当地户籍，也很难获得基本社会福利保障。但宁村的外来人口中也有极少数受教育程度较高的专业技术性人才，如教师、医生等，他们大多获得了本地户口，享受除了分红以外的其他福利待遇。宁村还特意引进了许多在文艺、体育方面具有专长的外来人口，他们也能享受与教师同等的待遇。这些人的到来，大大提高了宁村的文艺、体育活动水平，对此本书将在后文的叙述中详加说明。

如前文所述，宁村的户籍人口中，近 1/3 是拥有城镇户口的"居民"，这与宁村的地理位置密切相关。由于紧邻小榄镇城区，宁村自古就有许多居民在镇上做工或做生意。20 世纪 50 年代划分户口的时候，在城镇有工作单位的都被划为非农业的城镇"居民"，而留在村里务农的则变成了农业户口的"农民"。居住在同一个村庄的人们第一次被贴上了标签，成了两类人。这道裂缝一旦产生，就产生了巨大魔力，历经半个世纪，尽管"农民"跟"居民"的处境发生了逆转，但鸿沟却依然横亘在人们中间，无法弥补。在 20 世纪 50—70 年代，"居民"是一个令人眼红的身份，它意味着不用从事繁重的农业劳动，还能比农民获得优厚得多的报酬和福利保障待遇。只有那些受教育程度高、聪明能干、家庭经济条件好的人才能在镇上的某个单位谋得一份工作，成为"居民"。在新中国成立的头 30 年间，"居民"都是具有强烈优越感的特权阶层，而"农民"只能屈居"二等公民"的位置。

20 世纪 70 年代末开始的改革开放为农民"翻身"提供了机会。农村利用拥有大量集体土地的资源优势，开始了以土地入股启动工业化的进程，农村经济面貌迅速改观，农民的经济收入和生产生活条件也逐年改善。在"农民"不断走"上坡路"的同时，"居民"的处境却每况愈下。1999—2000 年，小榄镇集体企业大规模转制，关、停、并、转，"单位社会"解体，大量城镇集体企业职工下岗。这些失去工作的 40—50 岁的人员不仅丧失了收入来源，也失去了单位提供的社会福利保障，从社会地位优越的"工人阶级老大哥"沦为底层下岗工人。老城区和工人阶级在经济—社会结构转变中走向衰败，周边的农村发展却欣欣向荣。随着工业化、城市化进程的推进，土地价格不断上涨，农民即使什么也不用干也可以"坐地生财"。乡镇企业和丰厚的级差地租使得农村集体经济不断发展壮大，改善公共基础设施建设和为村民提供社会福利保障的能力逐渐加强。城镇居民失去了单位的庇护，农村居民却在逐渐享受村集体提供的股份分红、社保、医保、退休金等各种福利。不仅如此，农村居民还拥有两项"特权"，即计划生育和宅基地。后一点在城乡空间景观上得以明确反映：老城区的居民建筑普遍拥挤、破旧，而新建的农村住宅则要宽敞漂亮得多。由于城乡关系、居民—农民地位关系完全颠倒，早期流行的"农转非"变成了现在的"非转农"。小榄镇的党委书记不无自豪地指出，小榄要实现的不是中央政府所倡导的"城乡一体化"，而是要尽量实现"乡城一体化"①。

作为先富起来的乡村，宁村的城乡关系和居民—农民关系转变表现得尤为突出。股份合作制的推行，进一步加深了既有的居民—农民鸿沟。农业户口成为股民资格的首要条件，村庄所有的政治经济资源都被"农民"／"股民"所垄断，所有的村干部，从村支两委到临时聘请雇用的居委会工作人员，无一不是"股民"。这里虽然也是"居民"们世代居住的地方，他们却被日益排挤出村庄。北村是宁村下辖的"小区"中"居民"人口最多的两个"小区"之一，由于"居民"人口多，拥有的集体土地少，现在变成了经济发展最为落后、"条件"最差的"小区"。村庄政治、经济、就业、福利体系将"居民"排斥在外，"居民"无法参与、干预村庄事务，逐渐也就变得对社区事务漠不关心，只剩下对被相对剥夺的不满和怨恨。有能力、经济条件好的"居民"都逐渐在社区外购买了商品房，搬离了社区，只有那些贫困、弱势的"居民"被迫继续留在村中生活。这些"居民"大多是城镇集体企业下岗职工，年龄在40—50岁之间，缺乏现代社会所需的职业技能，再就业十分困难。他们不能像"股民"一样获得分红收入，也无法得到村庄的照顾救助，甚至在失去收入来源的状况下还要想办法筹钱购买医保社保，"股民"与"居民"收入差距越拉越大。在宁村，"农民"家庭和"居民"家庭的区别一望而知："农民"的房屋大多集中在20世纪90年代开辟的"新区"，排列整齐有序，清一色新盖的小洋楼，宽敞漂亮；"居民"没有宅基地，

---

① 中山小榄：《消失的城乡界限》（http：//www.nfyk.com/ztbd/ShowArticle.asp？ArticleID = 1749，2009.6.8）。

如果买不起商品房，就只能蜗居在杂乱拥挤的"旧区"，这里的房屋陈旧狭窄，聚居着大量外来工。

"农民"／"股民"们对"居民"们恶劣的生存状况并不同情，认为这是"风水轮流转"的表现。"农民"／"股民"的普遍看法是，当年他们（居民）日子好过的时候，也没见他们可怜我们。"农民"／"股民"对"居民"防范有加，坚决不允许"居民"染指村庄利益。不只宁村，其他村子的情况也都差不多。有村民鄙夷地说，有的村庄宴请"股民"的时候，居然也有些"脸皮厚"的"居民"跑去混吃混喝，让那些村的"股民"对"居民"意见很大。Q 书记直言不讳地说，现在"居民"日子不好过，那是国家对不起他们，不是村庄对不起他们。他认为宁村已经够对得起这些"居民"了，借了几百万元给他们买社保，这两年垃圾费、治安管理费也不用他们交了。也就是在宁村，他们才可以享受这些优惠，住在小榄镇的那些"居民"还是照样要缴纳这些费用的。

## 二　姓氏

华南历来是宗族势力强盛之地，研究华南社会不可避免要考察其姓氏宗族。新中国成立前小榄也是一个典型的宗族社会，何、李、麦三大宗族垄断了绝大部分地方经济资源，长期把持地方政治。三族中何族势力最盛，财产最为丰厚、取得科举功名的人最多，在政府中取得的官阶最高，对地方政治经济的影响力也最大，李、麦两族次之。嘉庆年间，小榄设乡约以自治，乡约由四人委员会组成，由何、李、麦三大姓遴选代表组成，其中何氏代表 2 人，李姓、麦姓代表各 1 人，负责掌理乡中民政事务。辛亥革命后，香山分司署被裁撤，改设共和政体的民政事务部，后改称三区助理员公署，榄镇乡约改称公局（人们习惯称为"公约"），仍实行自治。1923 年，香山县第三区设 1 镇 20 乡，是小榄乡（镇）一级政权机构之始，仍以公局行使基层行政权力。民国二十三年（1934 年），小榄实行区镇长制，成立了第三区区公所及小榄镇公所，产生了区长和镇长，由宗族实行地方自治的局面才宣告结束，小榄镇被正式纳入国家行政管理体系。[①] 新中国成立后，通过土地改革和政治运动，打破了小榄原有的政治经济格局，宗族网络遭受重创，基本退出地方政治经济舞台。

---

① 小榄地方志编纂组：《小榄镇镇志》，2008 年修订本，未刊稿。

宁村所在的大榄村是小榄的开埠之地，也是早期地方社会中心，何、李、麦三大姓在宁村均有分布，但影响力不如小榄村，即今天的老城区那么明显。在宁村诸姓氏宗族中，刘氏宗族地位较为突出，现在宁村的地名中，还有街巷名"刘地巷"，宁村南村的龙兴庙据说最初就是刘氏家族的家庙。除了这些名门望族之外，宁村还分布着众多其他姓氏，这些姓氏大多聚族而居，这种居住格局直到如今还得以基本保持，例如麦姓主要聚居在沙垄村，英姓只有螺沙七组才有，螺沙五组主要是姓钟的，西下主要是姓伍的，西就主要是姓蔡的等。一般只要知道一个人的姓氏，就大致可以推断他居住在哪个村/社。

虽然每个小村都有各自的"大姓"，但没有一个姓氏能够在大的行政村范围内占有压倒性优势。这就使得将各个自然村合并为行政村之后，选举在行政村范围内进行，姓氏对村庄的政治经济影响减弱。据宁村村志统计，宁村下辖的自然村共有姓氏 156 个，按人数多少排在前 10 名的姓氏是：梁、李、何、陈、麦、黄、张、伍、钟、刘。从村庄的领导架构来看，村里的主要干部，即村支两委的 8 名成员，在姓氏上与上述排名并不相关，一半以上主要村领导干部都来自一些不起眼的小姓。不过，从这些领导干部所出生的社队来看，基本上比较大的自然村和社队都在村支两委有各自的代表，即当地村民所称的"八大员"①。这绝不是偶然的巧合，而是在社队合并过程中经过一系列博弈、协商之后各方力量相互妥协的结果。村庄领导干部的产生不是宗族势力干涉的结果，而更多是与以村社为单位的地域相关，表明这个村庄的政治已经在一定程度上突破了狭隘的血缘纽带，向更为开放的地域社会转变。

虽然村庄政治的宗族色彩淡化，但宗族在当地居民的个人生活中仍旧扮演着不可替代的重要作用，是个人归属感的重要来源。基本上每个姓氏都保留有各自的族谱，记载着这个姓氏宗族的源流变迁。清明节期间的祭祖仪式是一年中最为隆重的民间祭祀活动之一，人们从四面八方会聚到家族墓地进行祭拜，有些还不仅拜宁村当地的祖先，而且还会联合宗族的其他分支，到新会或其他地方祭拜本族在这一地区开枝散叶的"太公"。男婴降生，一定要在第二年春节期间到本宗族所属的祠堂或

---

① 宁村居委会正式通过选举产生的村支两委成员共 8 名，他们是村里的主要领导干部，也被称为"八大员"。

家庙举行"开灯"仪式。尽管宁村现在没有一座宗祠，但人们总能找到与其同宗的族人们在其他地方修建的祠堂，并设法加入其中。青年男子成婚之时，会根据族谱辈分取一个"字"，将来上族谱的时候就会用这个"字"。每个成年男性及其配偶都会在族谱中拥有自己的一席之地。同一个宗族的成员按照"服"来确认亲属远近关系，不出五服的人们之间关系通常都非常亲密友好，尤其是同一辈分的伙伴，相互之间均以"兄弟"相称。

## 三　家庭

宁村的大多数家庭是主干式家庭，父母与已婚的儿子住在一起。大部分人对这种居住格局感到满意，老人可以享受儿孙满堂的天伦之乐，年轻人也能够享受长辈在生活上提供的照顾。照管一家人的饮食起居，照看年幼的孙子孙女，接送他们上学放学，使老人们的退休生活充实愉快。一些年轻人也乐得享受父母的服务与照顾，他们不用操心家务，下班回来就能轻轻松松坐下来享受已经准备好的晚餐。儿媳妇如果不出去工作，通常要在家务事上协助婆婆。这里依然保留着较强的父系社会色彩，普遍实行从夫居，绝大多数年轻女性婚后与丈夫及公婆住在一起，在带孩子等重要家庭事务上与婆婆而不是自己的母亲合作。当然也有些年轻妇女并不喜欢与丈夫的家人生活在一起，毕竟很不自由，拥有的私人空间有限，时时刻刻都感到受约束。家庭成员之间的关系也并不总是那么融洽，婆媳之间、姊娌之间依然难免会有矛盾芥蒂。对于这些年轻女性来说，与公婆同住实属无奈之举，有时是因为年轻夫妇的积蓄不够购买自己的房子，有时是因为迫于"孝顺"的舆论压力，尤其是那些丈夫为独子的家庭，大多数情况下都是两种原因兼而有之。

工业化、都市化并没有使宁村的家庭规模缩小，向核心家庭演变，反而使主干家庭的形式得到巩固和加强。股份合作制和退休养老金制度强化了老人在家庭经济中的地位。在注重劳动积累和贡献的股份合作制中，年龄往往与拥有的股份成正比，越年长股份越多，获得的分红也越多，父母在家庭经济中的主导权由此得以延续。许多年轻人在刚成家立业时在经济上都还不能完全独立，需要仰仗父母的帮助，与父母一起居住成为共享父母提供的家庭资源的前提条件。不仅如此，年长的父母由于拥有股份分红或退休金，在经济上完全能够获得独立，不再需要儿女赡养。这一点对家庭结构具有明显影响，父母希望与儿女住在一起，已经不是出于"养儿防老"的需要，而更多出自情感上的需要，希望得到儿孙的陪伴。对于已婚的成年子女来说，父母不再需要赡养，也意味着父母不再成为经济上的负担，反而父母有可能继续为家庭经济收入做出贡献，因而老人都被视为"宝"，真正成了"家有一老即是家有一宝"。

改革开放后，宁村当地居民的婚姻受到两大因素影响：一是外来人口；二是土地股份制。改革开放后，大量外来人口进入宁村。由于劳动密集型企业对劳工年龄的要求，这些外来工以年轻人居多，尤其是年轻女性。这些女性的到来大大扩宽了本地男性的择偶范围，外来媳妇数量急剧上升。在个别小区，外来媳妇的比例甚至高达1/4。能够嫁给本地男性是大多数外来女工的梦想，这意味着摆脱贫困落后的家乡，也不再是漂泊不定的打工者，而是可以进入当地社会，成为本地人中的一员。但事实证明，很大程度上这只是一厢情愿，即使嫁入本地家庭，当地社会对这些外来媳妇也还是多有排斥。很多本地人打心眼里瞧不起她们，认为她们只不过是利用婚姻趁机分享本地人的利益。虽然很多外来媳妇学会了当地语言，但不同的生活方式、观念、习俗还是使她们在日常生活中磕磕碰碰，经常与夫家成员，尤其是婆婆发生冲突。一些无法融入当地社会的外来媳妇对当初的决定感到后悔，她们在这里很难找到朋友，也没有亲属和其他社会关系网的支持，只能龟缩于狭隘的家庭生活，常常感到孤独和压抑。

土地股份制的实行也意外地对婚姻造成了影响。土地股份制具有两个关键性的限制因素，即户籍和所在村庄。户籍是获得股民身份资格最基本的前提条件，通常只有本地出生的农业户籍人口才能获得股民资格。而股份分红直接与经济利益相关，加上现行计划生育政策规定，双方户籍均为农业户口的夫妇可以享受"一胎半"① 政策，这就使得户籍性质被列为婚配考察的重要指标。很显然，农业户籍的配偶更受欢迎。这在一定程度上限制了人们的择偶范围，尽管一些年轻人声称他们选择伴侣并不受这些因素影响，然而父母家人还是会从实际考虑，对子女的

————————

① 我国大部分农村地区实行的计划生育政策，指第一胎是女儿的家庭可以在间隔一定时间后再生一个孩子。

择偶行为进行一定干预。村庄是股份制的另一个重要影响因素，村庄的
发展程度不同，村民获得的股份分红也不同。由于汉族社会从夫居的传
统习惯，女性婚后须将户籍从娘家迁往夫家，因此女性在选择丈夫时，
非常重视男方户籍所在的村庄。如果男方村庄经济条件好于女方村庄，
这桩婚姻通常会进行得非常顺利，成功的可能性很大；反之则会遇到很
大阻力。外来女性的竞争，加上土地股份制对择偶范围的限制，使得相
当一部分本地女性在婚姻上面临难题，难以找到合适的婚配对象。不只
在宁村，在整个珠三角地区，"大龄女青年"① 都正在成为一个日益严峻
的社会问题。

大多数年轻夫妇生育有两个孩子。虽然现行的计划生育政策规定，只
有夫妇双方均为农业户籍，且第一胎是女儿时才可以生育第二胎，但很多
人依然冒着违反计生政策的风险生育两个以上的孩子。现在的计划生育政
策执行得较为严格，除了罚款之外，还要在一定期限内停止发放股份分
红。但与生孩子的渴望相比，这些似乎都算不了什么。去香港生育二胎或
三胎成为躲避计生的流行做法，在香港出生的婴儿可以获得香港户籍，不
算超生。不过这对家庭经济条件有相当高的要求，普通家庭无法承担因此
产生的高额费用。在现代化、都市化的冲击下，传统的多子多福和重男轻
女思想有所减轻，年轻妇女们的感受是，现在生女儿也没什么大不了，但
生儿子肯定会在家族中更有地位。许多第一胎是男孩的夫妇也还是会想方
设法再生一个孩子，对于大多数人来说，理想的家庭不是只有一个独子，
而是儿女双全。

## 四 职业

宁村人的职业大致可分为六类：乡村干部、私营企业主、个体工商
户、工厂管理人员、工人、家庭主妇。

传统农村的乡村干部一般人数有限，村支两委两套班子，加上村小组
组长，不过10多人而已。但在宁村这种"超级村庄"，在村委会"吃行
政饭"的人数已经远远超出了常人想象，达到了异常庞大的规模。折晓
叶等在研究中指出，"超级村庄"所共有的一个突出特点，就是具有一个

---

①    各地对"大龄"的界定不尽相同，一些地方将28周岁以上的未婚女性称为"大龄女青
年"，另一些地方则将30周岁以上的未婚女性称为"大龄女青年"。

强大的村政府，这种村政府通常在一定程度上具备了"准地方政府"的结构和职能，其人员组织架构也显得异常庞大和复杂。[1] 与一般村委会相比，宁村社区的组织架构具有两大特色：一是设置了一些超出一般农村管辖范围，与工业化、都市化相适应的机构，如城管综合办、规划发展办、物业办等；二是组织机构扩大化，在其他村可能只是一个职位的设置，在宁村就发展为村委会下属的一个分支部门，如妇联计生办、治保安全办、城管综合办等。这些机构部门雇用了为数众多的"工作人员"，村委会提供的数据资料显示，除了80多名"正编"工作人员外，村委会还雇用了近千名"副编"和"编外"人员。[2]

　　治保、物业和卫生是居委会吸纳本地居民就业的"大户"部门。去治保安全办做治安员和协管员是颇受本地中年男性青睐的职业，这两项工作对年龄、学历等条件没有要求限制，而且村里还会为他们配备摩托车，可以四处流动巡逻，比单调的室内工作有意思得多。治保会也比较乐意聘请本地居民做这些工作，因为他们家在这里，熟悉村里的情况，而且不能做品行不端的事情，这么做会遭骂，在村里无法立足。据治保会的工作人员介绍，全村共有300名左右治安员和协管员，他们的平均年龄为40岁，其中协管员的平均年龄低于治安员，而受教育程度则高于治安员，因为协管员有时还需要跟文字打交道，做做登记什么的。物业部的编外人员主要是停车场、宿舍和厂区管理员、清洁工、门卫、保安等。这些工作相对稳定清闲，大部分是本地人在做。卫生办雇用的清洁员和保洁员也很多，十几个小区大概有几百名从事卫生清洁工作的人员。这些人大部分都是外地人，本地人大多嫌脏嫌累，只有少量本地中老年妇女在做保洁员。就业办主任H说，现在有些四五十岁的本地妇女很挑剔，工厂的生产线不愿意去，做清洁也只有村委会和物业才肯去，去外面扫街的工作她们是不会去做的。

---

　　[1]　折晓叶、陈婴婴：《社区的实践——"超级村庄"的发展历程》，浙江人民出版社2000年版，第63页。

　　[2]　"正编"与"副编"及"编外人员"的差别在于，"正编"属于居委会正式聘任的工作人员，工资由居委会发放，而"副编"和"编外人员"则由相关职能部门自行雇佣聘任，工资也由雇佣单位发放。"正编"、"副编"和"编外人员"的薪酬待遇具有明显差距，呈层层递减态势分布。

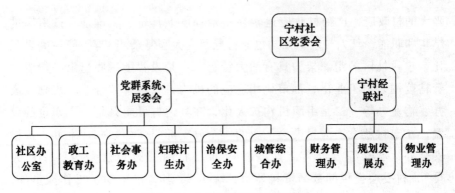

图1—2    宁村居委会组织架构图

宁村的私营企业主由两类人组成，一类是转制企业的承包者；一类是自主创业的企业主。转制企业的承包者大多是原集体企业的一把手或二把手，当时村里鼓励原集体企业的主要负责人承包这些工厂，认为他们熟悉企业的经营管理情况，由他们承包经营是企业扬长避短的最佳途径。只有在企业主要负责人都不愿意承包的情况下，该企业才能转而由其他社会人士承包经营。转制企业经营者大多具有官方背景，许多转制企业的老板都是以前自然村或生产队的领导。这些人与当下的村政权之间的关系也相当紧密。自主创业获得成功的企业主也为数不少，与转制企业经营者相比，他们与村政权的联系要微弱得多，显得更为独立自由。在宁村的企业中，最多的是印刷包装企业和五金制锁企业，其次是服装、电子和粘胶企业。

当地的社会风尚普遍鼓励人们自主创业，不论事业规模的大小，能够自己当老板都是成功的一种表现。在珠三角地区，"老板"已经成为一种泛化的尊称，"老板"被公认为是财富、能力、地位的代名词。尽管能够成为"大老板"的人毕竟是少数，但各种各样从事个体经营的"小老板"却遍地开花。

老板以外的其他居民，则普遍受雇于工厂或私营企业主，从事管理、文员、会计等工作。村里现有的几家大型集体企业，中高层管理人员基本都被本村人垄断，生产流水线上的工人则绝大部分都是外来工。转制企业中的情况也大抵如此。就业办的一名工作人员指出，本村人都想在社区里的企业工作，一来离家近，来往方便；二来村里的企业对村民大多比较宽容照顾，不像外面的那些私人老板那么苛刻严格。

村里还有相当一部分以照顾家庭为业的妇女，她们不用外出工作，留在家里照顾婴幼儿和料理一家人的生活起居。这部分人以四五十岁的中年妇女居多，也有一些富裕家庭的年轻妇女，她们不用承受经济压力，过着悠闲的"全职太太"的生活。

## 五　华侨

宁村是小榄镇首屈一指的侨乡，全村有华侨和港澳同胞 7370 人，其中绝大部分是香港同胞，有 6433 人。其他还有海外侨胞 673 人，澳门同胞 202 人，台湾同胞 62 人。[①] 与中山市南部山区华侨多远赴外洋不同，小榄镇华侨多选择就近前往港澳。小榄镇地处沙田区，土地肥沃，商贸发达，远较南部山区繁华富庶，基本能够满足本地人口生活所需，当地民众不需远走他乡另谋生路。

宁村华侨很大一部分是在新中国成立后的历次政治运动中移居港澳和海外的，其中不乏新中国成立前地方上有影响的名门望族，以及官员、富商大贾等地方精英。这些华侨在日后的改革开放中成为地方政府重点拉拢的对象，是开启小榄改革开放的重要动力。香港的小榄籍人士组建有"香港榄镇同乡会"，小榄镇政府一直与这个机构保持密切联系，从中获取支持。

宁村在初期的发展同样在很大程度上得益于华侨。如前文所述，宁村规模最大、效益最好的两家集体企业——永大公司和永包公司，分别是与港资和台资合办的企业，合作的直接原因就是这两家企业的外方老板都是宁村侨胞。永大创始人、宁村籍香港同胞麦克贞先生对宁村发展的贡献尤其卓著。他不仅响应地方政府号召，积极回乡投资办厂，而且还大力捐助宁村的公共福利事业。1986 年，他购买了 26 台彩电，捐给宁村下属的 26 个自然村，宁村的居民那时就可以收看香港的电视节目。这些电视为宁村村民打开了通往外部世界的一扇窗户，使他们深受触动，大部分村民对此印象深刻。麦克贞还大力支持宁村的教育事业，花巨资创办永康小学（"永康"即麦克贞的"字"），修建校舍，聘请教师，使这所学校的硬件设施、教学质量在当时就已经达到了相当高的水平。为了维持这所学校的运转，他特意投资创办了宁村手袋厂，将该企业的收入用于学校建设和教职员薪酬支出。此外在修路、捐助文化娱乐场所、修建商场、敬老院等活

---

① 数据资料来源于《宁村村志》。

动中，麦克贞均踊跃参与，堪称宁村华侨的表率。

宁村华侨除了在物质上对宁村的发展予以大力支持外，还是宁村居民了解外部世界的重要通道。傅高义曾在研究中指出，除了商业和物资领域以外，香港对于广东更具价值的在于传递各种令人信服的外部世界的信息和远景，成为连接中国与世界的桥梁。① 大部分宁村居民都有过去香港探亲或游玩的经历，少数有海外亲属的人还去过美国、加拿大等地。这些经历开阔了他们的眼界，使他们得以从外部世界反观自身。

## 第五节　村庄的代表性

宁村既有一些珠三角村庄的共性，也有一些自己的独特之处。本研究之所以选取宁村作为调查研究地点，主要出于以下原因：

第一，宁村是一个乡村都市化程度较高的村庄，在一定程度上可代表珠三角地区乡村都市化的发展道路。

从当前的社会实践来看，乡村都市化大致由两种途径形成：一种是自上而下的大城市扩张，城市边缘的村庄逐渐被切割、包围，形成一个个孤立的"城中村"；二是由自下而上的乡村工业化带来的"自然城镇化"，村庄在内部实现了城镇化之后，再逐渐与外部城镇对接。珠三角地区的乡村都市化形成途径以后者为主，由于大量村庄都在发生建立在乡村工业基础上的"自然城镇化"，以至于形成整体聚合效应，乡村地区连片向城镇社会过渡，形成"生产发展、生活宽裕、乡风文明、村容整洁、管理民主"的"新农村"。当前，由这种"新农村"组成的"城市带"正在珠三角和长三角地区快速生长。"城中村"被视为城市发展过程中的"毒瘤"，是落后和秩序混乱的代名词；"新农村"却被视为我国的农村发展目标，带有强烈的进步意味。这种道路设计的主要意图，在于既使农民在公共基础设置、社会保障、生活水平等方面与城镇居民的差距缩小，在物质生活上享受城镇社会的便利，而又能在一定程度上保留传统"乡风"、人情味和地方文化特色。令人感兴趣的是，这种设想似乎正在珠三角地区

① ［美］傅高义：《先行一步——改革开放中的广东》，凌可丰、丁安华译，广东人民出版社1992年版，第90页。

变成现实。这一地区的乡村普遍实现了"非农化"和"城镇化"转型，乡镇企业发达，乡镇、村集体经济实力雄厚，公共基础设施完善，村民享有的福利和社会保障良好，大量传统文化习俗复兴。

在城市化高速发展的今天，这些地区已经成为名副其实的"郊区"，当地居民清醒地意识到自身享有比大都市更高的生活质量，如更宽敞、低廉的住房、更通畅的交通、更良好的水和空气质量等。当他们带着夸耀的口气谈论"去广州待不惯，人多车多，空气不好"的时候，对城市的羡慕已经完全被对郊区生活的心满意足所取代。宁村居民的这种心态特别明显，这个村庄在住房、道路等硬件基础设施建设上已经实现高度城镇化，而且村民还能享受宅基地、"一胎半"等优惠政策，生活环境大大优于城市。

改革开放后，宁村的城镇化一直走在小榄农村前列，这与两个因素相关：一是乡村工业化，工业的发展直接拉动了村庄的城镇化建设，村庄面貌大为改观；二是宁村地理位置优越，紧邻小榄城区，容易受到镇区发展辐射，级差地租快速上涨，也能够获得更多发展机会。1994年，小榄借举办第四届"甲戌菊花大会"之机，大规模进行城市建设和改造，宁村也在这一轮城市建设浪潮中将城镇化向前推进了一大步。当地居民说，1994年之前，现在的工业区那一片都还可以比较多地看到鱼塘和田地，1994年之后就都盖了厂房修了路。螺沙小区本来是宁村较为偏远落后的地区，用当地村民的话说，"螺沙就是宁村的西部"。然而，在1994年之后，连这个小区都开始变得"发达"起来了，村里在这里建立了全村最大的工业区，大量外来人口涌入，使宁村这个最穷的自然村一跃而为众自然村中的"首富"。2004年是宁村城镇化的又一个重要转折点，这一年小榄镇先后实行了"村一级核算"和"村改居"，宁村正式从以往的"自然城镇化"阶段进入到城市行政管理体系之中。

第二，宁村是实行"村一级核算"较为成功和彻底的地区，这一体制改革对当地农村发展具有重要意义。

许多研究者注意到，工业化程度较高的沿海发达地区乡村正在出现自然村向行政村合并的趋势。折晓叶指出，大工业进村后，以行政村为单位来规划和建设更为经济、有效和便利，新的经济组织也往往在行政村基础上组建，才能集中利用土地和劳动力资源，才有条件形成实力强大的

"集团公司"，对外的信誉和扩张也才更有基础。① 蒋省三和刘守英强调，社队合并的关键动因在于土地所有权和使用权的变更，由于这一变更牵涉的利益调整重大，因而困难重重，大多数合并只进行到生产队一级，以行政村为单位建立股份公司的仅占20%。即使实现了土地从社队向行政村合并的村庄，也要承认各社队的资产差异，并在股份构成和股红分配中考虑到这一差异。② 一般情况下，社队合并都是小规模地自发进行，地方政府较少对此进行强制性干预。小榄却打破了这一常规，决定由镇政府出面牵头，将"村一级核算"作为一项地方性政策在全镇范围内全面推行。小榄镇政府并不满足于局部社队合并，而是明确地将"村一级核算"作为改革目标，小榄镇镇长黄标泉在一项政府工作报告中列举了实行"村一级核算"的六项理由：

受镇、村、组三级核算的管理体制的制约，农村的各种资源不能优化整合，甚至出现不良竞争，严重阻碍农村经济发展。自2003年9月起，小榄镇政府在农村股份制的基础上，实施村一级经济核算，把村小组经济资源合并到经联社（村委会），实行统一核算，统一规划，统一监管，统一分配。这项改革带来了明显的成效：一是整合了人才，在村组两级优秀管理人员中选拔有本事、靠得住、群众公认的管理者，更好地为村民谋利益。二是整合了资源，把分散的土地、资产、资金集中起来，连片发展，规模经营，实行专业化管理，提高资产收益率。三是规范了管理，加强了监控力度，保证集体资产保值增值。四是精简了管理机构，降低了行政成本。在"三级所有，队为基础"的体制下，小榄镇农村划分为15个村委会，195个村民小组。60平方公里的农村土地上，平均每400亩土地就有1个独立核算单位，实施了村一级经济核算后，每个核算单位的人口提高到1万人，管辖范围扩大到5平方公里。五是缩小了各村之间存在的差异和分歧，减少了恶性竞争，促进了社会的和谐。六是提高了股民分红，村

---

① 折晓叶：《村庄的再造——一个"超级村庄"的社会变迁》，中国社会科学出版社1997年版，第31—32页。

② 蒋省三、刘守英：《土地资本化与农村工业化》，《经济学》2004年第4期，第211—227页。

民得到了很大实惠。2004 年全镇农村集体总收入 5. 29 亿元,全体股民平均分红 2000 元,比 2003 年净增 668 元,2005 年、2006 年平均分红分别达到 2372 元和 2673 元,达到了村集体经济发展与股民分红增加的目的。①

需要指出的是,尽管小榄镇政府下了很大的决心在全镇范围内贯彻实施这一政策,但其下辖的各个社区对这项政策的态度反应及执行力度仍然参差不齐。宁村是小榄实行"村一级核算"最为彻底和成功的村庄,行政村切实收回了自然村、生产队的土地、人员、资金管理权和使用权,真正实现了由行政村统一核算、统一规划、统一监管和统一分配。村民们对这一改革也有着非常直观的认识:"以前队长有实权,现在没有了";"好多以前的村干部都下台了,自己做生意去了";"以前都是按生产队分红,每个生产队分得的钱不一样,现在全村股份的分红全都一样。"尽管生产队经济发展水平之间的差异多少为社队合并造成了阻碍和困扰,但大多数村民都从总体上对"村一级核算"予以了肯定和正面评价,这主要是因为"村一级核算"消除了生产队之间的恶性竞争,以及有效遏制了村小组干部的贪污腐败。村民们说,以前每个生产队都有自己的工业区,相互压价,大家都得不到好处。以前生产队干部有实权,物业出租的价格都由生产队干部控制,经常出现干部以低价将集体物业出租给自己的亲朋好友或拿"回扣"的贪污腐败行为,引起村民很大不满。现在实行了"村一级核算",物业出租价格由村民代表会议统一商议,出租操作公开透明,物业出租中的"猫腻"大为减少,这是最令村民们满意的一点。

小榄镇镇长黄标泉所指出的"村一级核算"的优点,在宁村已经得到明显体现,宁村的主要村干部也深刻意识到了"村一级核算"对村庄的经济、社会发展所具有的意义。"村一级核算"使村庄的财政、人力、土地资源全部集中到行政村手中,行政村权力大为加强,可以对村庄的发展做出全盘统筹规划,真正把全村的事情都管起来。村支书 QGT 认为,小榄厉害就厉害在实行"村一级核算",农村不实行"村一级核算",就

———————

① 黄标泉:《中山市小榄镇构建和谐社会的实践和体会》(http://www.xiaolan.gov.cn/ad/ 17da/new15.html.2007.3)。

很难搞起来。尽管"村一级核算"困难重重，但从目前的情况来看，实行"村一级核算"的确是优化配置资源、缩小地方社会内部差距关键性的第一步，也是农村发展的大势所趋。宁村今天所走的道路，也许就是广大农村地区未来所要走的道路。

第三，宁村是一个宗族姓氏"大杂居、小聚居"的村庄，正在从传统血缘社会像现代地缘社会转型。

一般认为，单姓村庄是中国南方乡村社会的主要构成部分，宗族是华南地区最重要的社会组织之一。小榄在历史上也是一个宗族社会，早期移民聚族而居的情形十分普遍，移民初到一地，必须尽可能地合作团结，才能在与其他宗族姓氏的竞争中站稳脚跟，获得立足之地。至清同治十二年（1873 年），大小两榄已有 82 姓，共 170 多个宗族，除了何、李、麦三大姓成为财雄势大的大宗族集团以外，其余各姓混居杂处，逐渐形成"大杂居、小聚居"格局。

除了移民因素以外，小榄宗族社会的形成还与沙田开发有关。小榄三大姓均自明末清初才开始崛起，这一时期正是小榄沙田开发的高峰时期。沙田开发是一项需要大规模团结协作的工程，既需要与上级政府部门结成紧密的关系网络，获得围垦沙田所需的政治许可和庇护；又需要组织雇用大量劳动力从事沙田开垦。宗族无疑是具备这些条件最适宜的社会组织，宗族一方面可培养族裔通过科举考试进入政治体系，在政府部门培植政治庇护关系网；另一方面可组织动员大量人力、物力投入沙田开发。

宁村所在的大榄村虽然是小榄镇早期的政治、经济中心，但随着明代中后期经济中心向小榄村转移，大榄地位逐渐居于小榄之下。何、李、麦三大姓中实力最强的两大姓氏，何氏和李氏的主要聚居地都位于小榄村，仅"麦局"位于宁村所在的大榄，这就导致宁村以小姓居多。宁村下辖的自然村、生产队现存姓氏 156 个，尽管各个自然村、生产队还可以看出某些姓氏的主导地位，但实行"村一级核算"后，自然村边界被打破，宗族姓氏对村庄政治、经济影响逐渐减小。当前，从大的行政村范围来看，宁村已经成为典型的"杂姓村"，没有哪一个姓氏占有突出的优势地位。费孝通在《乡土中国》中指出，"血缘是身份社会的基础，而地缘却是契约社会的基础"，"从血缘结合转变到地缘结合是社会性质的转变，也是社会史上的一个大转变"①。当前，宁村就处于这一转变过程中，这使得对宁村的研究具有特别重要的意义。

第四，宁村文化传统积淀深厚，传统与现代在这个社区水乳交融，具有一定典型性。

宁村是一个传统文化保存和恢复较好的社区，悠久的历史为宁村留下了众多的名胜古迹和故事传说，丰富的历史文化使当地居民深感自豪。尽管这里也经受了社会主义革命的巨大改造，一些庙宇被拆毁，民间信仰和风俗习惯遭到禁止，但传统文化依然在一定程度上得以保留。改革开放所导致的社会变迁，再一次对地方社会的传统文化和价值观念造成重大冲击，传统乡土社会迅速转变为工业和城镇社会。然而，新的工商业价值观和城镇文明也没有能够将传统文化彻底驱除、剥离，而是成功地实现了二者的共生。现代工商业的发展为传统复兴提供了经济基础，大量社坛、庙宇被重建，一些民间信仰和风俗习惯得以恢复，各种庆典仪式空前盛大隆重。现在，宁村是小榄镇社坛保存数量最多的村庄，也是少数几个保存、重建庙宇的村庄，还是当地名胜古迹最丰富的村庄。这里的村民家家户户都依然在客厅正中设有神龛和祖先牌位，按时供奉朝拜。

与此同时，当地村民的生活方式早已城市化：早晚上下班，节假日外出旅游、锻炼健身，最流行的休闲娱乐方式是吃饭唱 K，晚上到广场跳健身舞已经成为许多中老年妇女的每日"必修课"。从衣食住行来看，宁村当地村民大多穿着打扮入时，尤其是年轻人，与城市居民相差无几。随着村落社会的转型，日常消费的绝大多数农副产品需要从市场购买，买菜做饭是每个家庭必不可少的日常生活内容。对许多村民来说，隔三岔五到餐厅酒楼喝茶吃饭也成为家常便饭。大部分居民都住在经过精心设计装修的"小洋楼"中，家庭成员都有自己的独立房间，现代化家用电器一应俱全。轻便的电动车、摩托车是村民日常出行最主要的交通工具，基本上每个家庭都有一辆以上的电动车。越来越多的家庭开始拥有小轿车，用于节假日的远足郊游和平时相对远距离的出行，有些富裕家庭拥有的小轿车还不止一辆。

传统没有妨碍村庄向现代工业城镇转型，工业化、城镇化也并不排斥传统的延续，并且还在一定程度上刻意推动、促进传统复兴。人们灵活地

---

① 费孝通：《乡土中国》，生活·读书·新知三联书店 1985 年版，第 77 页。

在传统与现代之间切换，既能充分享受现代化、城镇化带来的物质生活的便利，又能有效地保持地方文化所特有的历史感和地方性，营造当地居民心目中理想的家园。这正是我国当前的社区建设运动孜孜以求的发展目标，宁村的个案也许能够为此带来某些启发。

# 第 二 章

## 繁荣再现:社区公共生活的传统和现实

社区公共生活是地方社会形态及结构的重要体现,与不同时期地方社会的政治、经济背景密切相关。与此同时,社区公共生活的发展变迁不仅受外部制度环境影响,也与本地既有的社会结构和历史文化传统密不可分。本章内容以时间为序,将社区公共生活划分为三个大的时段——新中国成立前、集体化时期和改革开放后。不同时期的公共生活具有鲜明的时代特色:新中国成立前的公共生活主要围绕庙宇、仪式展开,主导地方政治经济的大宗族是这些活动的主要组织者;集体化时期,共产党建立的新政权成为地方社会生活的组织者和领导者,社区公共生活带有显著的"集体"特色;改革开放后,社区公共生活在沉寂了一段时间以后,重新恢复生机。行政村的再次实体化使得乡村集体重新担负起组织社区公共生活的职能,为社区公共生活的发展提供了有力的组织和经济基础。这一时期,许多乡村私营企业家、老人和村民都参与到了社区公共生活中,致力于重塑地域村落共同体。社区公共生活的变迁从独特的视角反映了地方社会变迁,可被视为地方社会变迁的缩影。

## 第一节　新中国成立前的社区公共生活

如前文所述,宁村作为小榄镇历史最为悠久的村庄,从见诸历史文献记载的年代算起到新中国成立前夕,已经存在了近800年。在长期的历史发展过程中,这里形成了一套包括公共生活在内的成熟的地方社会组织体系和运行机制。新中国成立前的宁村是一个典型的以桑基鱼塘为主要生产方式的珠三角乡村,村中鱼塘河涌星罗棋布,大部分居民靠务农为生。尽管与南部山区相比，这个位于香山北部冲积平原的村庄土地肥沃，物产丰富，但大部分村民的生活依然贫困艰辛，需要整日劳作才能不至于挨饿受冻。地方乡绅是大部分田产的所有者，他们大多出身豪门世家，接受过良好的教育，负责主持地方社会事务，以在科举考试中考取功名获得官职为终极人生目标。与其他地区一样，新中国成立前的宁村也是一个以血缘和地缘为底色的乡土社会，人们牢牢依附于土地之上，靠一套人情礼义维持地方社会秩序。公共生活是地方社会生活的重要组成部分，这些活动既是地方社会秩序及结构的反映和展示，也是建构地方社会的有效力量。

新中国成立前宁村的社区公共生活主要围绕两方面展开：民间信仰和岁时节庆。作为小榄镇早期的政治、经济、文化中心，宁村庙宇、祠堂众多，围绕民间信仰举行的仪式十分频繁，其中部分仪式规模盛大，参与者众多，成为全民性质的狂欢活动，如农历七月十五的"鬼节"。新中国成立前的宁村是一个典型的农业社会，岁时节令对于农业生产的重要性使其受到乡民格外重视，通常也会举行相关庆典，如春节、端午、中秋、冬至，都要举行隆重的庆祝活动。从内容来看，新中国成立前的社区公共生活可分为仪式庆典和体育竞技两类。此外，小榄镇还有一项特有的地方民俗节日——菊花会，因其影响颇大，而且既不属于民间信仰也不属于体育竞技，故将其单列进行阐述。

## 一　仪式庆典

旧时的宁村是一个庆典仪式频繁之地，这里庙宇众多，供奉的神祇多达上百位，有些庙宇还在地方上享有崇高地位和声望。现在位于宁村居委会左侧的"宁村文化中心"，其原址就是一座供奉天后的庙宇——妙灵宫。这座庙宇与其他四座供奉观音、北帝及地方神的庙宇并称"小榄五大庙"。另外，宁村还有冈头城隍庙，华光总管庙，观音庙、龙兴庙，陈大法师庙、文昌庙、关帝庙、净意庵等大小几十间庙宇，以及遍布房前屋后、街头巷尾的社坛，是一个众神云集之地。

每逢列位神祇的神诞，均会举办相应的仪式庆祝活动。据《小榄镇镇志》记载，小榄镇民间信仰最为普遍的有 9 位大神，分别是：观音、文昌星君、关公、财帛星君、北帝、康公、天后、华光和洪圣。这些大神一般都有不止一座庙宇，神诞庆祝相对隆重。例如农历三月初三北帝诞，又称上巳节，是最为隆重的神诞之一。北帝在珠三角水乡享有崇高地位，1950 年前，小榄镇全镇共有北帝庙 6 间，其中两间位居"小榄镇五大庙"之列。每至北帝诞会，各庙均会组织打醮游神、演戏祝神、游水色、赛五人艇等活动。除了这些庙宇组织的庆祝活动，当地也流行民间集资庆祝北帝诞，由地方士绅带领民众发起捐助，将集资款项用来购买仪式祭祀用品，如香烛、金猪、糕饼、花果等。其余几位"大神"，如天后、观音、关帝诞辰，庆祝活动也都相当盛大。《榄屑·榄溪岁时记》载：妈祖诞期，各庙演戏颂祝，谓之"娘妈案"。

神诞庆典期间，一般都会举行一些文化娱乐活动，最为常见的是演戏和出"色"。较之粤曲戏剧演出，出"色"似乎更具吸引力。"色"是广东地区流行的一项民间艺术，融戏剧、魔术、杂技、音乐、舞蹈于一体。小榄镇的一名地方文史专家撰文描述本地飘色："昔榄乡每逢正月上元、七月中元或遇庙宇开光、神诞，人们喜建醮酬神，扛抬神像游镇，祈求保佑安康太平。各坊以人物为造型、以故事传说为主要内容，把大人或小孩打扮成戏曲的人物游行，随从神驾，俗称'彩色'、'出色'。起初出色，多为'地色'，以后发展为借助色梗支撑使人物凌空而起，又称'凫色'或'飘色'，在水上装扮人物称'水色'或'水嬉'。"[1] 小榄水色远近闻名，《榄屑》和《中山文史》都对此有明确记载。[2] 较之地色，水色举办成本更高，也更为隆重，一年之中只有在元宵、中元节才由财力雄厚的大庙组织举办。由于几座庙宇每年举行的水色都沿固定路线行进，因此这些河涌也被称为"水色匦"。地色的举行则较为频繁，举办时间不受限制，各坊庙宇常有举行。当地昔年流行的一首民谣生动地反映了这一情形："基头出色，雨水滴滴；滘口出色，热头（日光）晒裂棘（头）；大榄出色，伯父伯母有餐食（设宴招待看飘色的老人家）。"[3] 宁村的一位老人回忆说："以前小榄镇有很多庙，比较大一点的庙一年至少都会出一次'色'，就是抬着'色心'（表演飘色的儿童）表演、游行，敲锣打鼓，

① 李尚仁：《小榄镇极具特色的水上飘色》（http://lisrxl.blog.163.com/blog/static/24421427200891201126311/.2008.10.12）。

② （清）何大佐：《榄屑》，油印本；甘建波：《奇特的小榄镇水色》，《中山文史》第 55 辑，《香山钩沉》，政协广东省中山市委员会文史资料委员会，2004 年，第 192—194 页。

③ 李尚仁：《小榄镇极具特色的水上飘色》（http://lisrxl.blog.163.com/blog/static/24421427200891201126311/.2008.10.12）。

八音开道，很热闹。'色'到了哪家门前，哪家就要出来上香迎接。解放前'出色'一直是有的，后来就没有了。"

在这些神诞活动中，有两项较为特别，即土地诞和佛诞。

土地诞之所以在神诞中显得特别，是因为从"帝国隐喻"角度来看，土地神在神仙等级体系中身居底层，其地位、权势根本无法与那些"大神"相提并论。然而，就是这么一位小神，与民间的联系却比任何大神都要紧密，受到的供奉崇拜在所有的神祇中首屈一指。中国民间对土地神的崇拜非常普遍，历史也极为悠久。陈宝良指出，根据甲骨文资料以及新的考古发掘报告，社神崇拜当起源于殷商。在商代甲骨文中，即存在着"邑"的称呼，而社通常是邑的伴生物，有邑必有社。① 土地神在小榄镇被称为"社头"或"社头公"，街头巷尾、房前屋后到处可见供奉社头的社坛。小榄镇自古以来就有开村立社的做法，据修订中的《小榄镇镇志》记载，早前小榄镇村民建村定居时，一般都要种"开村树"，建社坛，在村口河涌边建水埗头，形成一村一社、一埗、一树的珠三角水乡特色。不但聚落有共同的社神，家家户户也都供奉着"门口土地神"，商店还有专门的"护铺土地神"。土地神因为关系民生衣食，是一年中被祭祀最多的神祇，每月初二及十六均有祭祀，称为"做祃"。正月初二的祃礼为"开祃"，腊月十六日的祃礼，称为"尾祃"。昔日商户店主对"头祃"及"尾祃"较重视，多具馔祭祀店铺"地主地面财神"及"护铺土地福德正神"，并增加菜肴，宴请店员。② 除此之外，二月初二和八月初二还被定为土地诞，这两天要对土地神进行格外隆重的祭祀。其中，八月初二还是祭祀海禁"复村恩主"王大中丞的日子，以感谢他帮助大量广东沿海居民重返家园。

佛诞日又称为"龙兴节"，时间为每年农历四月初八，相传佛祖释迦牟尼出生在这一天。但小榄镇在这一天举行的庆祝仪式活动似乎与佛教和佛祖都没有关系。每年四月初八，小榄镇内各庙都要举行游神活动，人们把庙内菩萨抬出来到所属里坊巡游，坊社居民则提前在门前摆好水果祭品，恭迎菩萨的到来。与菩萨同时到来的，还有一条特制的木龙。这条木龙平时被悬挂在社坛或庙宇内，到龙兴节时，由当年轮值的主事家

---

① 陈宝良：《中国的社与会》，浙江人民出版社 1996 年版，第 383 页。
② 小榄镇地方志编纂组：《小榄镇镇志》，社会风俗篇，未刊稿。

庭取下洗净，扎上一块新的红布，在吹鼓乐手的伴奏下，到社内人家中堂舞动，以祝颂风调雨顺，五谷丰登，人口平安，好运连连，俗称"转龙头"。

宁村老一辈的居民大都对"转龙头"记忆犹新，隶属于宁村的南村以前就有一座龙兴庙。据老人们回忆，这座龙兴庙位于南村的刘地巷，由南村的开村大姓刘姓宗族修建。这座庙宇建筑精美，虽然规模不大，只有两进院落，但屋顶上有很多公仔，都是佛山石湾生产的，好些是《水浒传》里面的人物，制作精美，栩栩如生，为他们的童年时代增添了许多乐趣。龙兴庙正对着一口大池塘，龙遇水则兴，风水极佳，因此很旺这座村。由于这座庙宇十分灵验，许多远方居民也慕名前来朝拜，香火很旺。可惜这座庙宇在解放后被毁坏了，那些好看的公仔再也看不到了。

除了神诞，农历正月十五元宵节和七月十五中元节也是地方上非常盛大的两项庆典仪式活动。

正月十五也称上元节，是小榄镇旧时十分盛大的一个节日。清《榄屑·榄溪岁时记》载："十五为上元日，多设斋供，户户张灯，与月交辉，箫鼓之声连夜不辍，悬春灯谜于通衢，猜中者谢以茶壶、盖盅、茗之类，谓之灯信。"人们认为此日也是赐福天官的诞辰，是向天官祈福的良辰吉日，每年这一天都会争相去圆榄三界庙进香朝拜。这个节日的活动内容十分丰富，包括庙会、演戏、舞狮、赏花灯等，节日期间，三界庙还会举行别具一格的"送炮"、"拥炮"活动。①辛亥革命后，小榄镇元宵灯节走向衰落，及至1949年新中国成立，圆榄三界庙被拆毁，元宵"拥炮"风俗彻底绝迹。

农历七月是小榄镇的"鬼月"，传说一进入七月，阎王就会打开地狱之门，让那些终年幽禁在此的孤魂野鬼得以到人间短期游荡。因此，自七月初开始，小榄镇居民就开始陆续在门前路边烧衣放食，超度鬼魂，俗称"烧街衣"。随着"鬼节"临近，民间祭祀活动也日趋密集。农历七月十四，也就是中元节前一天，是小榄镇民间的大日子。这一天家家户户都要杀鸭，备办丰盛的食物祀神，称为"做十四"。农历七月十五是中元地官

---

① 李尚仁：《小榄镇人过春节的旧俗》（http://lisrxl.blog.163.com/blog/static/2442142720
0907104315959/．2009.1.7）。

诞日，旧称"中元盛会"，这一天，"鬼月"的祭祀仪式活动达到高潮："小榄镇五大庙"门前搭棚建醮，设超幽水陆坛，举行"公普"祭仪；大榄戏棚地或基头北帝庙庙侧搭棚演戏；由七月十四开始至十六，一连三天举办水上"飘色"；庙宇中的菩萨神祇被抬出置于船中，沿"水色匝"环镇巡游，僧人或道士在船上念经，沿路焚香并抛撒供品，超度无主孤魂；十七日晚，还举办一宵"灯烛夜色"①。"鬼节"既是为阴间的孤魂野鬼举行的节日，也是人世的一场狂欢，人们可以尽情地欣赏戏剧表演，"五大庙"的戏棚前人满为患，"水色匝"两岸也是人山人海，人们扶老携幼，争相前来观看水色和水上超度仪式。清代记录小榄镇地方风物的文人笔记《榄屑》对中元节俗也有描述："各坊多建醮演戏，作水陆道场超幽，奉神驾出游，或一日二日。……各坊竞出水嬉，以随从神驾，谓之水色，每坊一、二座。乾隆壬午年及癸未年，通乡所出水嬉，竟多至十八九座，每座扮一故事，用小童二人，一上一下，……望之飘飘若仙。……不论神船色船，各船中俱是锣鼓喧天，笙箫鼎沸，一河两岸，观者云集。""鬼月"的祭祀活动一直持续到月末，农历七月的最后一天是地藏王诞，这位神祇也是阴间的一名重要官员，负责判别善恶，手握决定某人升入西天极乐世界还是坠入地狱的大权，在民间信仰体系中的地位较高。庆祝完地藏王菩萨的神诞，"鬼月"的祭祀活动才算告一段落。

小榄镇的这些仪式庆典频繁密集，一年四季均有分布，表2—1按照时间顺序，将一年中较为重要的节庆、神诞日期进行了整理。

表2—1　　　　　　　　　小榄镇全年节庆、神诞一览表

| 月份 | 节庆、神诞 | 举行活动 |
| --- | --- | --- |
| 正月 | 正月初一春节、初七人日、十五元宵 | 春节：宰母鸡、拜神、贴春联、吃团圆饭；人日：吃生日粥或人日茶；元宵：圆榄三界庙烧香、拥炮、送炮 |
| 二月 | 二月初二土地诞、惊蛰 | 土地诞：拜社头；惊蛰：祭白虎、打小人 |

① 李尚仁：《农历七月里的小榄镇旧俗》（http：//lisrxl. blog. 163. com/blog/static/24421427 200761511218313/. 2007. 7. 15）。

| 月份 | 节庆、神诞 | 举行活动 |
|------|-----------|---------|
| 三月 | 三月初三北帝诞（上巳节） | 打醮游神、演戏、吃药粉糕 |
| 四月 | 清明 | 上坟祭祖 |
| 五月 | 五月初五端午节 | 在门口和神位插挂菖蒲和艾草、做节、赛龙舟 |
| 六月 | 六月初六地府定罪日 | 祭拜去世不满一年的亲属 |
| 七月 | 七夕暨康公诞、七月十五中元节、七月二十财帛星君诞、七月二十四城隍诞暨邹陈法师诞、七月二十九/三十地藏王诞 | 七夕：乞巧；鬼节：烧衣、做"十四"，寺庙举行"公普"祭仪，举办水上飘色。其余神诞均拜神演戏 |
| 八月 | 八月十五中秋节 | 吃月饼、祭月 |
| 九月 | 九月初九重阳节 | 登高、放风筝 |
| 腊月 | 冬至、廿三拜灶日 | 冬至：祭祖（冬祭）、吃汤圆；拜灶：祭拜灶王爷 |

## 二　体育竞技

赛龙舟是在珠三角地区最受欢迎的体育竞技活动，持续已有数百年历史。在小榄镇，赛艇或赛龙舟至少在清朝年间已成为民众最喜爱的水上运动之一。端午节期间举行龙舟比赛是中国南方地区普遍流行的风俗习惯，但珠三角地区的龙舟赛并不仅限于端午，上半年的四、五月和下半年的九、十月都处于农闲时期，是举行赛艇的好时节。除此以外，重阳、神诞或其他庆典期间，也常举行赛艇活动助兴。小榄镇赛艇一般分为两种，一为赛龙舟，一为赛龙艇，二者的区别在于船身体积的大小：龙舟体积较大，可坐15—20人；龙艇体积相对较小，分三人艇、五人艇、十三人艇等类型，以五人艇最为盛行。[1] 五人龙艇赛持续时间通常长达4—5小时，被称为"水上马拉松"。除了各镇举行的小型村社龙艇赛，珠三角也常举行有多地选手参加的大规模镇际龙艇赛。小榄镇龙艇赛团体与周边珠海、斗门、新会、南海、番禺、顺德等地的龙艇赛团体互动频繁，经常相互往

---

[1]　李尚仁：《小榄镇赛艇琐谈》（http：//lisrxl.blog.163.com/blog/static/2442142720099202
3012822/.2009.10.20）。

来参赛，形成了一个地域范围相对稳定的"赛艇圈"。

由于赛艇频繁举行，又受到当地民众高度重视，因此不仅形成了相对完善的比赛规则、制度，而且形成了一整套相关的仪式和术语。以往龙艇赛之前，必须先推选出一些德高望重、熟悉赛龙艇流程的人员，组成"主会"，即相当于现在大型体育竞赛活动的组委会。所有赛龙艇事宜，如款项筹募，确定合适的赛道，制定比赛的规则、赛期、奖品规格等都由这个组织委员会负责。① 正式比赛从"放龙"开始，对犯规船只的制裁称为"制龙"，围观群众的喝彩称为"喝龙"，比赛结束叫"收龙"。"主会"为赛艇设置的奖品称为"标"，比赛获胜者称"夺标"，把奖品摆出来以显荣耀称"晒标"，摆宴酬神庆祝胜利，称"庆标"。而参加比赛对于赛艇队员来说也远非奋力挥桨那么简单，而是伴随着从头到尾的仪式，一般分为请龙、出龙、扒龙、藏龙四个步骤。比赛之前，先将埋在河涌淤泥中的龙舟或悬挂在祠堂、庙宇中的龙艇"请"出，把船抬到本坊社坛前举行"请神"祝福仪式。之后这些龙舟、龙艇才能走乡串户参加赛前练习或比赛，谓之"出龙"。赛艇称"扒龙"，比赛结束，要将龙舟/龙艇重新埋入河涌或悬挂于庙堂妥善收藏保管，称"藏龙"。

新中国成立前小榄镇的赛艇一般以坊社为单位参加，参赛所需资金由全社人家共同募集，参赛选手在本社身强力壮的扒艇好手中选出。一些富裕的坊社为了增加本社龙艇夺标的把握，还会以重金聘请外援代表本社参赛。参赛前一道必不可少的仪式就是拜本社社头，请求其保佑本社赛艇队取得好成绩。如果在比赛中成绩优异，荣誉也属于坊社，象征胜利的罗伞、高标、锦旗等要摆在坊社门口。奖品中的金猪、大米等食品也要在庆功宴上与全社居民一起分享，称"食龙舟饭"。《小榄镇镇志·社会风俗篇》的主要撰稿人李尚仁先生在文章中写道："食'龙舟饭'是村民的大聚餐，是传统社日宴饮的继续。宴会开支的款项来源，主要是村民、社团的捐赠和赞助。至于烹饪，则从村民中挑选多名业余烹调高手做'候镬'，到各家各户借来炊具、碗碟，架起案板，垒好大灶，煮的是大锅饭，炒的是大锅菜。到了红霞满天的傍晚，全体村民便云集地堂（晒

---

① 陈列奖品及公布赛事章程和赞助人员名单的地方，称为"标所"。参见李尚仁《小榄镇赛艇琐谈》（http://lisrxl.blog.163.com/blog/static/24421427200992023012822/. 2009.10.20）。

场),或坐或蹲,宴开百席。凯旋的'扒仔'(赛艇队员)披红挂花,昂昂然端坐上席,乐呵呵接受乡亲父老的祝贺。席间有钱人家竞放鞭炮,互相比富斗阔。雷鸣般的鞭炮声,此落彼起的猜拳行令声,汇成了一片欢乐的海洋,把宴会推向高潮。散席后,'家家扶得醉人归'。"①

以前小榄镇最著名的是东区"慈天"、宁村"基咀"和西区"古庙"三只艇,尤其是"慈天"艇,有"水上飞机"的美誉。据小榄镇地方文史专家李尚仁先生介绍,这些艇都是根据信仰圈命名的,下基观音庙(慈天宫)是东区一带最具影响力的庙宇,故赛艇以"慈天"命名;"古庙"是西区人所指的"公庙"(慈悲堂),建于明代,是西区地位最高的庙宇,故将赛艇队命名"古庙";宁村"基咀"艇则得名于这一区域的"小榄镇五大庙"之一——基咀天后庙"妙灵宫"。"基咀"艇属于宁村下辖的大华小区华林社,这个社在新中国成立前以善于扒艇著称,许多老人都有过扒艇经历。我曾专程去大华小区拜访过一位姓肖的老人家,他家祖辈几代都是赛艇好手,他本人年幼时曾在"基咀"艇上担任过"戽水仔",即专门负责将涌进船舱的水戽出去的小孩。②这名老人家既有过亲身赛艇的经历,又熟悉社区的赛艇历史,还负责保管以往赛艇赢得的罗伞、锦旗等物品,是了解宁村赛艇的一本"活历史"。肖老先生热情开朗,不仅为我讲述了有关赛艇的事情,还向我展示了一些珍贵的老照片,一枚妙灵宫铜牌(见图2—1)。他说这块铜牌是一个"意头",挂在船上可带来好运。

随后,他从带来的照片说起,讲述了一些赛艇的事情:

照片上的罗伞、锦旗和屏风已经超过一百年历史了,有的是在香山县参加比赛得的,有一顶是在顺德大良镇参加比赛得的。这些罗伞都是在广州状元坊的一家老店买的,做工很靓。这些照片上的老东西都还在,有人保管。"文革"期间大队搞文艺队,来找我们拿了一些罗伞去拆了做戏服,我们给了一些,但没有全给,最好的都留下来

---

① 李尚仁:《小榄镇民间水上竞技——五人飞艇赛》(http://lisrxl. blog. 163. com/blog/static/24421427200871010183029I/. 2008.8.10)。

② 赛艇一般都会从一个较宽阔的河面航行一段后才进入河涌赛道,大河上风浪大,会有很多水涌进船舱,增加船的重量,影响速度,所以每条艇上都会配一个小孩戽水。等船进入河涌以后,不怎么进水了,戽水的孩子就跳下船游上岸。

了。近些年拿出来的时候，由于时间久远，没有妥善保管，罗伞下面的璎珞好些都没有了。有些还可以补的，村里的妇女都好热心，主动来帮忙缝补。

那时扒艇的队员都很年轻，五个人加起来才105岁。队员们配合很好，舵首舵尾的队员掌握好方向，使船成一条直线，中间那几个尽全力拼命划。他们都精通水性，能够对水流和波浪合理利用，使船前进得非常快。后来这些人一直扒艇扒到了50岁左右。那时扒艇，一般都是后生做主力，不像现在的后生，都嫌扒艇苦，不会扒，只会喝酒唱K。

扒艇之前要先拜家里的社头，到了比赛地点，还要拜东道主那里的社头。扒完艇一般不会马上返回，都是要在当地住一晚才回来。如果得了第一名，就会有烧猪肉吃。在当地住的那一晚，各支扒艇的队伍会相互交流喝酒，东道主还会给客人们送米送菜，关系都很好。但一比起赛来，就没有朋友了，甚至没有父子，大家都是尽最大努力，去争夺第一名。回来之后，如果得了第一名，那么全社的人都会来吃饭庆祝，每家每户都会带些酒菜来，凑到一起吃饭，还会吃龙舟队赢回来的烧猪肉。

扒龙舟是群众非常喜欢的民间体育活动，参与的热情很高，一个地方有比赛，周边的群众都会来看。以前有句俗话，叫"快乐是龙舟，愁闷是戏"，意思是看龙舟紧张刺激，一般都会非常兴奋；而看戏则不一样，戏曲的情节经常比较沉闷悲伤，观众也跟着发愁伤心。

以前大华扒艇扒得好，还有一个原因，就是那时小榄镇的统治者"谢老虎"谢云龙，对扒艇夺标的人会有奖励。那时不给钱，给米。为了得到几袋米，扒艇的队员都非常卖力，所以也有一句话，叫"贫地出飞龙"，穷得吃不上饭才拼命去扒艇，所以艇扒得好。

大华的艇一直扒到90年代，90年代以后基本就没有扒过了。一来年轻人怕苦怕累不愿意扒艇，后继无人；二来工业化导致环境恶化，河涌都变成了臭水沟，河道也变窄，都淤了起来，也扒不了艇了。

**图 2—1　妙灵宫铜牌**

　　除了赛龙艇以外,宁村的体育竞技活动还有放风筝和武术、舞狮。

　　中山人放风筝据说由来已久,宋代香山县一些人口密集的村落,农闲时间已有人放风筝了。至民国初年,香山的石岐（含后来的环城）、沙溪、小榄镇、黄圃、大涌、张家边、南朗、下栅、三乡一带民田地区已盛行放风筝。① 小榄镇放风筝的记载见于 1874 年甲戌菊花大会活动文献,时值同治皇帝驾崩,全国禁止鼓乐,菊花大会期间的一项重要娱乐——演戏被取消。为了弥补这一缺憾,这届菊花大会增办了风筝比赛,里人邓伯涛制作的风筝夺魁。② 1934 年第三届甲戌菊花大会期间,也举办了由省港同乡会组织的风筝比赛。③ 此后这项风俗逐渐衰落,现已绝迹。

　　小榄镇不仅是闻名遐迩的文化之乡,而且还是一个武术之乡。据小榄

---

　　① 《放纸鸢　好运到》,《中山商报》2008 年 7 月 9 日。

　　② 李尚仁:《小榄镇历届菊会回放——清同治十三年甲戌菊花会》（http：//lisrxl. blog. 163. com/blog/static/244214272008530114512o8/. 2008. 6. 30）。

　　③ 李尚仁:《小榄镇历届菊会回放——民国二十三年甲戌菊花会》（http：//lisrxl. blog. 163. com/blog/static/244214272008530873651/. 2008. 6. 30）。

镇地方文史专家伍汉文先生撰文记载，明朝时香山县曾在小榄镇设立练武场、考场，开有武举考试科目，清朝时期小榄镇又出现了众多武馆，因此小榄镇明清两朝的武举人和武进士多达 193 人，占香山全县的 1/2①。除了这些志在考取功名获得官职的武举人、武进士外，小榄镇民间尚武、习武之风也颇盛，武术流派以洪拳的影响力为大。传说著名反清义士洪熙官在逃亡途中曾留居宁村所辖的一个自然村，后人为了纪念他，将这个村子改名为"洪山村"，一直沿用至今。清朝年间，小榄镇出现众多传授洪拳的武馆，以振武山房最为著名。这家武馆由洪山村的詹老养创办，最初名为振武宗社，后由其弟子廖李董更名为"振武山房"。20 世纪 40 年代，振武山房还联合当地几个民间武术团体一起，组成了一个地方武术同盟，进行过一些抗日活动。② 珠三角的武术通常与舞狮结合在一起，据说舞狮是练武之人的必修课，可培养敏捷的身手，因此每个武馆都有自己的醒狮队，舞狮的水平即可反映该武馆的实力。武术与舞狮结合，使之向大众娱乐靠拢，公共性大为增强。舞狮是珠三角传统的民间娱乐活动之一，逢年过节、仪式庆典、店铺开张等，舞狮都是不可或缺的表演助兴节目。

## 三　菊花会

小榄镇菊花会最初由地方文人发起，是流行于地主士绅阶层的小团体活动。小榄镇的士大夫阶层在较早的历史时期就有种菊、赏菊的传统。③当地的文人墨客不仅在私家花园栽种菊花，还组成各种诗社，在菊花盛开的季节相约赏菊饮酒，吟诗作对。清朝时期，小榄镇菊花见诸记载的更多。乾隆、同治时期的《香山县志》以及当地文人的一些作品，都对有关小榄镇菊花的栽培和游艺活动进行了记载。此时，小榄镇已被誉为"小柴桑"，由士大夫发起的赏菊、赛菊活动的组织性也不断加强，开始出现菊试。由士大夫牵头组织的"菊试"，是一种带有浓厚科举气息的赏菊、赛菊活动。参与评比的菊花要分三场考校，"头场要花名，后三场要种花主某名，花有正有从，红白黄紫，其类不一：每场要正一盆，从一

---

① 伍汉文：《尚武风气　龙狮扬威》，载伍汉文《古韵新容——水色匣》，小榄镇宣传文化中心编印 2010 年版。

② 伍汉文：《百年振武　霹雳壮风》，载伍汉文《菊乡艺缘》，国际港澳出版社 2003 年版。

③ 李尚仁：《小榄镇菊花会——中国民俗文化园地中的一朵奇葩》（http：//lisrxl.blog.163.com/blog/static/24421427200718105341521/.2007.2.8）。

盆，仍分别字号，若试卷然。"①

此后，"菊试"演变为"菊社"，参与范围扩大，不再局限于文人士大夫团体，而是所有的菊花爱好者都可以自行组成社团，共同集资，在菊花盛开的时节，将各自所栽种的菊花摆放到一起，进行品评欣赏。这样，宗族、庙宇、图甲、坊社都有机会结成"菊社"，参与到种菊、赏菊活动中来。这种"菊社"举办的菊花欣赏会又称"黄花会"，不定期举行。1782 年，小榄镇的各菊社首次联合行动，"乡人一改以前各社自定会期之习，全乡各菊社相约同期活动，同治《香山县志》称此为'初会'"②。这次"初会"，乡内陈列花台 6 处，演戏 10 余台。1791 年，这样的活动又举行了一次。1814 年，为纪念先祖南迁，小榄镇的何、李、麦以及当地的一些庙宇、图甲、卫籍人士等组织了 10 个菊社，联合举办了一个规模盛大的菊花大会。在这次菊花大会上，小榄镇各方精英商定以后每隔 60 年举办一次菊花大会。1874 年、1934 年和 1994 年，小榄镇分别如期举行了第二、第三、第四届菊花大会。萧凤霞认为，小榄镇菊花会的出现并非偶然，而是以宗族为中心的地方精英用来达成政治目的的手段。通过举办菊花会，这些地方精英利用宗族组织的文化职能和明代以后已渗入珠江三角洲乡村社会的士大夫价值准则，在国家权力与社会之间展开政治对话。③ 菊花会体现并强化了在过去数个世纪建立起来的沙田控制、宗族权力以及国家文化权威之间的联系。不仅如此，菊花会也是整合不同地方利益的一个关键因素，本地豪强借助包括菊花会在内的各种仪式和节庆活动，维持、协调地方社会内部的各种权力关系。菊花会为参与者制造了特定的社会身份和历史意识，地方社会群体在塑造自身地位的过程中，也利用了由上而下渗透的国家文化去创造地方社会。④

事实上，不论这些大宗族的用心如何，在他们的组织和带动下，菊花

① 何仰镐：《小榄镇菊花大会史记》，政协广东省中山市委员会文史资料委员会编：《中山文史》第 33 辑，1994 年，第 1 页。

② 李尚仁：《小榄镇菊花会的孕育与演化》（http://lisrxl. blog. 163. com/blog/static/244214 27200823083958337/. 2008. 3. 30）。

③ 萧凤霞：《文化活动与区域社会经济的发展》，《中国社会经济史研究》1990 年第 4 期，第 51—56 页。

④ 萧凤霞：《传统的循环再生》，《历史人类学学刊》2003 年第 1 期，第 99—131 页。

会的确得到了各种民间团体和地域组织的响应，全镇民众几乎都不同程度地参与到了其中。庙宇和图甲、坊社为何、李、麦三大宗族以外的普通民众参与菊花会提供了渠道。小榄镇庙宇众多，每个区域都有一座具有地方代表性的庙宇，在当地民众中具有极强的号召力和资源动员能力。解放前举行的三次菊花大会，庙宇都曾是参与其中的主要力量之一，尤其是1874年第二届甲戌菊花大会，大会共设菊场9座，其中4座设于镇中各庙。图甲和坊社也积极参与菊花大会，在第一届菊花大会中，有四图菊社参会的记载①，明清时地方行政区划改乡为都，改村里为图，四图菊社就是东区一带的四个坊社合力组织的一个菊社。到民国时期第三次菊花大会时，坊社参会的情况更为普遍，新市街、圆美巷、南门直街、卫所②、下基二班三社、沙口岗洲社、大榄、北区都组织了各自的菊会参与菊花大会。③

　　菊花大会是所有小榄镇居民的盛大节日，大会期间全镇被装点一新，大街小巷、河涌、庙宇、祠堂遍布花街、花涌、花桥、花楼，百花争妍，姹紫嫣红，人们可以尽情徜徉于花海，欣赏各种菊花的美妙风姿。不仅如此，菊花大会期间还会举行丰富多彩的文化娱乐活动：演戏、赛艇、举行水上飘色、放风筝、奏乐府、演木偶，1934年的菊花大会还增加了放电影、猜灯谜、放烟花等时兴节目。菊花大会期间，不但本镇居民的亲友会趁机前来观赏游玩，而且还吸引来大批周边地区居民。1814年第一次菊花大会就出现了"四方赴会逾千万人，海道舟楫相望，舻舰十里，由莺歌咀而至沙口，蚁岸之船只，大有舸舰迷津之象"的盛况。④ 小商贩们趁机大肆向游客兜售零食、玩具、手工艺品，竞相摇铃招揽生意，人声鼎沸，热闹异常。

---

　　① 《绿芸山房之菊径会记》，载何仰镐编著《中山文史》第33辑，《小榄镇菊花大会史记》，政协广东省中山市委员会文史委员会，1994年，第3—6页。

　　② 明洪武年间，朝廷派遣三卫十八所到小榄镇军垦屯田，这些军人共四十余姓，被称为"卫籍"，以区别于小榄镇本地"民籍"居民。

　　③ 李尚仁，民国二十三年（1934年），《小榄镇甲戌菊花大会简述》（http://lisrxl.blog.163.com/blog/static/244214272008530873651/. 2008.6.30）。

　　④ 《百骈笔记》，载何仰镐编著《中山文史》第33辑，《小榄镇菊花大会史记》，政协广东省中山市委员会文史委员会，1994年，第2页。

**图 2—2　1934 年菊花大会小榄镇李氏宗族留影**

注：图 2—2 由小榄镇菊花文化促进会李尚仁先生提供。

# 第二节　集体化时期的社区公共生活

　　1949 年 10 月，小榄镇宣告解放，进入共产党政权领导的新时期。共产党接管宁村以后，有计划、有步骤地对地方社会进行了改造：首先，打破旧日的地方权力结构，着手建立新政权的组织领导机构。1950 年春，新的地方领导机构——宁村乡贫下中农协会成立。此后，小榄镇地区党组织派工作队进驻宁村，开展"退租退押清匪反霸"八字运动，逮捕恶霸地主 43 人，枪毙"血债累累、民愤极大"的恶霸地主 8 名。[①] 1952 年，对旧势力的扫荡和清理继续进行，免去国民党委任的乡长和副乡长，由共产党选拔任命的干部担任新的基层领导。其次，开展土地改革运动，重新

---

　　①　梁卓勋：《宁村大事记》（油印本）。

分配财产。在这场运动中，地主恶霸的田地、粮钱、房屋、家私均被没收，分配给贫苦农民，几乎所有的无地或少地农民都在土改中分到了土地。再次，从农业互助组开始，逐步开展农业合作化。1957 年，宁村农业生产合作社成立，1958 年 8 月，宁村成为小榄镇人民公社下辖的一个生产大队，正式步入集体化时期。最后，破除封建迷信，移风易俗。新中国从成立之初，就力图打造与现代化和社会主义相适应的新文化，从 20世纪 50 年代中期开始，各地就开始开展一些小型的毁坏庙宇和神像的活动。1966 年"文化大革命"爆发，全国范围内的"破四旧"大规模展开，小榄镇的 100 多间庙宇、祠堂在这场浩劫中几乎悉数被毁坏。

## 一 公共生活的革命

社会主义革命确立了地方社会的新秩序，宁村的公共生活也发生了革命性转变：一方面庙宇、祠堂等仪式活动场所遭到拆毁破坏，一些传统风俗习惯和仪式活动也随之被禁止取缔；另一方面新式的、与集体化相适应的公共活动逐步发展起来。需要指出的是，这一过程并非一帆风顺，而是伴随着长期而激烈的斗争才得以逐步实现。

在新政权建立初期开展的"阶级斗争"中，有相当一部分是与"牛鬼蛇神"的交锋。1957 年，小榄镇发生了两起著名的与民间信仰有关的群体性事件：一是"小榄镇五大庙"之一——下基观音庙在开马路时被拆，"神棍煽动群众冲击小榄镇政府，索要下基观音庙菩萨"[1]；二是小榄镇的一些"反革命"、"特务"、"牛鬼蛇神"将宁村乡的 4 名干部包围在龙兴庙，要求其签名赔偿被打烂的菩萨，并向菩萨下跪请罪。这些干部被包围了一整天，直到小榄镇地区党组织派了大批工作队来才得以解围。[2]由于当时正处于合作化高潮，农民对合作化的反对抵制也日益强烈，这些活动都被描述为"一小撮反革命分子煽动的反革命暴动，妄图推翻农业合作运动"，而很少注意到其对共产党推行的文化政策的反抗批评意味。无可否认，这些"游神"活动与各种地方势力的斗争密切相关，群众借"游神"事件抗议被强制加入合作社，掀起"退社风潮"，是完全有可能的，但也不能忽略这些活动所表达的群众对共产党随意毁坏庙宇和菩萨、

---

① 小榄镇地方志编纂组：《小榄镇镇志》2008 年修订本，未刊稿。
② 梁卓勋：《宁村大事记》，油印本。

奉行"无神论"意识形态的强烈不满。只是在当时的政治环境下,这些活动统统被以"阶级斗争"的名义批判压制。1957 年秋天,宁村发起了大规模的检举揭发运动,向"牛鬼蛇神"发起猛烈进攻,揪出了"游神事件"头子——神棍蒋四、坏分子刘和添、富农朱运成、伪保长任怀生、退社头子谢满荣等人,进行斗争、逮捕、法办。① 1958—1963 年,宁村的阶级斗争又出现了一个小高潮,再次开展大查大揭运动,"把一小撮阶级敌人一个个挖出来斗争,把钻进革命队伍的坏人一个个清除出去","巩固了人民公社的合作化运动,取得了对敌斗争的胜利"②。经过一次次严酷的"斗争"之后,"牛鬼蛇神"们已经彻底被斗垮,民间信仰仪式也日渐销声匿迹。到"破四旧"时,宁村的干部没费什么力气就将村中的庙宇、社坛、祠堂拆除得一干二净,并在拆毁的妙灵宫原址建起了会场和"批斗台",专门用来召开群众批斗大会。

新政权在打破旧文化的同时,也积极致力于建设健康、积极向上的社会主义新文化,这种努力主要体现在以下方面:

### (一) 教育

与潮州凤凰村类似,小榄镇的学校教育在新中国成立后也经历了一个由宗族主办到乡村社区"民办"的过程。③ 1949 年以前,小榄镇的学校分为五种类型:政府公立学校、宗族小学、私立学校、私塾和教会学校。④ 新中国成立后,新的人民政府对这些教育资源进行了整合,在接管、改造旧学校的同时,小榄镇还开办了成人夜校,对群众进行扫盲教育。1954 年,小榄镇成立了扫盲协会,开办"民众补习夜校",按照认识2000—3000 个字就达到脱盲标准来评估,小榄镇全镇在 1958 年基本完成扫除文盲工作。⑤ 宁村的教育在集体化时期也获得一定发展,这个村庄有

---

① 梁卓勋:《宁村大事记》,油印本。

② 同上。

③ 周大鸣:《凤凰村的变迁》,社会科学文献出版社 2006 年版。

④ 新中国成立前小榄镇的公立学校有香山县第三区区立初级中学;何、李、麦三大宗族均设有各自的宗族学堂;私立学校有 1942 年创建的"建斌学校";此外还有众多地方落魄文人开办的私塾。新中国成立前,小榄镇还有两所教会学校,即"美理女子小学"和"美理女子中学",参见李年英、李月眉、梁瑞霞《美理女子中学简史》(http://www.zsnews.cn/ZT/ZSZX/2005/09/22/563272.shtml,2005.9.22)。

⑤ 以上资料来源于中山权博客,《小榄镇年轮》(http://raykenlee.blog.163.com/blog/static/93150698200910751912455/.2009.11.7)。

一所开办于 1910 年的新式小学，一直是村里的孩子们接受启蒙教育的主要机构。"文革"期间，各个大队都被鼓励自主办学，宁村又于 1972 年开办了宁村中学。扫盲运动和学校教育的发展，不仅提高了村民文化素质，识字的村民人数大为增加，而且新式学校还被视为建立民族—国家、塑造现代"国民意识"的有效工具。王铭铭指出，教育是社会再生产的途径，新型学校的成立，显示了社会再生产模式的转型。新式学校以教授算术、语文、地理等知识性和技术性学科为主，这样就使得世界性的"高层文化"在乡村开始产生影响。[①]

### （二）文化宣传

通过建立广播站、文化站等宣传文化机构，大力倡导、传播新文化。1954 年，小榄镇广播站建立；1955 年，小榄镇开始实行"广播入户"，家家户户都安装了广播用的舌簧喇叭，可自由控制开关收听广播。1958 年人民公社化以后，又分别成立了小榄镇公社广播站和小榄镇人民广播站，前者主要负责镇片、五埒片和东升片共 22 个大队的广播，后者主要负责镇内广播。这一时期，小榄镇城乡还广泛建立俱乐部和文化站，鼓励基层文艺创作，丰富乡村文化生活。1950 年，小榄镇总工会成立，并建立了工人俱乐部；1956 年，小榄镇文化站建立；1959 年，小榄镇工人文化宫落成，设有剧场、灯光球场、阅览室、幻灯室、乒乓球室、棋艺室等设施。这些宣传、文化机构的设立的确带来了农村文化生活的新气象，他们经常组织文艺演出和体育比赛，帮助各地成立俱乐部、业余剧团、歌咏队、美术小组等民间文化社团，并编印歌曲、演唱资料给群众业余宣传队，帮助他们排练秧歌、腰鼓、战鼓、演唱粤曲和一些舞蹈节目。当时，各社团活动蓬勃开展，农村、校园、工厂呈现一派生气勃勃的景象。[②] 这些机构的设立都带有较强的政治色彩，一方面宣传新式文化，"巩固社会主义文化阵地"[③]；另一方面配合各项政治运动的开展，围绕不同运动主

---

① 王铭铭：《社区的历程：溪村汉人家族的个案研究》，天津人民出版社 1997 年版，第 100 页。

② 小麦：《中山县第一个文艺宣传队》（http://www.zsnews.cn/ZT/ZSZX/2006/03/13/548621.shtml.2006.3.13）。

③ 1964 年时任广东省委书记的赵紫阳在中山蹲点，在一次青年座谈会上强调要办好文化室和夜校，巩固社会主义文化阵地。见胡颂科《中山市俱乐部、文化站发展简史》（http://www.zsnews.cn/zt/zszx/2006/03/13/548623.shtml.2006.3.13）。

题编排歌舞、戏剧，为这些运动制造舆论氛围。解放初期成立的中山县文工队的主要任务是:

> 运用文艺为武器，宣传全国政治协商会议制定的共同纲领；宣传中国人民解放战争的伟大胜利；宣传人民解放军的光荣和战斗英雄、军属、烈属的光荣事迹；宣传缴交公粮、缴纳工商业税和购买人民胜利折实公债；宣传团结一致、艰苦奋斗、克服困难、发展生产、清匪反霸、肃清匪特和减租减息斗争；宣传中苏友好，以及揭露美帝国主义侵华的罪恶和阴谋等。①

这些活动的开展取得了显著成就，"我们党通过宣传使越来越多的人民群众理解、同情、拥护、支持党的主张；通过宣传在全国各族人民心中点燃了革命的火炬，鼓起了革命的热情，树立了革命的信心；通过宣传在革命者和建设者身上培植了艰苦卓绝的奋斗精神和严明的纪律性"②。

### （三）新型体育运动

新中国成立后，政府大力倡导现代新型体育运动，以锻炼和增强人民群众体魄。1958年，国务院批准了一项《劳动卫国体育制度条例》，该条例第一条规定:劳动卫国体育制度（简称劳卫制）是国家根据社会主义建设事业需要，对人民在体育锻炼上的基本要求而制定的，其目的在于鼓励人民积极参加体育锻炼，促进体育运动的广泛开展，提高运动技术水平，使人民身强力壮，意志坚强，更好地为社会主义建设和保卫祖国服务。③新中国成立后的新型体育运动开展最成功的是篮球，几乎每所乡村小学、中学都建有篮球场。1959年，全县共有篮球场1200个，篮球队1544队，比新中国成立前增加了35倍。1959年，中山组建了第一支男子农民篮球队，获得当年省农民篮球赛亚军。除了篮球以外，新中国成立后较为流行的现代体育运动还有乒乓球、游泳、射击、拔河等。为了发展农

---

① 小麦:《中山县第一个文艺宣传队》（http://www.zsnews.cn/ZT/ZSZX/2006/03/13/548621.shtml.2006.3.13）。

② 林之达主编:《中国共产党宣传史》，四川人民出版社1990年版，第1页。

③ 《劳动卫国体育制度条例》，《人民日报》1958年10月27日。

村体育运动，中山农村还于 1958 年成立了 113 个体育协会，建立业余体校 865 所。①

## 二　集体化时期的社区公共生活

随着人民公社体制的建立，人们被编织进新政权严密的基层政治体系，拥有了生产队社员的新身份。公社和其下属的大队成为基层乡村社会政治、经济、文化活动的组织者和领导者，不论是召开会议、安排农业生产还是举行文艺演出，都在公社和大队的组织领导下有条不紊地进行。这一时期农村公共生活最大的特色就是集体化，除了吃饭睡觉，几乎所有的活动都以集体社队为单位开展。宁村集体化时期公共生活的内容主要包括三项：劳动、会议和文体娱乐。

### （一）劳动

"劳动在一切情况下都是与最根本、最具有生物学特征的生命活动联系在一起的，固定保持不变已经有好几千年了"②，然而集体化带来了劳动的"革命性"转变，使之从私人领域被纳入公共领域。集体化为人们带来了全新的劳动体验：由于土地被收归集体，人们不再在自己的或租来的土地上劳动，而是在集体土地上劳动；劳动不再以家庭为单位进行，而是以生产队为单位进行；地里种什么，各种作物种多少，不再由家长说了算，而是视国家分派的指标数量而定，劳动成果按照工分由集体统一分配；劳动时间、劳动任务的分派都由生产队长决定，人们的生活节奏变得高度一致，早上统一上工，傍晚一齐收工。经过一段时间以后，人们很快适应了这种集体劳动方式，甚至开始由衷喜爱众人集中在一起劳动的感觉。阎云翔指出，集体劳动使人们必须长时间并肩工作，这就为男女青年增加了接触机会，制造了许多诞生于田间地头的浪漫爱情故事。③ 集体劳动甚至为陕北妇女带来了"解放"的感觉，让她们感到分外"红火"、

---

① 中山市地方志编纂委员会编：《中山市志》，广东人民出版社 1997 年版，第 1343—1353 页。

② ［美］汉娜·阿伦特：《公共领域和私人领域》，载汪晖、陈燕谷主编《文化与公共性》，生活·读书·新知三联书店 1998 年版。

③ 阎云翔：《私人生活的变革：一个中国村庄里的爱情、家庭与亲密关系》，上海书店出版社 2009 年版，第 61—62 页。

"高兴"①。

老一辈的宁村居民对集体化时期的劳动生活记忆犹新，一方面对比现在的非农化生活，他们都觉得那时干农活十分劳累辛苦；另一方面他们又对那段时期充满了感情和留恋。集体化时期也是宁村崛起的基点，尽管各种政治运动经常使人们感到提心吊胆，但农业合作化确实带来了宁村历史上前所未有的生产大发展。据《宁村村志》记载：

> 1969 年，全国开展农业学大寨运动，宁村村党总支部带领群众平整土地，兴修水利，大搞农田基本建设，小基变大基，高基变低基，小塘变大塘。几年间，平整了土地 6000 多亩，开发荒山 300 多亩，同时组织和带领 3500 名青壮民兵到横门围垦了 450 亩粮田。村里的各种主要作物——粮食、蚕桑、塘鱼、生猪、杂粮、蔬菜和油料亩产及总产量均达到历史最高水平，集体分配总额 154 万元，人均 165 元，全村实现了粮食供给制和合作医疗，解决了农民温饱和缺医少药问题。

村委会一名 50 多岁的老干部 Y 主任回忆说："农业学大寨我们也学过，新市还有其他几个社区有一些小山包，人们就在那些山包上平整田地，修梯田。宁村没有山，我们就把鱼塘的塘基削低，这样既可以减轻引水困难，又能够扩大田地面积。只有飞驼岭那边有点山包改成田了。那里种的番薯很好吃，很甜。"1973 年，在时任大队书记李汉章的坚持下，宁村大队以每亩 400 元的价格买下了横门 2000 亩围垦田，发动大量劳动力到那里筑堤修渠，养鱼种稻栽莲藕，年收入 50 万元以上。② 这片土地在改革开放后被卖了出去，原因是人们都不愿再从事农业劳动，公社解体后也再组织不起来那么多劳动力一起去干活，离村庄又远，那时土地也还不值钱，就卖掉了。现在许多人提起那块地都觉得痛心疾首，认为当时的村委会干部缺乏远见，那么大一块地，放到现在该值多少钱啊！然而惋惜归惋惜，这片由集体化而来的土地，最终又随着集体化的解体而

---

① 郭于华：《心灵的集体化：陕北骥村农业合作化的女性记忆》，《中国社会科学》2003 年第 4 期，第 79—92 页。

② 《宁村村志》，未刊稿。

失去了。

## （二）会议

集体化时期，人们还要经常被召集起来参加各种会议，这些群众会议的内容可被分为三类：一是批斗教育大会，当众揭发各种"反革命"、"坏分子"的罪行，对其进行批斗控诉。通过"诉苦"忆苦思甜是这里会议的主旋律。二是学习会议，这类会议一般在晚上召开，内容通常是读报、传达上级文件指示，领会这些文件的精神。20 世纪 60 年代后，"四清"工作队进村，学习会议又增加了一项重要的新内容——学习毛主席思想和语录。三是生产生活安排会议，这类会议常常与学习会议合而为一，在学习开始前或结束后顺便安排一下生产工作，或讨论社员们在生产生活中遇到的困难问题。

许多老一辈村民对群众批斗大会的"厉害"记忆犹新，那些被批斗的对象经常要被丑化形象：头戴高帽，胸前挂着写有自己罪名的木牌，低头弯腰，被反剪双手押至主席台示众，情绪激动的群众有时在控诉时还忍不住对他们拳打脚踢。除了遭受身体上的痛苦，更难忍受的是精神上的羞辱，只要被在群众大会上这么斗过一次，这个人就会名声扫地，"臭"不可闻，很难再抬起头来做人。不过与一些北方地区相比，这个广东乡村的政治斗争还算温和宽松，老一辈的村民回忆说，即使是"文革"时期，大队也从来没发生过武斗，没有说村子里的人分成几派打来打去。

## （三）文体娱乐

1958 年人民公社化之后，每个大队都架起了高音喇叭，每天定时转播省广播电台的新闻和音乐，同时也播送一些本大队的新闻，有时广播也被用来传达通知或寻人。宁村村民第一次尝到了足不出户就可以了解天下大事的滋味，听到从遥远的北京传来的指示和声音。陈佩华等人指出，学毛著、听广播、搞竞赛、进行表扬和批评等活动构成了一种更为有效的劳动纪律，出于荣誉感，生产队之间会比着干活。[①] 不过村民对广播的娱乐功能并不满意，许多老人都还记得，因为当地人听不懂京剧，当时的党支部书记李汉章擅自将广播曲目从样板戏换成了当地群众喜欢的粤剧，挨了

---

① 陈佩华、赵文词、安戈：《当代中国农村历沧桑》，孙万国、杨敏如、韩建中译，香港：牛津大学出版社 1996 年版，第 79 页。

县文化部门的批评。

为了丰富调节人们的业余生活，每个大队都成立了文艺宣传队。文艺宣传队是活泼漂亮的年轻姑娘的大本营，这也是文艺宣传队巨大魅力的重要来源之一。文艺宣传队表演的节目既有新传入的革命歌曲、舞蹈、戏剧，又保留了一些传统节目，如粤曲。社教办的 Y 主任回忆说:"(那时)文艺表演只有在大的节日才会搞。公社先把任务派到各个大队，由各大队自己抽人排节目，到时去表演。去看演出的人很多，因为那时没什么节目看。"这一时期宁村还出现了少量民间文艺团体。1955 年，村里的曲艺爱好者谭毅国发起组织成立了宁村业余粤剧团。这个粤剧团的成立得到宁村大队的支持批准，设主任、政治股长、音乐组长各 1 名，参与成员有 60 多人。粤剧团成立后，定期排练演出，直至"文革"时期被解散。1958 年，宁村大队成立了醒狮武术队，设总领队、武术教练和狮鼓教练各 1 名，队员 30 多名。这支醒狮队存在时间较长，并且还有所发展壮大，1970 年队伍扩大到 60 余人。[1]

看电影也是集体化时期新式的、非常具有吸引力的文化娱乐活动。那时小榄镇公社有一支毛泽东思想宣传队，这个宣传队的主要工作任务之一，就是轮流到公社下属的各个大队放电影。宁村现任村支书 QTG 退伍回来后的第一份工作，就是在这支思想宣传队放电影。有学者指出，在新中国有限的选择性的文化传播导向上，农村电影放映成为了国家宏大叙事(政治、经济、文化)的一个重要的有机组成部分。[2]那时公社拿到的电影胶片有限，大部分都是革命战争题材的影片，如《地道战》、《地雷战》、《南征北战》等，偶尔有一两部与爱情有关的电影，如《茶花女》、《卖花姑娘》。尽管如此，这些电影还是引发了年轻人的狂热追捧，不惜跟着思想宣传队从一个大队辗转到另一个大队，反复观看同一部电影。当然，也有些年轻人醉翁之意不在酒，打着看电影的名义约会，或者趁机结识、交往其他大队的年轻异性。

集体化时期，国家积极将一些现代体育运动引入乡村，如篮球和拔河。这一时期，许多乡村中小学都建起了篮球场，篮球成为乡村男青年中

---

[1]　《宁村村志》，未刊稿。

[2]　刘广宇:《新中国农村电影放映的实证分析》，《电影艺术》2006 年第 3 期，第 47—52 页。

十分受欢迎的新兴运动。村民也很喜欢看篮球比赛，因为比赛场面通常十分激烈热闹。村里一名退休的老教师告诉我，他以前在另一个镇的学校做过校长，那时学校的条件很差，学生没有运动的地方，为此他专门去找学校所在地的村支书喝了一顿酒，支书喝得很高兴，后来就发动群众帮他建了一个篮球场。拔河是另一项群众广泛参与的体育运动，因为拔河容易组织，男女老少都可以参与，没有那么多限制要求，而且拔河比赛还比较紧张刺激，有一定观赏性。国家支持这些体育运动，大队、公社、县市常常组织篮球或拔河比赛，表现出色的队伍可以突出重围，从自己所在的大队一直晋级到县级比赛。后来这两项运动一直在宁村延续了下来，成为宁村的传统优势体育项目。

除了上述这些活动之外，好几名村民都向我提到了集体化时期征兵的社队聚餐。那时候，每逢生产队有年轻人接到入伍通知，整个生产队就迎来了一个欢快热闹的节日。社教办 Y 主任说："那时生产队有人参军，全生产队的人就一起吃饭，打边炉（吃火锅），给即将入伍的新兵送行。吃得很简单，但大家都很高兴。"一名 40 多岁的中年妇女回忆说，她小时候生产队每逢征兵，就会在晒谷场上举行聚餐，全生产队的人一起吃饭。那时肉不多，但鱼还是很多的，鱼肉拿来做菜，鱼骨、鱼头用来煲汤。那时她觉得最美味的是白水煮莲藕，一节节的，煮熟了拿起来就吃，觉得非常好吃。每次一搞聚餐，他们就兴高采烈地去南朗买莲藕回来煮了吃，南朗那边有围海造出来的田，盛产莲藕。

相比起各种火热的集体活动，集体化时期各种家庭礼仪的规模要小得多，气氛也没那么热闹。老人们回忆说，集体化时期的婚礼和葬礼都很简单，结婚能摆上 10 多桌酒就很不错了，那时候的人家里都没什么钱，撑不起什么场面。不过那时候人们之间的关系都很好，尤其是邻里之间，经常互相帮忙，串门聊天更是家常便饭。很多人家白天都不关大门，熟人邻居想什么时候进去都行，孩子们更是跑东家串西家。哪一家要是有红白喜事，全生产队的人都要去帮忙或做客，这是不成文的规矩。可惜这种美好的光景并没有维持太长的时间，随着改革开放的到来，乡村日常生活面貌再一次发生了重大改变。

# 第三节 改革开放后的社区公共生活

20 世纪 70 年代末,广东珠三角地区在全国率先开启了以市场为导向的经济改革。在农村,改革开放最明显的标志就是联产承包责任制的普遍推行和人民公社体制的解体,非集体化的"包产到户"使广东农村集体经济普遍瓦解。但随着改革开放的逐步推进,大规模的乡村工业化要求土地、资金、劳动力等经济资源的集中有效配置,20 世纪 90 年代初,珠三角部分地区开始探索个体农户家庭的再合作,并创造出独具特色的土地股份合作制。农村土地股份制的实行,使得农村土地又一次向以村委会或村民小组为单位的集体经济组织集中,土地所有权和经营权再次统一,被称为"第三次土改"①。土地向村小组和村委会集中,也促使集体经济组织再次实体化,走上"新集体主义"道路。在小榄镇,行政村集体经济组织的实体化被"村一级核算"政策所确认并强化,行政村再次成为掌握大量资源的政治经济实体,自然村和生产队的权力则大大弱化。集体经济组织命运的起伏直接影响着新时期乡村公共生活的起落,因此,本书依据集体经济发展历程,以"村一级核算"为界,将改革开放后的社区公共生活分为前后两个阶段。

## 一 改革开放初期社区的失落（1980—2004）

改革开放初期,社区公共生活一度急剧衰落,文艺宣传队解散,队员们纷纷奔向发家致富的新目标;文艺演出和体育比赛举办频率大大降低,人们也不再对之感兴趣;大量外来工涌入社区,社区信任和安全感大幅下降;邻里之间渐渐断了走动往来,昔日的亲密情谊一去不返。公共生活衰落背后是社区的解体:人人都只顾自己赚钱,不再关心他人和"公家"的事情;人与人之间的相互竞争战胜了以往的邻里情谊;"一切向钱看"成为最主流的社会价值标准,谁有钱谁就能说了算;社会急剧分化,贫富差距日益显现;大量外来工涌入,到处都是陌生人的身影和面孔。宁村再

---

① 蒋省三、刘守英:《土地资本化与农村工业化》,《经济学》2004 年第 4 期,第 211—227 页。

也不是往日纯朴宁静的村庄了，逐渐变成了连村民自己都觉得陌生的工地、城镇。造成这种局面的主要因素有：

一是乡村基层权力格局调整。改革开放后，广东乡村基层行政管理体制先后经历了三次调整：首先，人民公社解体，政社分开，自然村、生产队成为基层群众性自治组织。1983 年，宁村由人民公社时期的宁村大队恢复宁村乡建制。其次，建立管理区体制。1989 年，广东省决定将村委会改为管理区办事处，其性质是乡镇在农村的派出机构。同时，将村民小组改为村委会。在经济组织设置上，仍旧沿袭人民公社时期的三级体制，在原生产队一级设经济合作社，在原大队一级设经济合作联社，在原公社一级设经济合作总社。农村管理区体制在一定程度上加强了原大队和公社一级集体经济组织力量，促进了农村土地、资金、劳动力等经济资源向非农产业有效配置。郭正林指出，1988—1998 年是广东农村工业化和城市化突飞猛进的 10 年，也正是实行农村管理区办事处体制的 10 年。[①] 再次，1998 年，广东在全省范围内撤销农村管理区，设立村委会，实行村民自治制度。这一制度的实行，使得各自然村的权力和地位再次得以被突出和加强，行政村的权力则被削弱。1998 年，宁村从办事处变为行政村，对其下辖自然村的控制减弱，成为众多自然村中的"中心村"。

二是乡镇企业蓬勃发展，大量外来工进入社区。在珠三角地区，改革开放最激动人心的成果不是联产承包责任制带来的农业成就，而是乡镇企业的蓬勃发展。20 世纪 80 年代中期是宁村乡镇企业发展的黄金时期，许多投资过千万的大型集体企业，如永大、添利、通风设备厂、汽修配件厂、服装二厂等都是这一时期办起来的。乡镇企业的发展壮大还产生对劳动力的巨大需求，外来农民工开始被引入社区工厂。1988 年前后，大量农民工涌入宁村，社区人口激增，往日的熟人社区开始变成陌生人社区，社区安全感和信任度急剧下降，人们的安全防范意识明显加强，纷纷安装防盗门窗，加固院墙，整天大门紧闭。本地人既需要外来农民工的劳动力，又打心眼看不起他们，认为他们脏，不讲卫生，没有教养。这段时期村庄的治安状况也开始急剧恶化，偷盗、抢劫、赌博、嫖娼、吸毒等现象纷纷出现，这些也都被归咎于外来工。许多本地家庭将闲置房屋出租给外

---

① 郭正林：《农村权力结构的民主转型：动力与阻力》，《中山大学学报》2004 年第 1 期，第 8—14 页。

来工以增加收入,但却在生活上尽量与他们保持距离,互不相涉。HMJ一家居住在宁村下辖的永南小区,自从隔壁邻居将房子租给外人搬走后,他们再没与隔壁居住的人家来往过。HWZ干脆搬了家,将以前的老房子专门用来出租,自己一家人在后来规划的"新区"另盖了一幢房子居住。她坦言不想让8岁的儿子与外来工生活在一起,想为孩子创造更好的生活环境。

三是民众价值观念发生改变,获得经济上的成功成为占有压倒性优势的民众生活理想。发家致富本是一种朴素的生活愿望,但在改革开放时期,由于国家的推动和宣传,逐渐使得珠三角地区居民对金钱和利益的追求畸形发展。改革开放伊始,为了从思想上消除人们对社会主义和市场经济之间关系的疑虑,党和政府公开宣称,贫穷不是社会主义。不仅如此,国家还积极鼓励"一部分人,一部分地区先富起来",发挥示范带头作用。"万元户"成了一个十分荣耀的头衔,1979年,小榄镇一位农民黄新文的事迹登上了《人民日报》,原因是他的家庭年收入超过了一万元,成了全国闻名的第一个"万元户"。这件事被报道后,小榄镇政府深受启发,"当时一段时间,凡是收入超过万元的农户,人民公社都烧猪来贺"。当时的公社党委书记鼓励农民争当"万元户",理由是"万元户,浑身是劲,日子过得好,三餐喝酒都可以"。此后连续3年,小榄镇都召开致富表彰会,总结致富经验,表彰致富先进。不仅是小榄镇,1980年,南海县委书记也亲自带着烧猪、炮仗,大张旗鼓地下乡"祝富贺富",连续两三年,结果是"大家都想富,朝思夜想都想富,做梦都想富"①。

在政府的主导下,人们的价值观迅速发生改变。小榄镇的全国首位万元户黄新文最初不肯接受记者采访,集体化时期他因为家庭较为富裕,不止一次被割过"资本主义尾巴",是一个名声欠佳的"后进分子"。宁村这个富裕的大队集体也因为坚持搞工业和副业长期受到批判,是著名的反动落后典型。不过短短几年,情况就完全颠倒了过来:当年的"走资派"、"落后分子"一跃而成先进典型,到处作报告传授致富经验。这种做法当时也曾引起过较大争议,争论的焦点是到底提倡共同富裕还是个人富裕,结果显而易见,后者以明显优势取胜,人们都一门心思沉迷于发展

①　1980年,南海祝富贺富轰动全国 （http://www.fstv.com.cn/Article/fs/200909/145702.shtml. 2009.9.17）。

经济，社会生活主轴围绕经济重心运转，包括公共生活在内的社会事务变得无足轻重。

四是社会分化加剧。一部分人先富起来的直接后果就是村民收入差距扩大，贫富差别明显。在宁村，社会分层也日益显现，两种人最先富裕起来：一种是当时本来就处于社会上层的乡村精英，如乡村干部、转业军人等，他们消息灵通，社会关系网庞大，掌握资源较多，很容易就能找到赚钱的"门路"；另一种是"翻身"的"黑五类"分了，这些人青少年时期一般接受过较为良好的教育，头脑灵活，对政策反应敏锐，而且很多人都有海外关系。当普通群众在想方设法四处筹集资金成本时，他们轻易就能从海外亲友处获得大笔资金资助，开办工厂企业。一名当地居民向我提及，以前小榄镇最有钱的人是姓何的，改革开放后小榄镇最有钱的还是姓何的。一名何氏后裔则跟我说："那都是没有办法，集体化时期都被逼到了绝处，好不容易政策放开，拼命做生意赚钱说不定还有一线机会。"

宁村的社会分化明显表现在空间分布上。宁村是较早产生"规划"意识的村庄，为了提高土地利用效率，村庄被划分为居住区、商业区、工业区、农田区等几个大的板块，按照不同的土地用途对其进行相应建设。这样一来，原来夹杂在居民区中的厂房几乎被全部搬迁，集中到了工业区。生活区也在村庄规划中被重塑，为了改善村民居住环境，1998 年左右，宁村集中规划开发了三个"居民小区"，那里以往都是人烟稀少的农田或鱼塘区，地方非常空旷开阔。当时国家的土地管理政策还不怎么严格，宅基地政策留有较大余地和弹性，超出家庭宅基地范围的土地可以以补偿差价的方式取得。那时候的土地价格很低，每平方米仅 400—600 元，对于那些先富起来的"能人"们来说不足挂齿，他们争相在"新区"购地建房，建起了一座座占地数百平方米甚至上千平方米的"花园别墅"。而家庭经济情况一般的家庭就只能望楼兴叹，即使他们买得起地，也负担不了建大房子的费用。如此一来，以往只有在西方大城市才发生的"郊区化"现象也发生在这个村庄：富裕的中产阶级都搬到了新区，留下破落衰败的旧城任由贫穷的本地居民和外来工占据。在宁村，"新区"与"旧区"的空间景观形成鲜明反差，"新区"开阔整洁、富裕美丽；"旧区"拥挤昏暗、杂乱无章。

村庄规划重组了既有的居住格局，加剧了邻里关系的淡化。"新区"居民都是从各个自然村搬来的富户，人们之间互不相识，搬到一起以后也很少往来;"旧区"只剩下一些贫困的本地家庭,被迫与外来工杂处一地,相互之间隔阂也很深。HWZ说,他们一家从螺沙搬到"新区"已经8年了,与隔壁邻居也仅仅是点头之交,根本不知道这家人姓甚名谁,只知道对方是从小榄镇城区那边搬过来的。至于"新区"居民和"旧区"居民之间的交集就更少了,完全生活在不同的世界。一些村民向我抱怨,现在为富不仁的人太多了,先富起来的人根本不会帮穷人。不要说外人,一些富人连自己的穷兄弟姐妹都不愿帮,所以有了钱以后人与人之间的关系不是变好了,反而矛盾还多起来,关系更差了。

图2—3 旧区街巷　　　　　　图2—4 新区别墅

五是社会交往观念和形式发生变化。在传统农业社会,人们的活动范围狭小,农民的日常生产生活大多局限于本乡本土,社交的地域半径也很小。利用自然形成的血缘、亲缘或拟制的亲缘关系达到互助协作的目的,是乡村社会文化的重要特征。[①] 改革开放以来,农民的活动范围不断扩大,社会流动性增强,社会交往空间也日趋拓展。除了传统的亲缘、地缘关系外,业缘和友缘的重要性日趋突出。业缘关系包括同事和生意伙伴,保持良好的业缘关系网,对于获取职业上的成功至关重要。例如村里一名建筑商为父亲庆祝八十大寿,邀请的客人中相当一部分是与其生意相关的人士——村委会建设管理站的干部、镇里相关职能部门工作人员、建筑商同伴、上下游供货商等。为了保持长期稳定的合作,人们总是尽可能多地

---

① 曹锦清、张乐天:《传统乡村的社会文化特征:人情与关系网》,《探索与争鸣》1992年第2期,第51—59页。

与相对重要的业缘伙伴往来互动，使相互之间的关系看上去更像朋友，而不仅仅只是生意合作伙伴。对于在村委会或其他"事业"单位工作的人来说，同事则是最重要的人际关系之一，同事之间相处的时间通常比其他人更多，工作上也常常需要相互配合，在同事中的人缘和口碑往往对职位升迁具有重要影响。工作单位还常常组织聚餐、旅游等娱乐活动，将工作中的关系延伸到生活中，一些兴趣相投的同事慢慢会成为亲近的朋友。调查期间，我曾几次遇到村委会的一些干部以单位名义去探望生了小孩的同事，透露出村落社会特有的人情味。王铭铭指出，20 世纪初以来，中国社会变迁造就了一种新的关系，即"朋友"，指在学校和工作场所形成的"同学"或"同工"关系。[1] 现在社会上流行着一种说法，认为所有的"关系"中有四种最牢固，称为"四大铁"，其中的两项为"扛过枪"或"同过窗"，即意指战友和同学。

六是生活方式变化。改革开放后，随着乡村工业化和都市化的迅速推进，人们的生活方式也发生了很大变化。周大鸣将乡村都市化归结为五个方面，其中之一就是生活方式的都市化，乡村居民在衣食住行方面都向城镇居民趋近。[2] 生活方式的变化间接或直接导致了人际关系的变化。有村民提到，改革开放以后，大家不用一起上工，每家各有不同的职业和作息时间，没有了共同的劳动生活习惯，交往自然也就少了。而且各人有各人赚钱的途径，各个家庭的经济情况又有所不同，出于各种或显或隐的竞争、攀比心理，人们都尽量少打听、少管别人家的事。以前夏天晚上大家会出来一起乘凉，现在基本上家家户户都有了冷气，很少有人再出来乘凉。

许多人在述说生活中的改变时，都有意无意地提到了电视。永大的老总 HHJ 在提到永大创办人之一、一名香港商人麦克贞对社区的贡献时说，1986 年的时候麦克贞就买了 26 台彩电，送给宁村每个自然村 1 台，那时他们就可以看到香港的电视节目。1988 年前后，电视机在宁村农村基本普及。电视在改革开放初期所带来的冲击不仅是娱乐休闲方式的改变，更重要的是价值观念的改变。珠三角电视节目的一个重要特点就是"重南

---

① 王铭铭：《溪村家族——社区史、仪式与地方政治》，贵州人民出版社 2004 年版，第113 页。

② 周大鸣：《论珠江三角洲的乡村都市化》，《开放时代》1995 年第 3 期，第 29—34 页。

轻北"，人们收看的基本上全部是香港、广东和地方台的粤语节目，很少有人看中央台和北方各省卫星电视播放的普通话节目。傅高义指出，在所有的东亚国家中，电视在工业化之初就被引进，并在外来思想传播方面起了重要作用。电视与其他的大众媒介相比，更能使个人与外界紧密相连，并使个人对外界生活和思维方式产生更为生动直观的了解。在广东，电视产生的冲击比其他省份更大，珠三角的电视机出现更早，普及率也更高。① 曾经在一段时期内，广东是全国唯一可以直接收看境外电视节目的省份。通过电视机，香港的时尚、自由、舒适、技术和专业知识被有声有色地展现在珠三角居民面前，产生的震撼力和吸引力可想而知。人们几乎立刻将香港奉为现代化的完美榜样，狂热地向其学习和靠拢。即便在今天，香港电视节目在珠三角依然很受欢迎。电视在某种程度上加剧了公共生活的瓦解，电视机普及之后，乡村休闲转向以家庭为单位的室内娱乐，人们在电视机前度过大多数闲暇时间，户外集体娱乐大为减少。电视还改变了民众的文化娱乐欣赏口味，港台流行歌曲、娱乐节目风靡一时，以往的传统大众文化娱乐，如粤曲的吸引力则大为下降，除了一些老年人继续对其保持着喜爱，现在很少有年轻人懂得欣赏这门古老的地方艺术。

## 二　改革开放初期的社区公共生活

与改革开放初期的社会结构变迁相适应，这一时期的社区公共生活也表现出相应的特点：

### （一）商品化、功利性，这一点在传统复兴中表现得尤为明显

许多研究表明，改革开放初期的宗族复兴与地方政府利用传统习俗吸引海外投资密不可分。与其他地方利用宗族不同，小榄镇在一项传统民俗——菊花会上大做文章。1979 年改革伊始，小榄镇政府就在中山市政府的支持下，举办了改革开放以来的第一场菊花会，吸引到了一批手握实权的高官和成功的港澳商人。菊花会结束后，小榄镇接收到了大量捐款和投资项目，港澳同胞为小榄镇捐建了宾馆、剧院、医院、学校、道路和桥梁等，并开始回乡投资工商企业，拉开了"三来一补"乡镇企业大发展

---

① ［美］傅高义：《先行一步：改革中的广东》，凌可丰、丁安华译，广东人民出版社 1991 年版，第 70 页。

的序幕。换而言之，菊花会启动了小榄镇地方社会的改革开放。此后，小榄镇菊花会的复兴和小榄镇的"菊花经济"几乎同步发展。1994 年，小榄镇举办了规模空前的第四届甲戌菊花大会，此次菊会的筹备耗时 3 年，斥资数亿元。菊会历时 19 天，布展范围达 10 平方公里，吸引国内外参观者人数超过 600 万人次。不过对小榄镇当局来说，最显著的成就莫过于菊花会所取得的经济效应。"在这次菊花会上，小榄镇的企业、单位共获得了近 15 亿人民币的经贸合同"，甚至被编写进当地一所小学所使用的《乡土教材》。除了直接吸引投资，菊花会也逐渐被打造成推动旅游、建构地方形象的"城镇名片"。

**（二）自然村、生产队在改革开放初期的社区公共生活中扮演主导者角色**

从 1983 开始，生产队恢复集体经济组织法人地位，乡村社会生活开始由公社时期的大队主导转向以生产队为单位进行。每个生产队都建有自己的工业区，拥有数量和效益不等的社队企业，社员的分红和福利一律由生产队决定，其辖区内的交通、教育、医疗、环境卫生和治安等公共服务也由生产队自行负责。生产队致力于提高社员的经济收入和福利，无心在改善公共生活方面分散精力，而且生产队规模一般较小，无法组织大规模的集体活动。这一时期，社区的公共生活只剩下了会议和年终聚餐。会议的召集有时是迫于制度压力，有些会议是村民自治制度规定必须举行的，例如一年一度的民主评议大会；大多数时候是商议生产队的经济发展问题，一些涉及村民利益的大工程和大项目通常要经过群众大会讨论才能通过。每年年末，生产队一般会召集一次村民大会，向村民通报全年经济收支状况，发放本年红利，再在一起吃饭庆祝。随着经济状况的改善，一些生产队还逐渐兴建了一些群众公共休闲娱乐设施，如大多数生产队都先后兴建了老人活动中心，为老人的休闲娱乐提供空间；有些生产队还修建了社区公园，或在群众经常聚集聊天的地方修建凉亭。

**（三）邻里关系淡化，村民相互之间的关系强度减弱，代之以短暂性和随意性**

传统村落共同体中，共同体成员之间相互具有相当强烈的责任和义务关系。村民们指出，以前生产队要是有人家要办红白喜事，队里每户人家都是要派代表出席的，不论平时私交如何，这种场合一定要参加，贝斯特将此称之为"由责任感产生的互惠关系"①。其他亲友都需要主人家去通知邀请，而生产队的"街坊"是不用请的，他们自己就会来，关系好的来帮忙做事，关系一般的来吃饭送礼。但现在就不一样了，很少说有哪家办婚丧仪式整个生产队的人都还会来，有些平时关系好的会来，关系一般的就不来了，大家对此都习以为常，觉得没什么大不了的。许多研究者注意到，改革开放以来，社会交往中的工具、利益成分明显增加，人们不再仅仅出于友谊和情意而交往，而是有目的地去和一些人接近以获得某些物质利益上的好处。杨美惠指出，20世纪80年代后，非人情化的金钱开始替换原先富有感情的礼物和回报所建立的关系，互惠回报变成了社会凝聚和社会投资的形式。②

## 三 "村一级核算"与社区集体重建（2004年至今）

2004年，小榄镇实行了两项意义重大的改革，一是"村一级核算"，二是"村改居"。不过，二者之间的差别十分显著，"村一级核算"虽然是小榄镇推行的"土"政策，但却涉及许多利益调整的实质性内容，对当地社会生活影响重大；"村改居"是全国城镇化程度较高地区普遍推行的政策，但对小榄镇的乡村来说，这项改革在很大程度上仅停留于字面意义，除了将村委会的牌子换成居委会，少量社区公共基础设施由小榄镇接管，其他不论是在土地所有权还是人员、机构设置上都没有任何改变。这一虚一实的两项改革，正反映出我国现阶段乡村都市化的真实处境。

"村一级核算"，即以村级经济为依托，把村小组经济合并到经联社，实行统一核算、统一监管和统一分配。改革的主要目的是整合资源，将土地、资金集中起来，连片开发，规模经营，实行专业化管理，提高资产收益。从字面意义来看，这似乎仅仅是一项经济改革，但事实上，这项改革的政治意义并不亚于其经济意义，它意味着乡村经济、政治资源再一次向行政村集中。行政村的实体化必然以自然村或村小组的权力弱化为前提，这项改革取消了村小组的独立核算单位资格，变人民公社时期继承下来的

---

① ［美］西奥多·C.贝斯特：《邻里东京》，国云丹译，上海译文出版社2008年版，第225页。

② 杨美惠：《礼物、关系学与国家——中国人际关系与主体性建构》，江苏人民出版社2009年版，第144—146页。

镇、村、组三级核算单位管理体制为镇、村两级核算体制，大量村小组在改革中被解散。"村一级核算"实行前，在"三级所有，队为基础"的体制下，小榄镇农村被划分为 15 个村委会，195 个村民小组，60 平方公里的农村土地上，平均每 400 亩土地就有一个独立核算单位。实施了村一级经济核算后，每个核算单位的人口提高到 1 万人，管辖范围扩大到 5 平方公里。① "村一级核算"的实施在政治、经济上均面临巨大挑战：政治上，权力结构调整，大量村小组被撤销，意味着这些小组长将失去职位，而行政村也没有那么多职位对所有村组干部进行安置，这就表明一些村组干部必然被淘汰出乡村政治舞台，而这无疑会在一定程度上遭到抵制和反抗；经济上，各个村民小组的经济差别被消除，不论改革前村小组经济状况如何，改革后一律一视同仁，由行政村统一核算，统一分红。虽然这项改革的主要目的之一就是消除村小组之间的贫富差距，但这种"拉平"的做法不可避免会损害更富裕村小组的利益，引起后者不满。小榄镇政府预见到了这些困难，并在政治、经济方面分别采取了一些应对措施。改革实施前，小榄镇召开了村组干部大会，镇党委书记 HBQ 亲自为干部们做思想工作，请求他们为大局着想，支持配合政府工作。据宁村村支书 QGT 讲，整个小榄镇在"村一级核算"改革中总共退了 198 名村组干部，镇党委书记 HBQ 后来在会议上公开表示，说他感谢这些村组干部。经济上，改革之前各村小组实行经济清算，经济情况较好的村小组将超出其他村组的资产分给本村组村民，然后再在双方资产基本相等的情况下进行村组合并，称为"削高填低"。

由于这项改革涉及的利益调整巨大，而且各村的具体情况不同，因而实施的程度也不同。在一些村庄，"村一级核算"改革因阻力太大而流于形式，村小组依然保留一定政治、经济权力，行政村无法真正实现"村级核算"。宁村是小榄镇的村庄中实行"村一级核算"最为成功的村庄，村小组的财权、事权、人事权均被收归村委会，成为隶属于村委会的"小区"。现在，村委会为每个小区配备了 3 名工作人员——一个小区管理员，一个社教工作人员，一个计生工作人员，另外有一些街坊组长协助他们开展各项工作。这些工作人员都由村委会统一管理任命，工资、绩效

① 《中山市小榄镇构建和谐社会的实践和体会》（http：//www. xiaolan. cn/ad/17da/new15. html. 2007. 3）。

也由村委会统一发放评定。为了顺利解决"村一级核算"产生的村组干部安置问题,宁村采取了两种办法,一种是将其吸纳到村委会,让其担任"中层干部",保留职位和待遇;另一种是让其带补助退休,一次性补发两年工资。这两项措施的实施效果都比较好,改革没有因此产生大问题。宁村在"村一级核算"改革中裁减了一批村组长,乡村干部人数由改革前的 104 人精简至改革后的 86 人。现在村委会中分管各职能部门的众多"主任",大多是以前的村组长。村支书 QGT 认为"村一级核算"在宁村能够顺利实施的原因在于村民能够认识到改革的好处,而且行政村的政治经济力量一直比较强大,能够驾驭下面的村组。用另一名村干部的话说,就是如果"老豆"① 比儿子强,"老豆"说话自然能够算数;如果儿子比"老豆"强,"老豆"肯定管不住儿子。

　　"村一级核算"后,宁村集体力量重新得以加强壮大,村庄经济效率提高,尤其是物业出租效益明显增加。改革在这方面取得的成就为村民所公认,物业部的 HPS 介绍说:"以前每个小村都有自己的物业,14 个村小组总共办了 30 个工业区,这些村小组相互之间竞争压价,吃亏的都是自己人。还有些村组长趁机贪污腐败,以低价将物业出租给熟人或关系户,从中拿回扣。现在不同了,社区的全部物业都统一定价,竞争变成了宁村社区与周边社区的竞争。现在的物业价格是由物业管理人员、股民代表、居委会相关成员共同商定的,而且还要经过公示,村民没意见才能实行。现在实行的各片区物业出租价格是 2007 年 8 月 16 日议定的价格。"2004 年"村一级核算"后,村委会成立了物业经营管理公司,下设 4 个管理部,经过 2006 年和 2009 年两次合并后,变成了现在的两个物业管理部。其中第一物业主要负责农田水利、农贸市场、建材市场和纸业市场以及转制企业物业的管理,第二物业主要负责工业区的物业管理,两个部门在同一个地点办公,统称"宁村物业部"。

## 四　"村一级核算"后的社区公共生活

　　"村一级核算"改革对宁村的公共生活也产生了显著影响,村集体重新担负起组织公共生活的职能,也再次具备了组织公共生活的组织能力、动员能力和经济能力。"村一级核算"后,村庄公共生活面貌大为改善,

---

① 粤语对父亲的称呼。

一方面制度性的政治活动，如会议和选举变得更加规范；另一方面不但恢复了集体化时期既有的大众文化娱乐，如文艺表演、放电影、拔河、篮球比赛等，还增加了一些新的活动内容，如一年一度的健身操比赛、环村长跑比赛、敬老宴会等。这些活动的举行正在趋于制度化和常规化，以保证村民能够经常参与和享受这些文化娱乐活动。"村一级核算"后的社区公共生活主要内容包括：

会议。会议在宁村依然是群众参与村庄公共生活的制度性渠道，各种会议非常频繁，除了一年一度对主要村领导干部的政绩进行审核的民主评议大会以外，还会不定期地召集居民代表或户代表会议，商议生产投资、公共基础设施建设、物业出租价格、股民分红金额等社区事务。民主评议大会是村庄最为重要、级别最高的大会，全部参会人员达 400 人以上。《社区自治章程》显示，民主评议大会对村主要领导干部的政治生涯至关重要，如果会议投票结果显示对某位社区委员会成员的满意率低于 60%，或社区居民代表 2/3 投不满意票的居委成员，将会被罢免职位。尽管这项规定实行 5 年来并没有一个村两委成员通过这一途径被罢免，但其对主要村干部的约束力还是不容小觑，村委会每年都要投入大量人力、物力准备这次会议。村民代表是各种群众会议的主要参与者，虽然这些人已经是村民中政治觉悟较高的积极分子，但他们对参加会议仍然欠缺热情，发放误工补贴成为刺激村民参会的重要手段，用一名村干部的话说就是"不给钱就没人来"。

选举。"村一级核算"对宁村选举的最大影响，在于宗族势力明显减弱。宁村下辖的 10 多个自然村/生产队共有 100 多个姓氏，部分姓氏仍按地域集中分布在各自然村/生产队。在这些生产队合并为行政村之前，每个生产队都有 5 名干部左右，村民选举中的宗族、派系影响较为明显，当选生产队干部的一般都是人多势众的大姓。社队合并之后，宗族对村民选举的影响逐渐弱化，新的社区干部从原生产队、村两级干部中选举产生，许多生产队干部在社队合并中失去了职位，个人能力、从政资历、与上级领导和基层群众的关系等对候选人的影响均排在宗族之前。当前的社区选举明显地表现出从血缘到地缘的转变，村支两委"八大员"平均地分布于行政村下辖的 8 个自然村/生产队，以保证较大的生产队在村/支两委中有一个代表席位。现在宁村虽然实行了"村改居"，但选举还是按照村民选举制度进行操作，实行的是直选而非城市居委会采用的间接选举方式。

居委会换届选举每三年举行一次,2011 年,宁村进行了"村改居"后的第二届居委会选举,村庄权力格局发生了一定改变:原社区党委书记 QGT 年满 60 岁退休离任,由原村主任 XZL 接任党委书记;原村治保主任 WJH 升任村主任。选举中的权力斗争主要发生在候选人之间,普通村民对谁担任村干部态度漠然,一来他们认为选谁不选谁都是"上面定好的",老百姓并没有"话事权";二来许多村民都抱有"谁当干部无所谓,只要我们有钱分"的心态,对选举漠不关心。大多数家庭都是让老人或妇女去投票,领取全家"选民"的"误工费"才是他们前来投票的主要目的。

文体活动。"村一级核算"前,宁村只有龙狮武术团和曲艺团两个文艺团体,不定期地进行一些表演,村里也没有像样的群众文体活动场地。"村一级核算"后,村委会在丰富群众文化娱乐生活上狠下了一番功夫:硬件方面兴建了一批基础设施,如广场、标准篮球场、体育馆、社区公园、社区活动中心等,现在各个小区的篮球场加起来总共有 60 多个了,有些还是灯光球场。体育馆和健身广场各有 3 个,另外还建了好些游泳池、乒乓球台、羽毛球场等。软件方面引进了一批具有文体专长的人才,将他们安置在中小学和幼儿园教师岗位,业余时间辅导居民开展各种文体活动。2004 年"村一级核算"后,村里成立了社区教育办公室,其主要职能之一就是组织各种文艺表演和体育比赛,如一年一度的健身操比赛、少儿篮球赛、拔河比赛和环村长跑等。民间文艺团体除了原有的两个,又增加了一个歌舞团。村里将这三个团体纳入统一管理,每年为他们提供一定补助,排出了一个演出时间表,让其轮流在社区的三个广场表演,保证平均每月都有一场文艺演出。只要天气好,镇上的电影放映队每个月还会来放上两场露天电影。集体化时期大家集中到一起看演出、看电影的场景在宁村得以重现。

传统复兴。如果说改革开放初期的传统复兴在很大程度上出于吸引投资、推动经济发展的功利性目的,那么改革后期的传统复兴则更多地表现为集体生活重建。在村集体的推动下,改革开放初期一度失落的村落共同体意识被重新激发,人们似乎再次感受到了集体生活的乐趣,一些旨在促进地缘共同体团结和凝聚力的活动日益增多,突出地表现在仪式、赛会等方面的传统复兴。现在每到农历七月十五,村民除了以个体家庭为单位"烧街衣"外,还以"社"为单位,集资组织"社头烧衣"活动。一些村庄恢复了赛龙舟、吃龙舟饭的习俗，社队居民像从前一样聚在一起热热闹闹地聚餐，只不过聚会地点从露天晒谷场转移到了酒店餐厅。另一些村社重建了社区庙宇，在主祀神祇神诞的时候，许多村民前来捐款，共同组织筹办神诞庆典仪式。村集体以外的团体和个人越来越多地参与到这些活动的组织举办中，成为影响村庄公共生活的重要力量。老板们乐意出资赞助这些集体活动，"热心人"在其中组织联络，许多村民积极响应参与，共同推动了社区公共生活的发展和繁荣。

# 第 三 章

# 地方节奏:社区公共生活的时间安排

迪尔凯姆提出,时间不只是所有社会活动所不可少的要素,并且是构成文化知识系统的基本分类之一。[①] 此后,时间的社会建构性开始为学者们所关注,随着讨论的深入,时间与社会文化之间建构的辩证关系日益显现:一方面,社会文化通过社会活动的规则和间隔的制定而创造出时间观念,不同的社会文化对时间有不同建构,同一社会文化在不同时代对时间的建构也会发生变迁;另一方面,"在一种文化中没有什么东西比计算时间的方法更能清楚地表达这种文化的基本性质了,因为计算时间的方法对人们的行为方式、思维方式、生活节奏以及人与周围事物的关系有着决定性影响"[②]。对时间的认识理解源于社会生活,时间观念一旦形成,又会对社会生活产生规范,形成一种无形的准则。人类学对理解时间与社会文化之间的相互建构做出了卓越贡献,在人类学家看来,社会生活的需要与自然界的节奏和韵律,共同提供了人类社会的时间基础。时间不只是表现出当地人对自然韵律和节奏的理解,也是当地人活动的指标而为其社会生活的节奏韵律所在。[③]

每种生产方式都创造出一套与其相适应的时间观念。在农业社会中,时间规则主要根据自然界的周期变化而决定,日月星辰等天体的变化、花草树木的枯荣、河水的涨落都是判断时间和季节的重要依据。"人们的生

---

① 黄应贵主编:《时间、历史与记忆》,台北中研院民族学研究所 1999 年版,第 423 页。

② [俄] 古列维奇:《中世纪文化范畴》,庞玉洁、李学智译,浙江人民出版社 1992 年版,第 101 页。

③ 黄应贵主编:《时间、历史与记忆》,台北中研院民族学研究所 1999 年版,第 1—3 页。

活和从事基本工作的速度，主要依据季节变化而定，不需要知道准确的时间，把一天分成大概的几段也就够了。"① 农业社会中的时间一般都被认为是可以循环往复的，"过去并不能简单地理解为过去和消逝了的东西，而是一种永久的持续。生命也失去了它的偶然性和暂时性，而成为永久性的东西"②。时间的重复、循环、缺少变化支配着人们的思想和行为，构成传统所具有的道德力量和价值来源。现代工商业社会导致了新型时间观的产生，资本主义人机器生产推动了时间计算的精确化，机械钟在欧洲社会的普及是现代时间观形成的标志，"时间有史以来第一次被视为处于生活之外的纯粹形式"③。其后，随着资本主义生产方式在全球扩张，西方现代时间在世界范围内得以确立。吉登斯指出，在现代性条件下，不仅日历在全世界范围内被标准化，全球都在遵循同样的计时体系，而且跨地区时间也被标准化，不同国家和不同地区的时间都能根据统一标准换算，现代性的动力机制正是派生于时间和空间的分离和它们在形式上的重新组合。④ 与农业社会的时间观相比，工业社会时间观呈现出单向性、短暂性、快节奏等特征，这就使得"现代性自萌芽时期起，就一直是流动的"⑤。不仅如此，现代社会的时间还被高度物化，马克思关于商品价值与劳动时间的论断，在当代社会被直截了当地表述为"时间就是金钱"。

时间的文化建构性使其成为地方社会的重要构成因素，每个地方社会都根据其特有的文化观念和生产方式构建时间体系，而这种时间在社会生活实践中产生的节奏，又成为"地方感"的重要来源。要了解一个地方社会，就必须努力认识和理解当地的时间观念和社会生活节奏。古列维奇指出，时间在前资本主义时代，总是带有地方性的，没有整个地区或国家统一的时间，更不用说国际性的时间的。公共生活和制度的排他主义特征

①　［俄］古列维奇：《中世纪文化范畴》，庞玉洁、李学智译，浙江人民出版社 1992 年版，第 117 页。

②　同上书，第 107 页。

③　王海洋：《"现代性时间"及其文化价值反思》，《求是学刊》2009 年第 4 期，第 28—32 页。

④　［英］安东尼·吉登斯：《现代性的后果》，田禾译，译林出版社 2000 年版，第 14—16 页。

⑤　［英］齐格蒙特·鲍曼：《流动的现代性》，欧阳景根译，上海三联书店 2002 年版，第 4 页。

也表现在计算时间方面,而且在这方面表现得很顽强;甚至在用机械钟计算时间的转变完成之后,每个城市仍继续有一种自己的时间。[①] 由此可见,公共生活是衡量社会时间体系的重要指标,人们一方面根据对季节、生命运动的节律安排公共活动,另一方面公共生活本身也参与到了对社会文化时间和社会生活节奏的塑造界定之中。

改革开放以来,宁村经历了快速的乡村工业化进程,变成了一个"非农化"的村庄,传统时间观念随之发生剧烈转型。由于现代工商业发展的需要,这里已经建立起标准化的现代时间体系,"上下班"、"工作日"、"周末"、"年假"、"退休"等观念深入人心,无形地塑造着村落的日常社会生活节奏,并将小村落与外面的大社会在时间上对接起来,使之毫无困难地融入外界的资本市场体系。然而,传统农业社会的时间观念并未从社会生活中退出,工作以外的社会生活,基本还是在按"农历"安排和进行,两套时间系统在这里同时并行。人们通过有意识地保留和恢复传统时间观以及与此相适应的仪式活动,抵制过快的社会变迁所带来的无力感。尽管现在村民们的物质生活大为改善,但现代社会的风险和不可知性也大大增强,人们所能掌控的东西反而更少了。传统时间观一方面通过与过去的联系让人们获得一种稳定感和确定性,另一方面这种时间观中"趋吉避凶"的观念也更为人们所认可。不仅如此,传统时间观还为避免现代化和全球化的全面入侵建立了一道隔离墙,使地方在一定程度上保持着自己的特色,不至于完全被"化"掉。当大城市的居民被快节奏的都市生活压迫得喘不过气来的时候,这里的人们却依然能够依靠当地时间观的抵挡,保留一丝现代社会中越来越难得的悠闲从容。建构地方时间观,是建构地方感和地域共同体社会的重要手段之一。当前,这个村庄公共生活的时间安排表现出明显的二元性,季节律动、工作节奏、阴阳五行和民间信仰等都是决定社区公共生活时间安排的因素。与此同时,不同时间举行的公共生活也在对国家权力、社区传统、道德价值观念和社会关系等社会文化因素进行着再生产。

---

① [俄]古列维奇:《中世纪文化范畴》,庞玉洁、李学智译,浙江人民出版社1992年版,第174页。

# 第一节　社区传统时间观念

小榄是一片南宋才从海中成陆的土地，经过明清时期大规模沙田开发，成为珠三角一个典型的桑基鱼塘农业区。与全国大多数农业社会一样，这里在长期的农业生产中形成了一整套以岁为年度周期，以时为季节段落的时间体系。这套岁时体系既是长期探索自然规律的产物，包含着大量天文、气象和物候知识，也是中华文明哲学思想、审美意识和道德伦理的集中体现①，其基本功能是调整、规范人与自然的关系，通过岁时节气的确立使人们顺应自然时序，以利于农事生产及民众生活。② 即使现在这个村庄已经完成了从农业社会到非农社会的转化，这套传统农业流传下来的时间观念，以及包含在其中的阴阳平衡、天人合一、顺其自然的文化观念，依然对人们的日常生活产生着深刻影响。这套传统社区时间观念由岁时节令、民间信仰、阴阳五行等共同决定。

## 一　岁时节令

岁时节令是传统时间意识形成的重要依据，在小榄，标志着一年四季的春节、清明、端午、中秋、冬至等节日一直深受民众重视，是安排农事和从事社会活动的重要指示器。

春节是新的年度周期和新一轮季节循环的开始，是中华民族的第一大节，各地在春节期间都要举行隆重庆祝。萧放指出，广义的春节包括年前和岁后两部分，辞旧与迎新并列构成传统春节的两大主题，以岁首为界，岁前驱邪除秽，岁后迎新纳福。③ 小榄的春节从腊月廿三"拜灶"开始，标志着进入年关，人们开始打扫卫生，采办年货，制作年节食品，为过年准备。大年三十又称"除夕"，是辞旧迎新的重要时间节点，节日庆祝达到高潮，家家户户贴春联，吃团圆饭，晚上守岁至交子时分，迎神祭祖放鞭炮。从正月初一直到正月十五，分布着一系列节日仪式：初二"开

---

① 高丙中：《民族国家的时间管理》，《开放时代》2005 年第 1 期，第 73—82 页。
② 萧放：《岁时——传统中国民众的时间生活》，中华书局 2002 年版，第 7 页。
③ 同上书，第 115 页。

年"，需宰雄鸡供神祭祖，已婚妇女回娘家拜年；初三称"赤口日"，据说这一天容易惹口舌是非；初七称"人日"，意即所有人的生日，许多人家这天早上要喝"生日粥"；这天也是"开灯"①的好日子，很多家庭选择在这一天在祠堂为上一年出生的男孩"开灯"；正月十五挂花灯，闹元宵。过完正月十五，"年"才落下帷幕。

清明是一个节气兼节日的大节。汉魏以前，清明主要指自然节气，是一个与农事活动密切相关的节令，唐宋之后，清明逐渐将寒食节祭祀扫墓的内容并入名下，成为以祭祖扫墓为主的民俗节日。小榄曾经历过相当长时间的宗族社会阶段，宗族观念浓厚，清明祭祖扫墓也就成为民俗节日中仅次于春节以外的大节。清明期间，家家户户都要准备祭品，去大榄冈公共墓地"拜山"。除了到家庭墓地祭拜，现在宁村居民还流行"拜太公"，追溯宗族房支祖先，联合分散在各处的同宗前往祖先墓地，祭拜开枝散叶的"始祖太公"。清明时节正值早春，大地回春，万物复苏，是郊游踏青的好时节，许多人也将去相邻县市"拜太公"视为一次旅行。

端午节的习俗是吃粽子，在门前插艾草和菖蒲，用雄黄朱砂书写一些符令贴于室内外墙壁，以求驱邪避瘟，驱逐虫蛇。由于现在小榄地区已经高度城镇化，蚊虫蛇鼠藏身之地大为减少，这些习俗的象征意义已大于实际功能。赛龙舟是端午节期间一项重要的民间体育竞技娱乐活动，各地均会在这一期间举行龙舟赛。与荆楚等地赛龙舟纪念屈原不同，小榄扒龙舟对屈原的纪念意味较少，更多只是一项时令性的娱乐活动。珠三角地处华南水乡，人们的生产生活大多与水有关，直到20世纪五六十年代，小艇都还是当地民众的主要交通工具，不论是到田地劳作，还是赶集或探亲访友，均需"扒艇"（划船）由水路前往，扒艇由此成为人人都能掌握的一项生活技能，出现竞技娱乐性的扒艇比赛也就不足为奇了。加之五月雨水充沛，江河水满，早稻栽种完毕，处于农闲时期，正是举行文化娱乐活动的好时机。

中秋是秋季的一个民俗节日，此时收割已毕，仓廪充实，进入一年中又一个主要的农闲时段。就季节而言，这时天气逐渐转凉，草木枯黄，动

---

① 广东地区在宗祠为新生男婴举行的入谱仪式，祭祀完祖先以后，将上一年出生男婴的名字记入族谱，登记为宗族成员。粤语的"灯"与"丁"谐音，取其"添丁"之意。

物活动减少，处处流露出冬天即将来临的信号。除了与其他地方类似的赏月庆祝活动，小榄镇还有中秋拜会亲友的习俗。清朝小榄的一名地方文人在其一本描述地方风物的著作中这样记载中秋风俗："各铺于前数日，以砂糖石膏和煮，范作仙佛龙鱼鸟兽花果等形，谓之糖鸡，与月饼售客，动以万计。家家祀神荐先，佐以二物及柚芋之属，是晚宴饮赏月。又先期两三日，富家皆买杂盒猪肚酒肉，馈妻之父母赏节，觊女婿外孙则以月饼糖鸡香柚等物，俭约者则彼此折金相酬酢，有契谊者亦然。中秋市上多宰母彘，争买雄鸭，共呼为白露公……"①

　　冬至是二十四节气中的又一个民俗节日，在广东民间受到特别重视，有"冬至大过年"的说法。冬至是一个重要的时令变化节点，人们常在这一天观兆测年，从这一天的天象气候，预测来年收成，判断接下来一段时间的天气好坏。小榄有"冬在月头，卖被置牛；冬在月尾，卖牛置被"及"阴冬烂年"等说法，前者通过冬至在一个月中所处的位置判断天气，后者通过冬至的天气推断过年时节的天气。小榄地处亚热带，四季气候并不分明，人们重视冬至，更多是因为这个节气在岁时体系中所具有的意义。小榄新中国成立前有冬至前行傩，又称"打伙福"的风俗习惯，传说这种仪式可以祛除邪鬼游魂，避免其在地方上作祟。"冬至节前十余天起，由各坊（以明代卫所所管辖的范围，每一个卫所两个坊）社的主事人，组合神徒，抬出主帅庙中的菩萨偶像去安放在适合的祠宇内坐镇，等候善男信女去膜拜。翌日，按每坊活动一天的规则，依占卜顺序，依次在各坊社内活动。"②此外，当地还有冬至祭祖的习俗，《榄屑》记载："冬至令节，家家以糯粉裹糖为丸羹祀神荐先，各祖祠亦举行冬祭。"现在没有祠堂了，但人们也都还是会在家中拜神祭祖。小榄人称冬至节俗仪式为"过冬"，这一天一般要吃汤圆，晚上还要全家聚餐。冬至虽然没有被列为国家法定假期，但为了尊重这一习俗，广东地区的企事业单位这一天一般都会稍稍将下班时间提前，以便人们及早回家团聚。

---

① （清）何大佐：《榄屑·榄溪岁时记》。
② 《小榄镇镇志》，社会风俗篇，2008 年修订版，未刊稿。

## 二　民间信仰

民间信仰是社区时间观念体系的有机组成部分，民间信仰中的仪式节日既在一定程度上与自然性的岁时节令相对应，又发展出了一些超越季节岁时的社会文化意义。如果说岁时节令强调的是人与天地之间的关系，那么与民间信仰相关的仪式庆典则注重调节人与鬼神之间的关系，而天地与鬼神之间又存在一种内在的有机联系。这些文化思想结合在一起，共同构成汉民族的天人合一文化观念体系。萧放指出，传统岁时节日在民众的时间分类中被区分为人、鬼、神三类，人节有春节、端午、中秋，鬼节有清明、中元和十月一，神节有三月三、六月六和九月九。① 这三类节日都在宁村的日常生活中有所保留，只不过在一定程度上被地方化了。

在宁村，三月三为北帝诞，在新中国成立前会举行相当隆重的仪式庆典予以纪念庆祝。北帝全称"北方真武玄天上帝"，是道教中的司水之神，在广东沿海地区受到普遍崇奉，与天后（妈祖）、悦城龙母同为广东沿海地区最具影响力的水上保护神。珠三角的北帝崇拜可追溯到北宋时期，明清时期由于统治者的提倡和民间认为北帝具有消灾化厄的神力而达到高潮。② 过去的"小榄五大庙"中就有两座北帝庙，北帝在当地民间信仰中的地位可见一斑。近年来，小榄民间自发组织重建了昔日的"基头北帝庙"，每到农历三月初三，前往上香拜祭的香客络绎不绝。普通家庭在这一天要吃一种药粉做的"药糕"，据说可以防治一种使皮肤发痒的皮肤病。

六月六也是小榄民间一个特殊的民俗节日，只是并非神节，而是与鬼魂有关。这一天，民间有祭祀去世未满一年的亡灵的习俗，传说这一天是地府定罪日，阎王会在这一天集中审理上一年去世的亡灵在生前的罪过。家人担心去世的亲属在审判中受苦，到坟前祭拜哭泣，表示对死者在地府安危的关切。有些当地居民也将六月六视为"石敢当"的诞辰，"石敢当"在当地路旁和房屋附近普遍存在，一般就是一块小石头，上面刻着"石敢当"或"泰山石敢当"字样，是一种风水镇物，有辟邪化煞的

---

① 萧放：《岁时——传统中国民众的时间生活》，中华书局2002年版，第152页。

② 邹卫东、阮春林：《明清珠江三角洲地区对"北帝"的崇拜》，《岭南文史》2000年第3期，第51—54页。

功能。

农历七月十五的"鬼节"是小榄民间极为重视的民间节日。中国民间很早就有在"七月半"祭祀亡灵的习俗，南北朝时期佛教传入中国后，这个节日被赋予了新的文化内容，与"目连救母"的故事联系在一起，变成了宣扬孝义的民俗活动。七月十五与儒、释、道都有密切关系，忠孝观念是儒家文化的核心思想，在汉民族中具有深厚的民间文化基础，这个节日将提倡孝道置于重要位置，与儒家思想的影响分不开。这个日子又是佛教的佛腊日，佛教作为外来宗教，为了更好地与中原文化相结合，逐渐将这一节日演变为"盂兰盆会"，融儒入佛。道教也在七月半酝酿出一个"赦罪"节——中元节。道教将正月十五、七月十五和十月十五设定为上元、中元和下元，分别对应天官、地官、水官诞辰，形成天官赐福、地官赦罪、水官解厄的三元节。[①] 与清明祭祀祖先不同，七月半祭祀的鬼魂主要是孤魂野鬼。由于七月半既是佛教节日，又是道教节日，因而其祭仪往往异常隆重盛大，超出一般民俗节日。以往小榄五大庙在七月半都会举行祭祀仪式，做法事、打醮、做水陆道场超度亡灵。这种由庙宇组织的祭祀仪式称为"公普"，以与各家各户举行的"私普"相别。1950年后，庙宇在七月半举行"公普"的习俗消失，民间祭祀活动则从未停止，"文革"期间都还在偷偷举行。现在，这一民间节俗已经大规模复兴，一到七月初就可以看到有人在门前的路上"烧结衣"。一些村社居民还会集资捐款，购买香烛生果等物，以村社集体的名义举行"社头烧衣"活动。七月十五当天，当地的几座庙宇——基头北帝庙和净意庵都会举行祭祀仪式，吸引大量民众前往烧香拜佛。

九月九重阳节是夏秋相交的时间界标，从众多古代诗词的记述可知，这一天各地民众有登高、佩茱萸、饮菊花酒的习俗。魏晋以后，祈求长寿成为重阳节的重要内容。现在在宁村，重阳节被定为"老人节"，每年在这一天，居委会都会集体宴请达到"退休"年龄的老人们，为他们发放利市、礼物，表演文艺节目，祝他们健康长寿。为了对长寿的老人表示祝贺和尊敬，居委会还会为90岁以上的老人颁发一枚小小的纯金"寿桃"。现在，重阳敬老已经成为村庄一项重要的集体活动，社区通过这项活动表达对其成员的关怀，人们在聚会宴饮中充分享受集体生活的温暖愉快。社

---

① 萧放：《岁时——传统中国民众的时间生活》，中华书局2002年版，第189页。

队合并以后，村庄人口规模扩大，村委会不得不分片在两三个酒店分别举行敬老晚宴。敬老晚宴不仅是村庄为村民提供的一项集体福利，也是对敬老尊老的传统观念的宣扬，传统道德价值观在这项活动中得以再生产。

　　除了这些民间信仰仪式庆典，宁村还有其他一些民间信仰节日，如二月初二和八月初二土地诞、三月廿三妈祖诞、四月初八转龙头、五月十三、六月廿四、九月初九关帝诞、六月十九观音诞、七月二十财帛星君诞、七月廿四是城隍诞和邹陈法师诞、七月三十地藏王诞等。这些民间信仰节日赋予了传统社会时间神圣性、道德性和情感价值，它们与岁时节令一起，共同构成宁村社区传统时间观念的重要组成部分。

### 三　阴阳五行

　　阴阳五行是中国古代哲学思想对宇宙图式和宇宙运行规律的高度概括，二者都与传统岁时观念的形成密切相关。阴阳的本义是太阳照得到与照不到的地方与状态，在气象意义上为阳光普照与阴云密布，[①] 本身就是对天气和时间的描述。阴阳学说产生后，被用于解释四时的生成，认为冷热交替、四季气候的变化归因于阴阳升降运动。据现有文献记载，至迟从西周末年开始，阴阳已用于解释节气等自然现象。[②] 五行思想大致出现于商末周初，与阴阳用"一分为二"的观点概括事物之间以及事物内部的对立统一关系不同，五行以"五"为基数对事物进行分类，强调事物之间相生相克的动态关系。五行在与四季相配合的过程中首次出现了木火土金水相生的顺序，四季表现为一种依次更替的相生关系。此后，五行配属元素急剧扩大，从五色、五味、五声、五帝、五神等增加到了十二律、方位、干支、数、五谷、五畜等，并最终形成一个网罗天人的庞大系统，成为古代组织经验材料的一种思维工具。[③] 战国时期，阴阳与五行在解释四时体系时融为一体，二者相互渗透融合之后解释力大为增强，上升为中国古代哲学本体论，中国古代哲学中完整的宇宙秩序，由此得以成形。阴阳五行能够融合的根本原因，在于二者在本质上都被视为"气"，以"变通"为根本特征。阴阳五行不仅强调事物的运动变化，更注重其有序性，

---

①　武占江:《四时与阴阳五行》,《河北师范大学学报》2003 年第 2 期,第 101—106 页。
②　金亨运、潘秋平:《阴阳五行与四时关系考》,《中医研究》2010 年第 4 期,第 1—3 页。
③　武占江:《四时与阴阳五行》,《河北师范大学学报》2003 年第 2 期,第 101—106 页。

顺势而动，以维持整体的动态平衡，这就为传统岁时观念中重视阴阳平衡、天人合一、顺其自然等思想提供了认识论依据。在传统民众的认知体系中，阴阳二气的交感变化，不仅是自然时序变化的依据，同时人间活动也应注意阴阳的协调，做到天人相应，动静合乎时气，如此才能从阴阳变化中获取生存发展的助力。①

李亦园指出，传统文化的时间和谐观念，表现在将个人生命配合宇宙时间而作解释，个人出生时间，也就是生辰八字，对其"命"、"运"具有重要影响。② 传统民俗认为"命"是固定不可更改的，但"运"则可以借助各种力量加以改变，民间对时间和谐的追求，就表现在可以改变的"运"字上。"每个人依据他的出生年月日时的干支构成他的'八字'，以这个八字配合宇宙时间流的大小阶段推算，个人时间与宇宙时间之间，有时是和谐的，那就是吉，也就是好运；有时则是不和谐的，那就是凶，就是坏运。由于这一基本的时间观念，中国人一生中都要努力寻求对他最有利的时间定点，而每做一事都要寻找一个吉利的时刻。"③ 不仅如此，人们还常常主动寻求生命历程中的吉凶之点，以便"趋吉避凶"。这种岁时避忌观念逐渐成为民间传统时间观念的核心，民众日常生活深受其影响，大至婚丧嫁娶、买房造屋、拜神求佛，小至乔迁新居、砌灶安床、出门回家，无不卜日择吉。

这种"趋吉避凶"的传统时间观在宁村村民的日常生活中随处可见，在从事相对重要的事情之前，人们一般都会先"看日子"，判断这一天对做这类事情是否有利。"看日子"分为两种，一种是查皇历；一种是请"先生"算日子。采取哪种做法，视事情的重要程度而定。一般性的日常生活事务，像出门或拜神等，对时辰的精确度要求不高，只要限定在一天之内即可，这类事务的"日子"相对容易选择，自己在家中查日历就能选定。现在市场上印制出售的日历都是阴、阳合历，既标明阳历时间，也标明阴历时间，还会在页下或边侧详细注明该日子的阴历属性，列出主要的忌、宜事项，以及与这一天配合有利的方位。而如果是涉及婚、丧、建

---

① 萧放：《岁时与传统社会的时间观》，《民间文化论坛》2000年第3期，第40—43页。

② 《从民间文化看文化中国》，载《李亦园自选集》，上海教育出版社2002年版，第229页。

③ 同上书，第229—230页。

房等比较重要的"大事"，对时辰的要求就要严格得多，不仅要选日子，有些礼仪程序还必须在特定的时辰举行，否则引起的后果将十分严重。这类吉日良辰一般都要请谙熟阴阳五行的道士综合考虑各种情况之后，根据其掌握的宗教仪式知识仔细推算才能得知。

在宁村，出于对家庭生活的重视，人们对与住房相关的事情极为讲究看重，不仅建房要看风水选日子，迁入新居也要选择吉时，并举行相应仪式。盖房子被视为家庭生活中的一件大事情，房屋不但是全家上下几代人的居所，也是家庭地位身份的象征。这里的人们将盖房子、结婚和死亡视为一生中的三件大事，在这三件事情上花费的时间、精力、金钱也最多。据村委会建设管理办公室的一名工作人员介绍，村里的大多数房屋为3—4层楼房建筑，建筑面积在人均30平方米以上，每栋房屋的造价50万—70万元。如此之高的房屋造价，意味着许多人家不得不将大部分家庭积蓄用于建造房屋，建房对家庭生活的影响极为重大。为了加强房屋的宜居程度，确保新房对家人健康、家庭关系和家庭运道的促进，一定要慎重地选择房屋风水和建房的日子。由于清明和重阳都被当地人视为"鬼节"，因而建房一般都会避免在农历三月或九月破土动工。破土动工不但要请风水先生择定"吉时"，而且还要燃放鞭炮，祭拜天神地主和恶鬼，求保平安。新居落成后，迁入新居称"入伙"，同样要选择好日子。当地的"入伙"仪式相当隆重，需要举行一系列仪式，包括请僧人或道士念经驱邪安宅，拜神拜祖先，请亲朋好友吃"入伙饭"等。

嫁娶被视为"终身大事"，选择一个好日子也非常重要。宁村的村民告诉我，在这里选一个结婚的良辰吉日很不容易，这个日子既要宜嫁娶，又要宜神明，因为结婚还要拜神和拜天地。新郎新娘的生辰八字与时辰的配合当然是要考虑的首要问题，这关系到他们将来整个婚姻生活的质量。此外，还要将这个日子分别与双方祖父母、父母的生辰八字配对检测，看是否与他们"相冲"。结婚不仅是新婚夫妇两个人的事情，还关系到两个家庭，能够使两个家庭缔结"通婚之谊"，因此应该选择对双方利益都有所增进的"好日子"。在过去，拜堂和入洞房都要在特定的时辰进行，现在则不太注重，只是按照婚礼程序逐项依次进行。在小榄，接新娘一般都安排在下午三四点，迎娶回男方家以后就开始拜神拜祖先，为男方亲属奉茶。晚上六七点到酒店宴请宾客，回来闹洞房，直至深夜才结束。

葬礼对时间的要求最为严格，在葬礼中，对时间的控制要求从时辰、日到旬、年都有所体现。一般家里有人去世后，就会请道士来算时间，算的时间包括两部分，一部分是与葬礼仪式相关的时间，比如在什么时辰"买水"，在哪一天的什么时辰出殡，什么时候下葬等；另一部分是根据死者的生辰八字，算哪些年份出生的人与死者犯煞，将这些年份写在纸上张贴在灵堂门前，提醒那些与死者犯煞的人不要接近灵堂，出殡时注意回避。调查期间我在宁村东区参加过一次葬礼，这户人家的大门口就贴着一张白纸，上面写着收殓时间是七月初一 10 点，出殡时间是七月初三早上 8 点半，以及与死者犯"冲"的年份，并换算成了年龄，请这些年龄的人回避。"买水"是小榄葬礼仪式中非常具有地方特色的一项仪式，入殓前举行，由死者的长子或长孙手持丧杖和"买水钵"到本村社内的河涌盛一些水回来为死者沐浴净身。"买水"一定要在涨潮的时辰进行，据说这样做是为了让死者趁着涨潮升仙。小榄地处珠三角水乡，紧邻大海，潮水涨落对以往地方的生产生活具有重要影响，是广为人知的一项地方性知识。现在人们不再以水为生，与水的关系疏远，几乎没有人再关注涨潮的事情，也不知道什么时候涨潮，因此涨潮的时间也要由道士负责查证掌控。村里的一名道士说，这个倒不用怎么特别掐算，气象部门会公布这些信息，根据气象部门公布的时间来就行。出殡是葬礼仪式中最为隆重的一项，注意事项极多，出殡的日子和时辰都需要严格测算，否则会对死者家庭造成严重的潜在危害，这个日子需要结合死者生辰八字和年龄加以推算。在小榄，灵柩停放的时间都比较长，少则 3 天，多则长达一个星期以上，就是为了等到一个最合适的日子。停灵期间，每天晚上 10 点左右都要请道士来念一次经，到附近的马路吹吹打打一阵，烧纸钱。出殡安葬完毕之后，接下来还要以"旬"为周期举行一系列仪式，每七天为一旬，一共要举行七旬仪式，七七四十九天之后葬礼才算告一段落，转入以年为单位的祭祀仪式。罗梅君指出："贯穿所有丧仪的结构性原则是选择合适的时间、合适的地点以及合适的用时长短。……人们通过丧仪利用力和气，就是选择时间和地点，选用物件和措辞，时常还伴以行动，这一切都具有象征性，因而可吉可凶。人们可以借此克服失衡状态，重建秩序，以使家庭和国家所谓的永恒（等级）秩序得以合法化。"①

---

① 罗梅君：《北京的生育婚姻和丧葬——十九世纪至当代的民间文化和上层文化》，中华书局 2001 年版，第 391 页。

## 第二节　现代时间观念体系的确立

近现代以来，宁村的时间体系发生重大转变，从前现代农业时间体系转入现代时间体系。这种转变主要是由两种因素引起的：一是民族国家的时间管理体系。关于空间和时间的制度安排是以各种共同体的形式存在的现代社会一切制度的基础，节假日体系是民族国家的一种根本性制度。[①]时间不仅是政权统治的重要手段，也是意识形态的重要组成部分，无论是中华民国政府，还是共产党建立的新中国，都努力建立起与其政治意图相一致的国家时间管理系统。二是生产方式的转变。每种生产方式都要求建立与之相应的时间观念体系，农业生产方式与工业生产方式最大的差异之一，就体现在二者所各自形成的时间观念体系。改革开放以来，珠三角地区迅速从农业社会转入非农工商业社会，对这一地区的原有时间观念体系造成巨大冲击，现代时间观念体系全面渗入社会日常生活，人们的生活方式也随之变化调整。

### 一　民族国家与时间管理

国家的形成过程就是它以各种方式为其成员提供特定时空图景的过程，由此让成员尽可能拥有共同的时间意识和空间意识。[②]古列维奇指出，统治阶级只要保持着对公共生活的实际控制，并在思想上也占据着统治地位，那么统治阶级的社会时间自然被广泛使用。在为统治阶级所掌握的社会控制系统中，社会时间是很有价值的一个成分。反之亦然，表明统治阶级失去了对公共生活的控制的迹象之一，就是社会生活按其运转的时间结构的变化。[③]辛亥革命是近代中国首次建立现代民族国家的尝试，为了实现其追求现代性的政治意图，中华民国政府一经成立，就对国家时间管理体系进行了改革：一是废除旧历（夏历），普用国历（公历）；二是

---

① 高丙中:《民族国家的时间管理》,《开放时代》2005 年第 1 期, 第 73—82 页。

② 高丙中:《节日传承与假日制度中的国家角色》,《绍兴文理学院学报》2009 年第 5 期, 第 27—31 页。

③ ［俄］古列维奇:《中世纪文化范畴》, 庞玉洁、李学智译, 浙江人民出版社 1992 年版, 第 167 页。

严禁私售旧历和新旧历对照表；三是严令京内外各机关、学校、团体，除国历规定者外，对于旧历节令，一律不准循俗放假；四是通令各省区妥定规章，将旧历年节娱乐、赛会等加以指导改良，按照国历日期举行。① 与此同时，民国政府还设立了一系列新的国家纪念日，如元旦、国庆、革命先烈纪念日、国耻纪念日、国父诞辰、国际妇女节、儿童节、国际劳动节、教师节、植树节等，政府部门在这些日子举行自己的新式仪式。从20 世纪20 年代到40 年代，民国政府和一些新式知识分子倡导了旨在引导民众形成新的现代生活观念的"民众教育"、"乡村建设"等社会运动，对包括传统时间观念在内的传统文化观念进行持续改造。

新式学校教育在培养现代时间的效能感方面扮演了重要角色，周晓虹指出，作为大规模系统培育人才的常设社会机构，现代教育能够培养人们形成个人效能感、时间感、自我意识、合作精神以及乐于接受社会变革等现代价值观、生活态度和行为模式。② 小榄的现代教育机构出现于20 世纪初，1905 年，当地的三位乡绅钟荣光、钟品三、卢浩生在桑市青云得路的佑闲书院内创办了一所小学，这是小榄第一所完全小学，随后镇上的何、李、麦三大宗族相继在各自的宗祠内开办氏族小学。1910 年，位于宁村的"永宁学堂"创立，即今日宁村小学的前身。民国时期，小榄国民教育继续向前发展，除了政府和宗族设立的小学外，全镇还分布着众多私塾，作为公立教育体系的补充，这些私塾也被纳入政府统一管理。新式学校是时间效能感最为分明和强烈的现代社会机构之一，不但每节课要按时上下课，每天要按时上学放学，还建立起以星期和学期为周期的学习时间体系，对现代时间观的形成影响深远。

在中华民国时期，尽管国家已经建立起一套新式时间体系，开始有意识地推行现代时间体制，但作为一种借鉴西方文明设立的新事物，这种时间观念对于民间社会的影响尚有限，城市私营部门的劳动者和农民所参照的主要时间体系，还是夏历（农历）。传统时间体系中的重要节日，在民间依然被广泛庆祝，那些过官方节日的人回到家里也还是要参加传统的节

① 高丙中：《日常生活的现代与后现代遭遇》，载高丙中《民间文化与公民社会》，北京大学出版社2008 年版，第45 页。

② 周晓虹：《传统与变迁——江浙农民的社会心理及其现代以来的嬗变》，生活·读书·新知三联书店1998 年版，第113 页。

庆活动。国民政府对于这些传统节日的庆祝虽然并不提倡，但也没有严厉禁止，民间仍有较大的自由从事这些传统节令或民间信仰节日的庆典，处于传统时间观与现代时间观并存的局面。这种情形并没有维持很久，随着中华人民共和国的成立，传统时间观念的生存空间受到更为剧烈的挤压，国家对时间的控制管理进一步加强。

1949 年成立的中华人民共和国政府一方面继承了中华民国政府的节日体系，只是在这基础上将与国民党有关的官方节日替换为共产党纪念日。新政府确立的官方节日有：元旦、植树节、妇女节、国际劳动节、五四青年节、儿童节、党的生日、建军节、教师节、国庆节以及春节，其中元旦、春节、劳动节、国庆节被定为公众假日。另一方面中华人民共和国政府在成立的最初 30 年间，极力推行社会主义意识形态，将传统节日彻底排除到了官方意识形态之外，其时间管理体系由民国政府时期的二元时间体系并存，变为一元的"社会主义时间"。从 20 世纪 50 年代前期开始，新的社会主义国家通过宗教改革、社会主义教育和破"四旧"等政治运动，极大地改变了乡村社会的时空设置：公历取代了"老皇历"；宗祠、寺庙等宗教仪式场所被拆毁，与之相关的民间信仰节日被取缔；三八妇女节、五一劳动节、五四青年节、六一儿童节、七一党的生日、八一建军节、十一国庆节和元旦则以放假和开会的形式加以庆祝。进入集体化时期后，时间的政治色彩进一步加深，每个人都被纳入人民公社体制，绝大部分社会生活如劳动、休闲娱乐、节日庆祝都成为集体性的，传统岁时仅剩下指导农业生产的功能。

"集体化"在乡村现代时间观念确立的过程中具有重要地位，这一时期，由于集体劳动的需要，生产队长成为农村重要的时间监控者，由其决定上工、休息和收工时间。为了尽量将时间控制精确，减少上工集合的拖延，许多乡村干部想方设法弄来了时钟或手表。直到现在，佩戴手表仍然在一定程度上表明着乡村干部的身份。与此同时，"早请示，晚汇报"成为日常生活中每天都要履行的一项必不可少的程序，构成当时特有的生活节奏。

改革开放后，国家的时间管理思路也出现重大变化，由注重时间的政治功能转向强调时间的经济功能。改革开放 30 多年来，国家法定假日大大增加：周末休息时间由一天增加到两天，变为"双休日"；"五一"、"十一"假期一度延长到了一个星期，成为"黄金周"；清明节、端午节和中秋节也成为国家法定节假日。与此同时，各种传统民俗节日纷纷复兴，民众可以自由公开地庆祝这些节日，有时地方政府还会予以推动支持。此外，一些西方节日在我国也日渐流行，如圣诞节、情人节、母亲节等。当前，我国的节日体系呈现出古今中外全盘接纳的多元格局。这种局面体现了政府借助节日带动消费、促进经济发展的意图，政府鼓励民众在节假日期间出游、购物，商家也借助这些节日举行各种促销活动，节日在某种意义上成为消费的代名词，发展"假日经济"已经成为政府经济工作的一条重要思路。

## 二　工商业发展与时间观念转变

手工工场和制造厂成为现代化与现代时间共同的策源地，资本主义生产方式对时间观念提出了全新的要求，时间被视为具有巨大价值的商品和物质财富源泉。马克思深刻地指出，时间是资本主义生死攸关的问题，在资本主义条件下，劳动时间成为财富的唯一尺度和源泉，产生剩余价值的关键，就在于缩减必要劳动时间以增加剩余劳动时间。[1] 增加时间的精确度成为资本主义实现对剩余价值追求的内在要求，因此，尽管人们很早就发明了机械钟，但钟上长期只装有时针，只有到工业革命前后，分针和秒针才出现在钟表上。这就表明，新的时间观念体系的建立必定要求助于新生产体系的代表者——企业家、工厂主、商人。这种准确计算时间的方式标志着新社会的成长，这个社会的人对时间的态度与封建贵族与农民完全不同，对于商人来说，时间就是金钱，对于企业家和工厂主来说，时间成为工作的尺度。[2] 时间取得了新的价值，成为生产过程中极为重要的因素。现代时间表现出如下主要特征：（1）线性。现代时间不再是农业社会中循环往复的时间，而是不可逆的，像一条直线一样从过去流向未来，过去、现在和将来被明确区分。（2）短暂性。前现代时间因其循环性而表现出缓慢、绵长和重复的特征，而现代时间则稍纵即逝，"现在"只是不断逝去的过去和不确定的未来之间的一个正在消失的点。（3）高速度。现代时间的高速度主要表现为社会生活的快节奏，以及日常生活使用的时

---

① 《马克思恩格斯全集》第46卷（下），人民出版社1980年版，第219页。
② ［俄］古列维奇：《中世纪文化范畴》，庞玉洁、李学智译，浙江人民出版社1992年版，第173页。

间单位日益变小。导致这种现象的根源在于资本主义工业生产方式为了最大限度地获取利润而采取的对效率的无止境的追求。（4）价值单一性。在资本主义生产方式中，时间价值被简化为工作时间的经济价值，所有的时间都可以被换算货币。根据这种认识，时间应该是带来收益的、有用的、有成效的，赢得时间本身就能使人赢得某种东西。[①] 在现代社会，时间成为最高价值标准，人被迫屈服于时间的支配，处于"时间暴政"的统治之下。

这套现代时间观念在宁村确立的时间并不长，直到 20 世纪 80 年代初，"效率"对宁村人来说都还是一个相当陌生的新鲜词汇。然而，随着大量工业企业的建立，"洗脚上田"的村民们很快就在工厂车间领会到了这个词语的确切含义和巨大威力，它可以在短时期内创造巨大财富，令村庄和人们的日常生活发生以日新月异来形容毫不过分的变化。改革开放初期诞生于深圳蛇口区的一句响亮的口号——"时间就是生命，效率就是金钱"，高度概括了普通民众对效率乃至改革开放的理解，迅速在全国范围内走红，在相当长一段时期内都是激励人们提高效率的经典"语录"。与资本结合在一起的现代时间体系如同一种魔咒，一经降临这个珠三角村庄，便即刻发生神奇的效力，在所有的人头脑中都装上了一根或显或隐的时间发条，令人们按照新的时间规则来重新安排自己的日常生活。在宁村，这套强调效能的现代时间体系主要通过两种方式得以形成，一是工厂生活经验；二是与此相应的一套作息制度。

宁村在改革开放前就拥有良好的社队企业基础，改革开放后又成为小榄镇最先兴办现代工业企业的村庄之一。1984 年，原籍宁村的一名香港商人与宁村合作开办了永大粘胶公司，这是小榄镇第一家三资企业。香港商人带来的不仅有资金，还有信息、技术及一套完善的现代企业管理经验，时间及效能感是其中的核心内容。这种企业管理制度对宁村的工业发展影响深远，在宁村随后兴办的大量集体和私营企业中，采取的都是这种管理模式。到 20 世纪 90 年代中期，宁村完成了从农业社会向非农社会的转变，成为珠三角一个成功的工业村庄，所有村民都被不同程度地卷入到这场史无前例的工业化浪潮中，要么自己开办工厂，

---

① 王海洋:《"现代性时间"及其文化价值反思》,《求是学刊》2009 年第 4 期，第 28—32 页。

要么在工厂工作，要么为工厂提供服务，整个村庄都以工业和工厂为轴心运转，现代时间观也随之牢牢确立。周晓虹指出，在传统农业社会中，计划是随季节走的、笼统的、由个人在自己心中把握的。但在现代工业社会中，广泛的劳动分工和产品生产的一道道程序，都使得计划必须与生产的进度、与不同劳动者的不同劳动分工，以及市场需求相吻合。与此相应，现代乡镇企业会要求工人将原先对季节循环模式的把握，转变为严格的、有规则的、准确的时间恪守。①

工业化对宁村现代时间观形成的贡献主要表现在三方面：首先，工厂普遍实行严格的时间管理体制，专门建立考勤机制对工作时间进行控制管理。工厂的上下班时间都有明确规定，每个工人的上下班时间均需被登记在册，成为绩效考核的一项重要参考指标。迟到早退、无故旷工都会受到处罚，最普遍的形式是扣工资。有事请假则要事先提出申请，被准许后才能离开。其次，绝大多数工厂实行的是绩效工资薪酬管理体制，工人创造的效益与其获得的报酬呈正相关关系。在一般的劳动密集型企业，采取的都是计件工资制度，按照生产的合格产品数量计算报酬，多劳多得在这种工资制度中得以最充分的体现。这种工资制度使"时间就是金钱"得以明确体现，为了挣更多的钱，就要尽量提高速度或延长劳动时间，以增加产品数量。最后，工作时间与业余时间被明确区分，工作时间要不遗余力地工作，在最短时间内创造最大的产值或效益，业余时间则可以尽情休息放松，不再被工作打扰。如果需要在业余时间加班，则必须要支付正常工作时间两倍以上的工资。傅高义认为，在乡镇企业工作对人们最大的挑战并不是专业技能，而是要学习如何在一个大的组织中工作，如何培养效率意识，这些都是他们及其先辈们从未经历过的。②

当前宁村居委会以党委书记为代表的几名主要干部都是集体企业管理人员出身，他们登上村政舞台之后，立即将工厂时间观念和时间管理体制移植到村委会，规范村委会管理制度。党委书记QGT说："以前村委会根本就没有上下班的管理制度，村干部想什么时候来就什么时候来，想什么

---

① 周晓虹：《传统与变迁——江浙农民的社会心理及其现代以来的嬗变》，生活·读书·新知三联书店 1998 年版，第 248—249 页。

② ［美］傅高义：《先行一步——改革中的广东》，凌可丰、丁安华译，广东人民出版社 1991 年版，第 193 页。

时候走就什么时候走,还有许多人在上班时间拎着篮子去买菜。自从我们这届班子上台后,村干部上下班都规规矩矩的,再没人敢乱来。"村民也认为村委会的工作作风有了很大的改善,说如果定了2点半开会,所有参会人员就一定会在2点半之前到场,没有半点拖泥带水。

与工业化同时出现的,还有一套与之相配套的作息时间。

首先,从一天的作息规律来看,村庄生活基本围绕8小时工作制时间展开。在农业社会时期,人们长期遵守的都是日出而作、日落而息的生活规律,而工业化一经到来,就打破了这套规律。现在,整个村庄都遵循的是"朝九晚五"的作息规律:早上八九点左右上班"开工",中午11点半左右下班就餐,午休一个半至两个小时,再从2点左右工作到六点左右下班,"收工"回家。即使是不在企业或事业单位工作的家庭妇女、菜市场摆摊的档主、杂货店老板,也需要在一定程度上按照这套时间作息:家庭妇女要根据家人的上下班时间准备一日三餐,有时还要接送孩子上学放学。整个上午都是菜市场比较繁忙的时间,从中午12点左右到下午3点则人流量开始减少,档主们可以享受几个小时清闲,到下午四五点左右,随着下班时间临近,市场上又开始热闹起来。路上的交通状况也随着这套作息时间而起伏,我在宁村调查期间,居住的房子就位于一条大马路边,对路上交通变化感受非常明显:一早一晚是交通高峰时期,路上的车辆川流不息,车辆的引擎声、喇叭声响成一片,十分喧闹、嘈杂;中午和下午则路上的人和车都比较少,路上较为安静。

### 个案:两名村民的作息时间

1. LQC,女,56岁,家庭妇女

6:30,起床,洗漱,为一家人做早餐;7:30,叫家人起床,给孙子穿衣服;8:00—8:30,吃早餐;8:30—9:00,送一家人出门上班上学,收拾碗筷,拖地;9:00—11:00,跳舞或打太极拳,锻炼身体;11:00—12:00,买菜做饭;12:00—13:00,吃中午饭,洗碗;13:00—14:30,睡午觉;14:30—16:30,看电视,做家务;16:30—17:30,买菜做饭;18:30—19:30,吃晚饭,收拾碗筷;19:30—22:00,与家人一起聊天或看电视;22:00—22:30,冲凉就寝。

2. HRZ，男，29 岁，宁村物业部工作人员

7：30—8：00，起床，吃早餐，上班；8：00—11：30，上班；11：30—13：30，回家吃饭，午休；13：30—18：00，上班；18：00—19：30，下班，回家休息，吃晚饭；19：30—0：00，看电视，上网，打游戏，或与朋友外出娱乐消遣。

其次，以"周"为时间单位考察。宁村总体上实行的是 6 天工作制，周一至周六为"工作日"，周日为休息日，与当下普遍实行的 5 天工作制有所差别。我国《劳动法》对每周工作和休息时间并没有做出具体规定，只是规定"劳动者每天工作时间不超过八小时，平均每周工作时间不超过四十四小时"。从 1995 年开始，我国劳动部将每周工作时间从 6 天调整为 5 天，正式实行 5 天工作制和"双休日"制度。劳动部门对此做出的解释是："实行五天工作制，是广大职工的迫切愿望，有利于进一步改善职工工作条件，增进职工健康，而且对缓解就业压力、活跃市场、发展旅游、节约能源、减少行政事业经费开支等都会起到积极作用。"[①] 由于这一制度并不与《劳动法》相抵触，因而《劳动法》并没有因此而修改。不过，这一新规定也没有被写入《劳动法》，不具备法律强制执行力。而且，《劳动法》对劳动时间的规定，主要是为了保护雇用工人，个体劳动者并不受这项法律所规定的劳动时间的约束。因此，在许多公司、企业和小店铺，5 天工作制并未得到完全执行。

宁村的集体企业全部实行的是 6 天工作制，许多私营企业对工作时间的要求更为苛刻，一般实行"月休"制，每个月让工人轮流休息 2—3天。为了与企业工作时间一致，居委会各部门及其下辖的小区，也都实行的是 6 天工作制。不过，受 5 天工作制社会大环境影响，宁村的 6 天工作制也并没有完全落到实处，尤其是对于居委会等"事业"单位而言。居委会的一名工作人员说："周六说是工作日，但其实管得比较松，如果有什么事要出去，只要跟领导说一声，一般都没问题。"另一名工作人员则认为这一制度安排不太合理，因为周六周围其他村委会都放假，政府部门也放假，许多跟这些单位有关的事情想办也办不了，而且周末来办事的群众也比较少，所以大多数情况下周六的上班时间对他们来说都是无所事事

---

① 《劳动部、人事部谈实行五天工作制》，《创业者》1995 年第 6 期，第 40 页。

地混时间。

不过，总体来看，尽管宁村已经全面接受了工业社会的现代时间观念，但这个社区的生活节奏仍较珠三角地区的大都市，如广州、深圳和香港等地区缓慢许多，并没有完全与之同步，时间对当地人也没有造成现代都市居民那样的压力。本书认为，这是由于工业时间在当地并没有取得垄断地位所造成的，在这个新近才由农业社会过渡而来的都市化村庄，并存着多元时间体制，传统时间、国家时间和企业时间共同在社会生活中发挥作用。悠久的社区传统和强大的村庄集体经济为这里的村民们构筑了一道保护网，能够有效地防止现代时间观念对小地方社会的全面侵蚀。在这里，发达的村庄集体经济能够为村民们提供完善的社会保障、福利和公共服务，这就在一定程度上缓解了人们的生存压力和焦虑，使人们生活得相对从容、平静，不需要拼命工作，为钱卖命。

## 第三节　社区公共生活的时间安排

公共生活需要在"公共时间"中才能得以展开，"人们无论是在社会组织里活动，还是在公共空间里活动，都需要有一定的共同时间，即人们要在共同的时间里同时聚集，才有可能共享、交流、互动，展开各种公共活动"①。而这种公共时间的形成，在很大程度上取决于特定的时间观念和时间制度，社会规定的时间制度维系着社会的公共秩序和社会的运转。以上对宁村时间观念发展变迁的梳理表明，在这个乡村都市化社区，有三种因素在社区时间观念和时间制度的形成中扮演着重要角色——传统、国家和工业生产，社区因此形成了三套时间机制，即传统阴历时间、国家节假日体系和企业时间。这种独特的三元时间体系决定社区公共生活主要围绕传统岁时节日、公众假期和工余时间展开。这些在不同时期开展的不同主题的公共活动，反过来又服务于不同文化价值观念的再生产，并由此构成独特的地方社会形态。以下本书将分别以天、周、年和人的一生为单位，对社区公共生活的时间安排予以分析说明。

---

① 李长莉:《清末民初城市的"公共休闲"与"公共时间"》,《史学月刊》2007 年第 11 期, 第 82—89 页。

## 一　一天的公共生活时间安排

"朝九晚五"的时间制度安排，将一天中的时间分为两个部分，即工作时间和业余时间。工作时间劳动者从事的一切活动均须与工作相关，并受到工作单位的制度和纪律约束，只有工作以外的时间才属于私人时间，个人的行为不再受到外界的监管和约束。由于全社会均实行这种作息制度，8小时以外的业余时间也就成为大多数人共同拥有的公共时间。因此，一天中的公共活动就集中在早上上班之前和晚上下班之后，这种现象也被称为"八小时以外"。

"一日之计在于晨"，早晨是一天的开始，许多人以锻炼身体开始一天的新生活，尤其是老年人。在小榄镇上的公园或宁村的社区小公园，只要天气好，每天早晨都可以看到三五成群的中老年人在进行各种体育锻炼：打太极、舞剑、跑步、散步、下棋……将清晨点缀得多姿多彩、生机蓬勃。早晨的另一项主要活动是喝早茶，锻炼结束后，老人们就会约上朋友，一起到熟悉的茶楼餐厅去坐上两三个小时，点一壶茶，几碟小点心，慢悠悠地喝茶、吃东西、闲聊，直到差不多中午才各自回家。镇上的人民公园是老年人聚集活动的一个中心，这里草木葱茏、宁静舒适、设施完善，适合老年人活动。人民公园是小榄第一座公园，以前曾是小榄最有权势、获得官职最高的地主士大夫何吾驺的私家园林，公园中的凤山是小榄最早有人定居的村落之一，也是何氏宗族在小榄的发源地。新中国成立后，这座公园被命名为"人民公园"，在园中建立了革命烈士陵园和革命烈士纪念碑。人民公园承载着丰富的地方历史记忆，见证了地方的变迁，使老人们对这个地方倍感亲切，他们喜欢来到这里活动，聊天、聚会、回忆往事。公园周围分布着"园林酒家"、"菊城酒店"等几座深受小榄当地人欢迎的茶楼，锻炼完之后喝茶也十分方便。

宁村与新市紧密相邻，现在交通也十分方便，骑电动车不过10分钟就可以到达人民公园，一些喜爱晨练的老人常常来到这里锻炼，这里的空气和环境更好，他们能在这里找到更多同伴。公园为人们结识新朋友提供了良好场所，在宁村兴建自己的文体广场之前，社区里的文艺和体育爱好者都是在小榄镇上的公园活动，许多人在公园中结识了新朋友，又将他们介绍到宁村的文体活动中来。现在宁村的社区文体活动中也有少量外村居民参与，基本上都是通过这种渠道发展形成的。家住在新市社区的李阿姨早上在人民公园锻炼完以后,9 点左右再赶到宁村,与永南健身操队的伙伴们一起练习打太极,她说她之所以与宁村的这些居民认识,就是以前曾在公园"一起玩过"。

　　一些中老年人在上午进行锻炼,除了早上空气清新之外,也是出于照顾家人作息时间的需要。梁阿姨今年 56 岁,是永南健身操队的队长。2010 年 7 月,她和几名队友对太极拳产生了兴趣,报名参加了广东省组织的一项太极拳比赛活动,开始练习太极。她们把训练时间放在上午 9—11 点,因为这样刚好和家里人作息时间一致,早上家里人上班的上班,上学的上学,都出门了,她们也可以在这段时间出来锻炼。等到 11 点左右,儿孙们差不多结束上午的工作学习回家吃饭,她们就都回家准备做饭。以前她们晚上都会来广场跳舞,现在不来了,因为觉得晚上的时间不太好安排,家里人都回来,要顾家里。健身队里一名高姓阿姨说,晚上还是喜欢留在家跟家人团聚,晚上等家里人都回来的时候,她们就留在家里和家人一起。

　　晚上的公共活动时间从晚饭后开始。永南广场建成后,许多中老年妇女会在晚上到广场上来跳舞健身,现在已经成了惯例,一个星期有四五个晚上广场上都会有健身操活动。另外一些年轻人晚上下了班来广场上打羽毛球或篮球。健身操比赛之前一个多月,各个小区就要开始组织参赛队员进行训练,这些训练一般都在晚上进行。在我参加的永南小区健身队,规定的训练时间就是每周一、三、五晚上 8—10 点。只有在这段时间,妇女们的空闲时间才能统一起来,上班族已经从单位下班,家庭主妇们也操持完了一家人的晚餐和家务。其他的一些社区公共活动,例如文艺表演、放电影、健身操比赛、篮球比赛、游园会等,只要对公众参与性较高的活动,无一例外都是在晚上举行,只有晚上人们才能放松地参与这些活动。随着乡村都市化程度的提高,小榄的第三产业也逐渐发达,休闲娱乐场所快速增加,以满足人们对夜生活的需求。尤其是夏季,由于白天天气炎热,人们较少出来活动,尽量将娱乐休闲活动安排到晚上。一到傍晚,餐厅、酒楼、KTV 就开始热闹起来。广东人有吃夜宵的习惯,村里几家为街坊邻里服务的"大排档",实行的都是晚上营业、白天停业的经营方式,村民的夏日生活节奏由此可见一斑。

## 二    一周的公共生活时间安排

以"星期"或"礼拜"为周期作息是西方基督教国家实行的作息时间，鸦片战争后随着大批西方人进入中国沿海城市而传播到我国。20 世纪初，清末新政在全国各地大办新学，采取的都是星期作息制，这一制度随之正式在全国范围内确立。到 20 世纪 20 年代，星期制度逐渐在城市中上阶层得以普及流行。星期制度一经产生，就对城市公共生活产生重要影响，形成了比较明显的休闲娱乐和商业活动周期，各种社会团体也积极在星期天休息日展开活动。① 1949 年新中国成立后，继承了城市社会星期工作制，实行每周工作 6 天的劳动制度，星期天效应继续存在。城市居民习惯将星期天视为集中处理工作以外的生活事务时间，在这一天做家务、走亲访友、休闲购物，异常忙碌紧张，被形象地称之为"战斗的星期天"②。20 世纪 90 年代中后期，我国市场经济改革初见成效，经济发展开始逐渐由卖方市场进入到买方市场阶段，为了发挥节假日刺激消费增长的效应，我国开始实行每周工作 5 天、休息 2 天的"双休"劳动制度。"双休"对民众的日常生活产生显著影响，形成了新的生活和工作节奏。每到星期五下午，城市交通状况和餐饮店铺都会明显较往常拥挤，许多娱乐休闲场所在周末的收费标准也高于往常，晚间电视节目在双休日期间集中播放娱乐节目，这些都将周末与工作日区分开来。双休日的实行，的确达到了带动消费的预期目的，周末期间人们除了在本地休闲、娱乐、购物，还常常到附近进行短途旅行。随着道路交通状况的改善和拥有私家车的家庭不断增加，人们周末的休闲娱乐活动范围大大扩展。

改革开放前，宁村是一个农业社会，除了学校里的老师和学生，普通村民对星期并没有明确的概念，其作息基本不受星期影响。改革开放后，随着大规模工业化时代的到来，绝大多数村民都产生了明确的星期意识。在村委会工作的 OJF 说，自己平时都不怎么留心时间的事情，"只记得星期六，下午就不用上班了；记得星期五，到晚上住校的孩子就都回家

① 李长莉：《清末民初城市的"公共休闲"与"公共时间"》，《史学月刊》2007 年第 11 期，第 82—89 页。

② 胡平、谢文雄：《我国五天工作制出台始末》，《百年潮》2009 年第 12 期，第 41—46 页。

了"。宁村虽然没有完全实行"双休制",村委会和大多数企业都要求人们一个星期仍然工作6天,但星期对村庄社会生活的影响依然大大加深。由于星期六前来办事的村民较少,村委会常在这天下午组织村干部们开会学习,进行整顿总结或思想政治教育。有时一些规模较大的会议也放在周末举行,这样就可以趁学校放假,利用社区学校的场地和设施。一些大型的比赛或会演,如每年社区的健身操大赛或少儿篮球赛决赛,都会特别被安排在周末的晚上举行,以确保更多村民有时间前来观看比赛,提高活动的公众参与性。

## 三　一年的公共生活时间安排

以一年为单位周期来看,宁村的社区公共生活主要由季节、民间信仰、节假日共同决定。

首先,从季节来看。几个与岁时密切相关、象征这一年四季的传统节日——清明、端午、中秋、冬至,在宁村民间都较受重视,人们会在节日期间举行各种仪式活动以示庆祝纪念;每年的农历九月初九重阳节还被视为老人节,村委会在此期间举行盛大隆重的敬老宴会,为村庄公共生活添上浓墨重彩的一笔;每年十一月左右镇上都会举行群众喜爱的5人飞艇赛,在这个时候举行比赛,既是为了配合十一月下旬菊花会的宣传造势,也是因为这个时节河涌水量充沛,适合进行水上运动。每年年末,也就是春节来临之前,是社区集体活动的一个高峰:社区民主评议大会、各个部门的年终总结大会、聚餐、文艺表演、环村长跑等,都集中在这一时期举行。一方面,这是由于我国政府部门的年度工作总结制度惯例,每一年结束前都要对上一年的工作进行总结回顾,同时制订来年工作计划;另一方面,这一时期正处于公历元旦和农历新年之间,举行一些公共活动,如召开表彰大会、举行文艺会演、体育比赛、发放分红、年节物资等,会增加过年前喜庆的节日气氛。

其次,从民间信仰来看。每个月的初一、十五都是烧香拜佛的好日子,这两天几座社区庙宇的香火都会特别旺。此外,一年之中几个重要的民间信仰节日,如二月初二土地诞、三月初三北帝诞、四月初八释迦牟尼诞暨龙兴节、六月十九观音诞、七月十五鬼节、七月二十四邹陈法师诞等,都会在各个社区庙宇举行相应仪式庆典,参加的村民相当踊跃,构成社区公共生活的重要组成部分。高丙中指出,中国有两个系列的公共时间，一个是国家假日（公假），一个是民间节日。①

最后，从节假日来看。几乎每个国家法定的节假日，宁村村委会都会组织开展相关的庆祝纪念活动，尤其是五一劳动节、六一儿童节、七一党的生日、八一建军节和十一国庆节。庆祝这些节日最常见的形式是举行文艺晚会，在舞台上打出与节日主题相配合的标语。这些晚会都带有浓厚的意识形态色彩，组织者会在表演中有意识地安排一些歌颂祖国、党和军队的"红色"或"革命"歌曲，如《歌唱祖国》、《今天是你的生日，中国》、《没有共产党就没有新中国》、《我们的军队像太阳》、《军中绿花》等，以这种方式向群众宣传党和国家的意识形态。节目主持人会在解说词中反复强调，没有党和国家的正确领导，就没有社区群众今天的幸福生活。这些晚会无一不是在"和谐社区"的名义下举行的，这是对党和国家倡导建设"和谐社会"的直接回应。除了村委会组织的晚会，一些民间团体也会在这些节假日期间开展活动，例如沙垄小区村民自行举办的敬老晚宴，就一直在"国庆"假期间举行，因为现在"国庆"有长达7天的假期，而且阳历十月初正好是阴历九月初，也能与重阳敬老大致对应。

暑假也是宁村公共活动较为密集的时期，这些活动主要围绕青少年开展，有些是小榄镇统一组织的，有些是宁村居委会自行组织的。其中，小榄镇组织举行的活动有青少年书画比赛、亲子才艺表演大赛；宁村居委会组织的有少儿篮球赛、少儿文艺比赛、阅读比赛、亲子游园会等。从2003年左右，宁村开始开展以少儿篮球赛为主体的青少年暑期活动，一直持续到现在，暑期活动内容也不断丰富。东村小区的社教员SWY说："组织暑期篮球赛的主要意图是让小孩子在暑假有个事情做，打篮球、运动要比去上网打游戏好得多，免得他们有时间精力去干坏事。连训练加比赛，一个月的时间很快就过去了，暑假也差不多过了一半。"家长们也很认同居委会的这种想法，积极动员、支持自己的孩子报名参加这项活动。

## 四 一生的公共活动时间安排

每个社会中有一套与人生周期相配合的仪式，其中，出生、婚礼和丧礼是主要的生命周期仪式，人们按照一整套社会文化规则举行相应仪式，

---

① 高丙中：《节日传承与假日制度中的国家角色》，《绍兴文理学院学报》2009年第5期，第27—31页。

以进行社会整合。在宁村社会的传统中,这三个环节的仪式一直受到较大重视,而且,随着计划生育、火葬等政策的推行,以及社会经济的繁荣,这三种仪式相应也发生了一定程度的变迁。当前,这三种仪式不仅为亲属关系、社会关系的整合提供了良好机会,而且还体现了家庭地位和社会分化,以及人们当下对意义的寻求与理解。

在宁村,出生庆祝仪式主要包括三种——做"三朝"、摆满月酒和"开灯",分别在婴儿出生三天、一个月和一年的时间举行,仪式的主要内容包括拜祭祖先神灵和摆酒席宴客。汉族向来注重传宗接代,生育子嗣以继香火关系到血缘的继承延续,孟子曾在两千多年前就说过,不孝有三,无后为大。"传宗接代在中国文化中是根深蒂固的,有着近乎决定人的生命意义之所在"①,生育也就受到高度重视,围绕生育产生了一系列的礼俗和禁忌。为了控制人口增长过快,我国在 20 世纪 70 年代开始实行"计划生育"政策,1982 年,这项政策被定为基本国策,在全国范围内普遍实行。这项由政府推行的生育控制政策对我国传统生育观念造成重大冲击,尽管农村的计划生育政策相对城市较为宽松,但每对夫妇生育子女的数量仍然遭到较为严格的监管。能够生育的孩子数量减少了,对孩子的生养也就格外重视,孩子在家庭中的地位急剧上升,成为受到家长宠爱的"小皇帝"、"小公主"。现在,庆祝新生儿出生的仪式十分隆重,尤其是男孩,虽然政府计划生育政策极力宣传倡导"生男生女一样好,女儿也是传后人",但在宗族观念的影响下,短期内显然无法扭转"重男轻女"的局面。出生庆祝三项仪式中的"开灯"仪式,至今仍仅为男婴举行,而且一定要在宗祠举行,"开灯"中的"灯"与粤语的"丁"谐音,其中隐含的父系宗族血缘意识不言而喻。"开灯"仪式在集体化时期一度随着对宗族活动的压制而被禁止,改革开放后,这一传统习俗复兴,而且越来越隆重,一些上一年生了男孩的富裕家庭,会在"开灯"仪式后大摆筵席,以示庆祝。

在中国,婚礼还意味着成年礼,新婚夫妇成家立业,从此脱离父母的庇护,开始承担社会和家庭责任。宁村的婚礼中有一项"挂新字"的仪式,新郎会在婚礼上获得一个根据家族辈分排行取的名字,由伴郎们郑重

---

① 彭玉生:《当正式制度与非正式规范发生冲突:计划生育与宗族网络》,《社会》2009 年第 1 期,第 37—65 页。

地将其镶嵌在镜框中挂到厅堂中央，称为"升字"或"上字"。这就表明，婚礼意味着一名年轻男子再次获得了新生，他需要带着这个新名字步入下一阶段的生活。这个名字虽然不会写在身份证上，但会被载入在族谱，成为宗族血脉延绵中的一环。

在以往，婚姻大事主要由父母决定，在婚恋不同阶段会举行不同仪式。现在年轻人的婚恋观念要自由开放得多，都是自己选好了对象才带回家见父母，决定要结婚了才请媒人，以往复杂烦琐的婚俗仪式现在只简化为"送日"和"正日"。婚礼的前一天称"送日"，男女双方在这一天交换彩礼和嫁妆；第二天正式迎娶新娘，称"正日"。婚礼是一件喜庆的事情，男女双方家庭都要在"正日"广泛邀请亲朋好友来贺喜吃酒。

葬礼是三项人生礼仪中最为隆重的一项，持续的时间最长，需要进行的各项仪式也最烦琐。宁村的葬礼分为报丧、治丧吊孝、入殓、出殡、下葬等环节，持续的时间为3—7天，宁村是周围镇区中葬礼所花费的时间最长的一个，一些村民自身对此也感觉累赘，说家里举行葬礼的这段时间，家里人班也不能上，基本什么都干不了，但又不敢不随大溜，怕出什么差错。

另一项比较重要的人生礼仪是生日。小榄民间多在虚龄31岁时才开始办生日酒宴，以后除41岁外逢一为"大生日"：51岁称"梅花寿"，俗称"六秩开一"；61岁为"下寿"，也称"花甲大寿"，俗称"七秩开一"；71岁称"中寿"，称"八秩开一"；81岁为上寿，称"桃宴"；91岁称"耆寿"；百岁为"期颐寿"。一般而言，寿星年龄越大越吉利，寿宴越隆重热闹，来贺寿的人越多。按照当地习俗，祝寿礼品一般为寿桃、寿面和新衣服，隆重的也有寿联和寿幛。除了这些礼物外，参加寿宴的亲友也要奉上一定数额的礼金，列入人情往来账簿。儿童的生日庆祝仪式相对简单，只是父母家人参加。以往家里的长辈常常会为过生日的孩子煮一枚鸡蛋，让其剥壳，称"剥开时运"，又叫吃红心蛋。现在这一习俗在部分家庭仍然被保留，不过大多数"细佬仔"更中意在生日时吃一块漂亮可口的生日蛋糕。

# 第 四 章

## 城乡融合:社区公共生活的空间安排

　　社会必然是空间地建构起来的,一切社会的(以及物理的)现象、活动、关系都有其空间形式,以及一个相对的空间位置。[1] 20 世纪下半叶,以法国学者列斐伏尔(Lefebver)为代表的一批学者,在思想理论界掀起了一场有关"空间"的认识论革命,他们力图表明,空间不再是静止的容器或背景,而是社会关系、社会实践和价值观念的表现形态。列斐伏尔主张,空间并不是某种与意识形态和政治保持着遥远距离的科学对象,而是政治性的和策略性的,是一种充斥着各种意识形态的产物,是连续的和一系列操作的结果。[2] 换而言之,空间是社会建构的产物。在这一思想的启发下,社会科学界掀起了一股空间反思热潮,空间与时间和社会的关系被重新思考,传统社区概念也被重新定义:社区不再被假设为一个"同质、限定与静态"的文化概念,而是一连串地方形塑(making place)的结果,空间是文化意义、社会关系与政治过程交错影响的结果。[3] 这就意味着,公共空间在很大程度上被公共参与和集体行动所塑造,即由公共生活所形塑。另外,公共空间或市民空间又是人们开展社团生活的空间,它为公民社会提供地方感,以及在公民个人和社会之间建立认同、意义和

---

　　① [英]朵琳·玛赛:《政治与空间/时间》,载王志弘编译《空间与社会理论译文选》,译者自刊,1995 年,第 115—141 页。

　　② Henri Lefebvre. *The Production of Space*. Translated by Donald Nichiolson-Smith. Oxford & Cambridge USA: Blackwell Press, 1991.

　　③ 庄仲雅:《五饼二鱼:社区运动与都市生活》,《社会学研究》2005 年第 2 期,第 176—197 页。

连接。①

　　列斐伏尔认为，每个社会，或者每种生产模式都会生产一个它自己的空间，每个社会都为其特定空间提供分析和理论解释。农业和工业、城市和乡村，都会产生各自的公共空间：以农业为主要生产方式的传统乡村社会围绕宗祠、庙宇、院落等空间举行公共活动，以此建构与农业社会相适应的伦理秩序；城市社会则产生出另一套完全不同的公共空间：广场、市场、咖啡馆、酒店、沙龙、街道、茶馆、公园、戏园等等，城市居民在这些空间中参与经济、社会和政治活动。公共空间对于生产、维系社区共同体的意识具有重要作用。列斐伏尔肯定公共空间对于社会团结所具有的积极意义，他指出："空间实践确保了连续性和某种程度的凝聚。就社会空间及既定社会之成员与那个空间的关系而论，这种凝聚暗含了一个被保障的'能力'（competence）水准和一定的'运作'（performance）水准……"②

　　改革开放以来，随着生产方式由农业向非农转化，珠三角地区的乡村都市化迅速推进，村庄公共空间开始呈现出明显的都市化色彩，文体广场、社区公园、体育馆、文化活动中心这类都市文明的产物也开始出现在珠三角乡村。另外，长期以来形成的乡土社会底色在这一地区也并未褪尽，庙宇、社坛、祠堂等传统公共空间也依然在都市化的珠三角乡村占有一席之地。生产生活方式的变迁生产出新的社区公共空间，这些社区公共空间反过来又为新的生活方式、社会关系和价值观念的培育、发展提供可能。

　　本章根据功能差异将社区公共空间分为三种类型——政治空间、仪式空间和文化娱乐空间，每种社区公共空间都为特定公共生活的开展提供场所。这些社区公共空间有效地将国家与社会、城市与乡村、传统与现代联系起来，一方面推动小地方融入大社会，建立普适性的价值体系；另一方面强调地方的特殊性和地方认同，并在这两种张力之间保持社区共同体的活力和开放性。

---

　　①　阿兰纳·伯兰德、朱健刚：《公众参与与社区公共空间的生产》，《社会学研究》2007 年第 4 期，第 118—136 页。

　　②　潘泽泉：《当代社会学理论的社会空间转向》，《江苏社会科学》2009 年第 1 期，第 27—33 页。

# 第一节　社区公共政治空间

居委会、各小区办公室和礼堂构成了宁村主要的政治空间,村庄主要政治活动——村庄管理、会议的召开、意见的表达、社区服务、信息发布等都在这些空间中进行。居委会大院如同整个村庄的"大脑"和"心脏",一方面,村庄从这里接收上级党政机关和外界的各种信息,进行消化处理,同时搜集整理村庄的各种信息,视不同需求对外发布;另一方面,这里也是村庄内部管理中枢,控制着村庄的运转:各职能部门集中在这里办公,村民来这里办理各项事务,村庄政治家们在这里商议制订村庄发展计划。各小区办公室作为居委会的分支派驻机构,忠实地执行居委会指令计划,负责全面管理辖区内群众日常生活事务。礼堂则是举行会议、庆典和演出活动的场所,不仅是乡村基层政权的重要象征符号,而且也是宣扬官方意识形态的重要场所。

## 一　居委会大院

宁村居委会大院于1993年建成使用,主体建筑是一座5层大厦,深蓝色的玻璃幕墙在阳光下闪闪发亮,看上去气派豪华。主体建筑的两翼是两栋3层楼房,与主楼构成"品"字形院落空间格局。居委会主要的职能部门如计生办、社会事务办、党政办、治保会、财会办、建管站等都在这座大院里集中办公。除了这座大院,居委会还有两处办公地点分布在其他地方:一处是城市管理综合办公室和社区教育办公室,位于以前的洪山村村委会;另一处是位于永南小区的物业管理办公室,这几个部门都是近年来随着乡村都市化的发展而增设的。

之所以将居委会置于村庄政治空间首位,是由于居委会与国家政权之间的内在关联。尽管居委会并不是政府机构,但作为国家政权组织体系的神经末梢,其依然是基层社会中国家在场的重要标志。居委会大院中高高飘扬的国旗和社区服务中心上方悬挂的国徽,无一不显示出国家政权机关特有的神圣庄严。居委会主要的日常职能之一,就是宣传党和国家的方针政策以及完成上级交给的任务。我在暑期调查期间,居委会就先后进行过手足口病防治、计生专项检查、人口普查、外来人口居住证办理等多项上级布置下来的任务。同时，居委会也有责任及时将社区的各种情况上报各级党政机关，令其掌握基层社会动态。总体而言，居委会在组织运作方面与上级党政机关高度一致，以实现对社区的资源动员、组织协调和社会管理。在宁村，作为国家代理机构，居委会拥有一定的政策制定和执行权力。

**图4—1　宁村居委会**

国家政权代理机构的性质，使居委会成为连接社区与国家的中介，国家和社区的绝大多数互动，都通过居委会完成，并由此使之成为社区最重要的公共空间之一。由于宁村是一个远近闻名的"先进典型"，每年都会有省、市甚至中央政府领导前来参观视察，这些活动无一不是由居委会出面安排接待。计生办主任 LQ 办公室的墙上，就挂着一幅国家计生委主任前来检查工作时与她的合影。村民如果需要办理与政府部门打交道的事宜，例如办理各种证件，处理社保、医保事务，求职登记等，一般也都要通过居委会，每天前来服务大厅办理、咨询各种事务的村民络绎不绝。当前，居委会的主要职能之一，还在于处理各种民间纠纷，化解社会矛盾，维护社会稳定。服务大厅两侧的外墙上悬挂着五块招牌，分别为"小榄镇永宁社区综治信访维稳工作站"、"中山市小榄镇永宁社区人民调解委员会"、"中山市小榄镇永宁社区劳动和社会保障服务站"、"永宁社区居委会劳动争议调解委员会"和"中山市第二人民检察院民事行政检察工作社区联络站"。这些职能的履行,使得居委会成为一个"讲理"的场所,经常可以听到有人在院子里吵闹、叫骂,有时怒气冲冲的村民会直接闯到主管领导的办公室表达他们的不满。当前村民最常采用的意见表达方式之一,还是去找居委会干部"评理"。

按国家相关政策法律规定,居委会还是基层民主的执行实施机构。居委会的民主性主要表现在两方面:一是组织架构,村庄主要领导干部由村民选举产生,村庄公共事务由村民代表会议讨论决定;二是村务公开,居委会外墙有一大片公告栏,上面贴满了会议通知、计生政策、社保知识、流动人口管理条例、招聘信息、主要干部聘用之前的材料公示、财务收支报表等等,是村庄信息公布的主要渠道之一。由于辖区范围较大,居委会公告栏发布的消息有时难以有效传达,为了提高信息传播的效率,从 2008 年开始,居委会还开办了一份社区报纸——《永宁月刊》,刊登各种社区新闻、生产生活动态、政策条例、活动通知等,每月出版一次,由街坊组长负责分送到每户居民的家庭信箱。宁村是小榄镇第一个开办社区报纸的村庄,现在好几个村庄都效仿宁村,办起了社区报纸。

与此同时,居委会也是法定的居民自治组织,尤其是珠三角村庄,由村委会转变而来的居委会自治色彩更为浓厚。这一地区的居委会人员往往是村庄集体经济的组织者和管理者,党、政、企三套班子合一,官员们像董事会成员一样行动,居委会表现出许多公司特征,戴慕珍(Jean Oi)将其称之为"地方法团主义"[1]。折晓叶指出,在"超级村庄"中,伴随着经济的迅速发展、人口的大量聚集和社区生活的日益复杂化,村组织比以往任何时候都得到了充分发育,已经在某种程度上具有了地方政府的结构和职能,成为村级"准政府"。她将"超级村庄"村委会的职能概括为制定社区政策、设立民事调解和治安保卫机构、财政拨款、救助贫困、提供社区福利保障和为村民创造就业机会六种。[2] 这种对村组织职能的描述

---

[1] Oi, Jean. "Fiscal Reform and the Economic Foundation of Local State Corporatism in China". *World Politics*, Vol. 45, No. 1, 1992, pp. 99 – 126.

[2] 折晓叶、陈婴婴:《社区的实践——"超级村庄"的发展历程》,浙江人民出版社 2000 年版,第 63—64 页。

与宁村基本相符，作为一个集体经济发达的"超级村庄"，宁村组织提供公共产品的能力十分强大，是中山市乃至广东省的楷模。宁村居委会为社区居民提供的公共服务有：

**（一）公共基础设施建设**

居委会自筹资金修建了 25—50 米宽的交通干道 10 余条，居民区街巷道路也统一经过修整硬化，所有道路均安装了灯光照明设施，居委会还对主干道进行了高标准绿化，构建了方便快捷的道路交通网络。为了满足村庄工业和居民生活供水供电需求，村里还修建了火电厂和自来水厂。此外，村里还修建了学校、医院、敬老院、体育馆、图书馆、文化活动中心、社区公园等设施，满足村民教育、医疗、养老、文化娱乐方面的需求。为了保持优美整洁的村容村貌，居委会专门配备道路清洁设施，并组建了 180 多人的环卫队伍，负责辖区内的环境卫生及绿化工作。近年来，居委会对农田水利和河流疏浚投入也较大，尽量做到不旱不涝。

**（二）教育**

宁村共有 1 所初中，2 所小学，1 所职业中学和 1 所村集体投资兴建的幼儿园。这些学校及幼儿园的硬件设施、教学条件和教学水平在中山市都名列前茅，其中永宁小学、永康小学和永宁中心幼儿园先后被教育部门认定为省一级小学、幼儿园。2004 年"村改居"以前，村里每年都要在这些学校及幼儿园投资几百万元，改善办学条件，提高教学水平。"村改居"以后，这些村办学校、幼儿园由小榄镇接管。宁村居委会非常重视社区教育设施建设，认为教育关系着社区未来的发展。这个村庄在教育方面取得的成就十分显著，1987 年已普及九年义务教育，1995 年还获得普及高中奖。为了鼓励成绩优异的学生，村里每年都会拿出一笔资金，奖励考上大学的学生。

**（三）公共安全**

社区在各个小区总共组建了 7 个治安执勤部，设有庞大的治安保卫队伍，仅专职治安巡逻员就有近 300 人。治保会为这些人员配备了摩托车、对讲机、警棍等设备，要求他们 24 小时在村庄各处巡逻执勤。这些治安人员的确比较认真负责，有次停在我居住的公寓门口的一辆摩托车没有上锁，保安人员发现后，马上联系车主，提醒他上锁。现在，社区还在主要路口安装了摄像头，在治保会的监控室就能对全村主要交通、人流情况一览无余。这些措施的确起到了维护社区秩序、加强村庄治安的作用，治保会的一名工作人员说,外面的那些烂仔都不敢进宁村来生事,一些外来工和本地居民也认为当地治安状况较好。

### (四) 福利和社会保障

拥有股份的村民每年都可以从集体收益中得到一笔分红,2010年,每个股民得到的分红为5000元。社区还为40岁以上的男性股民和35岁以上的女性股民统一购买了社会保险,这样,男性股民到了60周岁、女性股民到了55周岁以后就可以每月领到退休金。2010年,退休的宁村居民每月能领到的退休金为1380元,80岁以上的村民每月还能多领50元。现在,每个宁村股民可以享受3份医疗保险,这些费用都从社区集体经济收入中支付。有了这些保险,医疗费用的90%以上都能被报销,股民基本不用再为生病担忧。

### (五) 就业

宁村居民在社区范围内享有一定就业特权,负责社区就业工作的LML说,社区内的有些职位,如社区集体企业、社区环卫、治保部门招工都会优先考虑本村居民,尤其是股民。股民如果参加各种职业培训,还会受到社区奖励。据了解,只要完整地参加一期培训课程,社区就会提供一次免费旅游。为了缓解本村大学生就业压力,社区专门设立了"创业见习基地",阿J就是这一政策的受益人之一。他2009年6月从广州的一所普通大专毕业,在广州闯荡了一段时间,没找到工作,回到宁村。社区安排他做些协助性的文书工作,日薪40元,期限为6个月,这期间他可以边"见习"边找工作。社区里像他这样的"见习生"共有10人左右。这种"见习"职位,只提供给本社区的青年"股民"。

### (六) 补助救济

为了缩小贫富差距,体现共同富裕,居委会还设立了各种补助、救济项目,为贫困村民家庭提供资助,尽力改善他们的工作、生活和居住条件。宁村社区自行制定了一条政策,对于月收入低于1000元的股民家庭,每人每年发放2000—3000元慰问金。村集体鼓励低收入家庭建房或进行平房改造,建房可以向社区申请5万元左右低息贷款;改造一所低矮房屋,则会得到居委会发放的5000元补贴。股民还拥有从社区集体经济获得借贷的权利,无论是出于创业、建房、生病,还是各种临时突发事件导致的资金困难,都可以向社区提出借贷申请,借贷金额视情况而定。

宁村居委会为村民提供的公共服务和集体福利为村庄赢得了良好声誉，一位在中山市政府工作的朋友得知我在宁村做调查，当即对我在调查期间的工作生活感到放心，说宁村好啊，那里已经差不多是共产主义了。居委会对其在公共服务供给方面取得的成就感到骄傲，自豪地宣称本村已经实现了幼有所教、劳有所得、病有所医、老有所养、住有所居的小康社会生活理想。村民也对村集体提供的公共服务感到满意，永南小区的计生员 WWF 说，周围村子的人都说宁村好，经济状况好是一方面，主要是宁村福利好，尤其是教育。永宁小学的师资办学条件和教学成绩声名远扬，宁村的孩子可以接受当地最好的教育。村里许多姑娘出嫁了也不愿把户口迁到婆家，就是想让孩子有机会进入这所学校就读。

## 二　小区办公室

2004 年"村一级核算"后，社队合并，以前的自然村/生产队成为隶属于行政村的"小区"，现在宁村共有 4 个小区。小区属于行政村在自然村/生产队的派驻机构，小区办公室一般设于原自然村/生产队村部所在地，每个小区办公室设 3 名工作人员：一名负责人，称"小区管理员"，通常由熟悉地方情况的本小区村民担任；一名计生员，专门负责计生相关工作，由于计划生育工作难做，因而采取小区之间异地交叉任职方式，如永南的计生员由西下居民担任，螺沙计生员是永南居民；一名社教员，负责社区教育、文体活动组织，以及对"四类人"①的帮教等。小区的主要职能有：（1）配合村委会工作，完成村委会交代的计生、就业、文体活动组织、流动人口管理等任务，下发传达各种政策通知，代为收取部分费用。（2）服务辖区居民，例如组织老人体检、失足青少年帮教、家庭矛盾纠纷调解、发放年节慰问品等。（3）信息发布交流中心。除了在小区外面的宣传栏张贴各种活动通知、财务账目表、就业招聘信息，如果有较为重要的信息，一般还会专门贴在一块信息公告牌上，放在小区入口处较为显眼的位置。（4）休闲娱乐场所。部分小区办公室与文化活动中心设在一处，里面有一些书籍、报纸和乒乓球桌等文体设施，供村民阅读使用。有些小区办公室有比较开阔的院子，一些中老年妇女晚上会在那里跳舞健身。还有一些居民喜欢没事就到小区办公室坐坐，喝茶聊天。沙

---

① "四类人"指刑满释放人员、吸毒人员、行为偏差人员和辍学青少年。

垄小区管理员说,小区里有几个老人,每天买菜回来都会来小区办公室坐会儿再回家。正因为如此,这里也是一个民间舆论产生、传播的源头,一名居委会干部说,要想了解群众的意见想法,到小区去走一圈,肯定能搜集到不少有用信息。

小区主要与辖区居民和家庭直接打交道,辖区内每个家庭的住址、人口、职业、联系电话,小区管理员都有详细记录登记资料。由于许多小区在"村一级核算"之前就已经进行过合并,因此"小区"其实也不小,平均每个小区都有 500 户家庭左右的规模。现在的小区管理员很难再像以前的生产队长,对辖区内每户人家的情况都了如指掌,能够认识大部分户主都算很不错了。这么大的范围,仅仅只依靠 3 名工作人员,很难完成繁重而琐碎的社区管理工作。为了提高小区管理效率,从 2007 年开始,宁村增设了"街坊组长",协助小区工作人员开展工作。街坊组长不算居委会正式工作人员,一般由本小区的热心老年人担任,居委会每个月为他们发放 800 元津贴。街坊组长不需要选举,直接由小区管理员向居委会提名推荐,每位街坊组长负责管辖的范围为 100—150 户人家。有些小区办公室会制作一份表格,将每个街坊组长管辖范围内的家庭户主名单列得清清楚楚。街坊组长的职责和任务就是每个月派发一次《永宁月刊》,向居民传达各种通知,反映基层群众的问题和动向,协助小区管理员开展各项工作。《永宁月刊》上专辟了一个"街坊组长信箱"栏目,刊登街坊组长反映的问题和意见。这些街坊组长如同邻里的公共之眼,在日常生活中密切注视着社区的风吹草动,对于社区秩序和社区安全发挥着不可忽视的作用。

以永南小区为例,这个小区约有 500 户家庭,共设有 4 名街坊组长,都是退休老人,两男两女。他们的住所离小区办公室都比较近,平常几乎每天都会过来小区办公室看一看、玩一玩,有事就帮忙做事,没事就是纯粹来坐坐,有时还带着孙子一起来。有时小区工作人员有事要出去,他们就会过来帮忙值一下班。LQC 是一名 56 岁的家庭妇女,担任街坊组长已经 3 年。她家就住在小区办公室旁边,她也有一把小区办公室的大门钥匙。她是永南健身操队的成员,由于健身操排练一般都在晚上进行,有时社教员有事缺席,她就来开门,烧开水,排练结束再关灯关门,收拾好才回家。除了正式的工作职责范围之外,小区管理员和街坊组长还是社区居民的一员,需要参与邻里人情关系网的建构。一天我在永南小区门口看到小区管理员 WJQ 和一名街坊组长伟叔匆匆出去，WJQ 跟我打招呼，说他跟伟叔要去小区一户人家参加葬礼，送点礼金和慰问品，那户人家位于伟叔管辖的片区内。

### 三　社区礼堂

永宁并没有修建专门的社区礼堂，而是经常借用社区学校设施举办公共活动，尤其是永康小学的"永康体育馆"。宁村现有的学校，除了永宁小学是清朝末年开办的以外，永宁中学和永康小学都是村庄自己兴办的学校。永宁中学校长 HHH 解释说，这与中山的办学体制有关，按道理来说，公立学校只有政府才能办，中学要由市一级单位来办，小学由县一级单位来办。由于中山是地级市，所以小榄镇也就部分地拥有了县级单位权限，镇可以办小学。而且"文革"时期各个大队被鼓励办学，所以每个大队基本上都办了学校。永康小学则由原籍永宁的香港同胞麦克贞于 20 世纪 80 年代中后期捐资兴办，最初为私立学校性质，学校所有基础设施、师资聘请、学生补助或奖励，均由麦克贞先生出资负担。为了维持这所学校运转，麦克贞先生特意开设了一家手袋厂，将企业利润投入办学，实行"以商养学"的方式。1996 年，宁村村委会将学校迁至新区，扩大办学规模，学校面积大为增加。迁址重建后，永康小学的投资结构发生变化，宁村村委会成为主要投资方，学校实行董事会管理体制，由麦克贞先生的家属和宁村村委会主要领导共同担任学校董事。因此，与其他地方不同，这些学校被视为村集体的"产业"之一。尽管 2004 年"村改居"后，这些学校都由小榄镇统一接管，成为公立学校，宁村不再从财政上对学校负责，但由于学校与社区深厚的渊源关系，居委会依然对社区学校拥有相当一部分权利。

坐落于永康小学校园内的永康体育馆是一座多功能综合性建筑，馆内设有游泳池、篮球场、看台、观众席等设施，可以容纳较多观众。除了供教学和居民体育健身使用，居委会也经常在这里举行会议、文艺演出和体育比赛。与此同时，永康小学和永宁中学的阶梯教室，都常被居委会用作群众大会会场，每年的社区民主评议大会都会选择周末或寒假的某一天，在永宁中学的阶梯大教室举行。因此社区学校事实上也是社区政治空间的有机组成部分。

# 第二节　社区仪式空间

如前文所述，新中国成立前，宁村是一个仪式、节日繁多的乡村，这些活动大多围绕民间信仰在庙宇、祠堂举行。新中国成立后，绝大部分仪式空间都在历次政治运动中被摧毁，各种仪式活动也遭到严厉禁止，几近绝迹。随着改革开放的到来，乡村社会生活发生的一个重要变化，就是传统复兴，各种民间信仰也出现复苏的趋势。伴随传统复兴而来的，是大规模的仪式空间重建。近年来，庙宇、祠堂重建在小榄镇蔚然成风。王铭铭认为，可以将当前的传统复兴视为"传统的再造"，乡土传统可以在新时期特定的状况下，被民间加以再创造，或恢复它们原来的意义，使之扮演新的角色。[①] 地方认同、传统空间观念、现实利益需求、权力关系，都在当前仪式空间的生产与重建中扮演着一定角色。与此同时，仪式空间也在对这些社会关系予以生产、调整、确认和加强。在永宁，较为重要的仪式空间有四类：社坛、庙宇、墓地和宗祠。

## 一　社坛[②]

社坛，也就是俗称的"土地庙"，为供奉土地神之所在。在小榄，社神通常被称为"社头"、"社头老爷"或"社头公"。如前文所述，开村立社的习俗在小榄由来已久，因此社坛常被视为村社建立的象征，是地域情感和社区记忆最明显的标志。不仅如此，由于乡村社会与土地非同寻常的紧密联系，主管农业社稷的社神在农村享有突出地位，受到特别尊崇。新中国成立后，社神崇拜与其他民间信仰一道被视为封建迷信活动遭到禁止，几乎所有社坛都被毁坏，宁村的社神崇拜被迫中断了20余年。20世纪80年代初，随着改革开放的实行，长期笼罩乡村地区的政治高压逐渐解除，一些传统文化开始复兴，社神崇拜就是小榄地区最先恢复的民间信

---

① 王铭铭：《村落视野中的家族、国家与社会》，载王铭铭、王斯福主编《乡土社会的秩序、权威与公正》，中国政法大学出版社1997年版，第89页。

② 本小节（社坛）部分内容已发表于《民俗研究》2011年第1期，参见拙作《社神崇拜与社区重构——对中山市小榄镇永宁社区的个案考察》。

仰之一。20 世纪八九十年代中期，宁村社神崇拜大规模复兴，一座座社坛如雨后春笋般再次出现。现在，遍布小榄镇城区大街小巷的社坛，俨然已经成为一道颇具地方特色的风景。事实上，在小榄镇政府的水色匝旅游景点规划中，确实希望恢复以往"一村一社、一埠、一树"的珠三角水乡风貌。2010 年，乡土作家 WHW 创作了一本以介绍水色匝为主题的导游词性质的著作，其中就有对"社头"的相关描述。①

据小榄地方志办公室的工作人员介绍，小榄社坛数量众多，现没有精确统计的数字，有名可查的社坛还有 400 多个。宁村是小榄社坛保存、重建最好的村庄，其下辖的 14 个自然村/生产队共有社头 70 多个②，现在保留下来的还有 50 多个，基本上每个生产队都至少有一个社头。社头一般都被安放在露天的方形宫座椅形状的社坛中，通常建在街口村头的路边，近河边的则多侧有水埠，背靠大树。坛中一般放有三块小闸石、一个香炉和一个小小的土地神石像。有些则以一块石头替代神像，有的连石头都没有，直接在社坛刻上"某某社"或"社稷"字样。陈春声对潮州地区民间信仰的研究显示，在潮州地区，随着明朝里甲制度的推行，乡村社祭制度变化，露天的社坛逐渐被有房顶的社庙所取代。③ 小榄镇的情况与潮州有所不同，尽管这一地区也建立了众多庙宇，但对露天社坛和土地神的信仰祭祀并未衰落，而是与庙宇祭祀同时并行，长盛不衰。陈志明指出，土地神也称福德正神，其形象一般为一位右手持杖、左手拿着元宝的慈祥老人。④ 宁村的情况与他的描述略有出入。在宁村，土地神分为两种：一种为保护个体家庭的门口土地神，一种为保佑一方村社的土地神；前者被称为福德正神的较多，而后者一般称社头。不过，社坛中供奉的社头形象，大多与陈志明描述的相符合。

宁村的社坛大多是 20 世纪 80 年代中后期重建的，改革开放后，各个生产队的居民都对重建社坛表现出了极大的热情和支持，踊跃集资捐款。

---

① 伍汉文：《榕树容人　城市梦圆》，载伍汉文《古城新韵》，小榄宣传文化中心编印 2010 年版，第 130 页。

② 《小榄镇镇志》，社会篇，2008 年修订版，未刊稿。

③ 陈春声：《正统性、地方化与文化的创制》，《史学月刊》2001 年第 1 期，第 123—133 页。

④ 陈志明：《东南亚华人的土地神与圣迹崇拜》，《广西民族学院学报》2001 年第 1 期，第 16—24 页。

很多社坛得以在原址重建，之前尽管对社头的参拜被禁止了长达二三十年之久，但许多社坛的原址仍旧被保留，除非是因为不可抗拒的自然灾害或公共基础设施建设遭到破坏。人们认为社坛涉及村社的"风水"，轻易不敢侵占破坏，否则不仅是自己家，而且整个村社的安宁和运气都可能会受到影响。有居民提到，人们热衷重建社坛，是因为社坛被打烂了之后，村社里发生了一些"不好"的事，因此现在一有机会，居民们立即动手对此进行弥补。由于工业化和城镇化水平较高，宁村的各个小区经常要被征地，宁村建设管理办公室的一名工作人员曾对我抱怨，设计施工时遇到社头是最为麻烦的，一旦处理不好，就会为日后的矛盾纠纷埋下隐患，"村里只要出了任何事情，他们都能和动了社头挂起钩来"。现在社坛里供奉的那些"社头公"神像，有些是新建造的，有些是以前的旧物。一位上了年纪的当地村民告诉我，社头公是"老的"比较好，因为越老就越"灵"，新做的那些不如以前老的"灵"。他说以前砸社坛和社头公的时候，有些村民冒险偷偷把社头公藏了起来，到后来重建社坛才拿出来，还有人一直藏到了最近几年才放心地将老社头公请出来。所以有的社坛供奉的社头公不止一个，一个是新的，一个是旧的。

社神信仰是当地最为普及的民间信仰，社神与居民日常生活之间的联系非常紧密，与社神的联系，构成个人地方感和安全感的重要来源。首先，从对社头的称呼来看，社头被当地居民亲切地称为"社头公"。这种称谓含有亲属称谓的意味，除了表示对长者的尊敬以外，也表明了社神与其辖区居民的亲近程度。其次，在宁村，从出生到死亡的重要人生礼仪中，拜社头都是一项必不可少的环节。一些上一年生了男孩的家庭，会在来年的元宵节期间到社坛和家族祠堂参拜，并在这两处悬挂花灯，告知社头和祖先新生儿的加入，谓之"开灯"。举行婚礼的时候，新婚夫妇也要到社坛参拜，尤其是嫁进来的新媳妇，要去向社头"报到"。如果有人去世，出殡时也会到社坛焚烧纸钱，在社头处注销"户口"。再次，拜社头是塑造当地居民日常生活节奏的重要因素，每个月的初二、十六，人们都会固定地去拜社头，向社头祈福，请求社头对家庭成员予以关照保护。最后，人随社"走"，迁移到哪个社头的"地界"，就拜哪个社头。宁村的当地居民深深相信，他们的一生都与社头紧密相连，社头的庇护是个人和家庭获得幸福安宁必不可少的因素。不仅重要的人生大事都需要社头的见证和监督，日常的平安更是需要与社头保持良好的交往互动才能获得，因此必须与社头保持精神上的密切联系，内心才能获得安宁和慰藉。田野调查表明，年纪在 40 岁以上的本地居民大多都比较清楚自己属于哪个社。一名本地居民告诉我，他搬过家，搬到了新地方，就要改拜新社头。一名中年妇女在解释拜社头的理由时说，社头就相当于"那边"的"村长"，凡是发生其地头上的事情，事无巨细，他都要管，所以当然要拜社头。

许多学者都注意到"社"对于村落共同体的意义，社神崇拜为地域共同体的团结提供了重要纽带。麻国庆指出，神社在日本村落中享有崇高地位，社神不只是血族团体的守护神，也保护着全体村民，"神社作为地缘结合的中心起到了强化地域认同的作用"①。鉴于神社在维系日本村落社会结构中的重要性，日本学者在研究中国乡村时，也对社神、社庙予以了特别关注。平野义太郎十分强调村庙在华北村落社会生活中发挥的作用，认为"村落共同生活的中心是庙，以庙为中心保证村落生活的统一，村民把村庙作为其共同生活的向心力和维持村落秩序规范的原动力"②。滨岛敦俊对清代长江三角洲地区的"社"与地域社会的关系进行了考察，认为江南三角洲乡村常以"社"为中心形成地缘社会集团，信仰、祭祖以至乡村问题，都由社来解决。片山刚则在华南三角洲研究中指出，联结居民精神纽带的社稷坛的设置是地缘集团形成的标志。③ 林美容将土地庙视为聚落的指标，从土地庙的祭祀权、方位与形制讨论了土地公庙与聚落的关系，认为土地庙不仅可以定义一个聚落的领域，而且还可以看出聚落内人群组织与活动的样貌。④

在宁村，至今还能看到以"社"作为基本单元的社会结构痕迹，宁村的社会结构始终建立在"社"的基础上，即使在急剧的乡村都市化转型中也是如此。陈宝良在《中国的社与会》一书的开篇对"社"的概念和定义进行了细致的梳理，认为"社"首先指土地神；其次是指古代乡

① 麻国庆：《家与中国社会结构》，文物出版社 1999 年版，第 204 页。

② ［日］平野义太郎：《作为北支村落基础要素的宗族和村庙》，《支那惯性调查报告书》，1943 年，转引自麻国庆《家与中国社会结构》，文物出版社 1999 年版，第 204 页。

③ 常建华：《日本八十年代以来的明清地域社会研究述评》，《中国社会经济史研究》1998 年第 2 期，第 72—83 页。

④ 林美容：《土地公庙——聚落的指标》（http：//twstudy. iis. sinica. edu. tw/han/Paper/Village/landTemple. htm）。

村基层行政地理单位。① 杨建宏指出，宋代土地神的神力范围以自然村落或城市之市坊为单位划分，"这一方土地之神被宋代政府有意无意地纳入到了行政机构中，成为地方基层社会控制之工具"②。以"社"基层行政单位的做法，至今仍在一定程度上被延续和保留。众所周知，我国乡村的行政管理体系在集体化时期形成了"三级所有，队为基础"的格局，生产队是构成乡村社会的基础单元，而生产队的范围大多就是以"社"来划分的，换而言之，生产队在很大程度上与"社"重合。改革开放以来，为了促成土地资源的集中利用和管理，宁村一直在进行"社队合并"，从最初的 29 个社队合并为现在的 14 个小区。现在这些小区中，有 7 个直接沿用了原社名，或经由各生产队社名组合、拼接而成。笔者从正在修编的《小榄镇镇志》中抄录了一份《1979 年小榄公社各村范围表》见表 4—1，可以直观地反映出自然村、生产队和社之间的关系。

表 4—1　　　　　1979 年小榄公社各村范围表（永宁大队部分）

| 村名 | 包括的生产队 | 原有社（社头）或围名 |
| --- | --- | --- |
| 洪山村 | 一队、二队 | 洪山祖社、安宁社、绍宁社、丰宁社、白花祖社、兴仁社 |
| 大华村 | 一队、二队、三队 | 大社、细社、华林社、华宁社、华丰社 |
| 五福堂 | 五福队 | 聚林社、永庆社、聚龙社、人和社、东庆社、西庆社 |
| 竹围 | 竹围队 | 兰桂社、永安社 |
| 赤松 | 赤松队 | 聚源社、南谊社、聚福社 |
| 西就 | 一队、联队 | 成洲社、徐龙社、西就社 |
| 冈头 | 冈头队 | 榄都大社、汇源社、五谷社 |
| 螺沙村 | 螺二队、螺三队、螺五队、螺六队、螺七队 | 源丰围、联安社、聚福社、联庆社 |

① 陈宝良：《中国的社与会》，浙江人民出版社 1996 年版，第 384—385 页。

② 杨建宏：《论宋代土地神信仰与基层社会控制》，《湖南科技大学学报》2006 年第 3 期，第 81—87 页。

| 村名 | 包括的生产队 | 原有社（社头）或围名 |
|---|---|---|
| 宜男 | 宜一队、宜二队、宜三队 | 宜男社 |
| 沙垄村 | 垄一队、垄二队 | 聚龙社、正龙社、兴龙社、祖龙社、西园社、沙垄社 |
| 西头上村 | 西上一队、西上二队、西上三队、西下四队 | 朝龙社、永安社、南湾社、文章社、西庆社、镇金社、福星社、长庆社、义埠社、南和社 |
| 南村 | 南村队 | 震东社、雱溪社、南安社、联成社、过角社、主社、南社 |
| 南壮村 | 南壮队 | 壮澜社 |
| 东村 | 东村二队、三队 | 东边涌、东街、汇源社、洪圣社、松洲社、杜兰祖社、杜兰社、东平社、东源社、西岐社、东华社、盈宁社 |
| 北村 | 北村队 | 双美社、捷龙社、胜龙社、连宝社、桂花社、白花社、东安社、聚源社 |

本书认为，改革开放后以社坛为中心的社神崇拜在重新培育集体意识、重构村落共同体过程中扮演着重要角色。围绕社头和社神崇拜举行的村社集体活动，有助于恢复地域社会的集体记忆，重构社区认同，为被市场改革冲散的个人重新凝聚起来提供了可能。社神崇拜对于社区认同重构的作用主要表现在三方面：

一是重新唤醒人们对于地区的集体记忆，激发人们对家乡在文化上的认同和自豪感。如前文所述，小榄镇有开村立社的传统，社就是一个自然聚落历史的浓缩，见证着一方村社的历史变迁和风土人情。例如，宁村下辖的自然村之一洪山村有一座名为"洪山祖社"的社坛，传说得名自清初著名的武侠人士洪熙官，洪晚年在此隐居，传授洪拳，人们为了纪念他，遂将本地社坛以他的姓氏命名。昔日的洪山村确实以尚武著称，民多习武，至今还有一所武术爱好者创立的"振武山房"，教授年轻人习武练功。北村冈底涌的捷龙社，因村民世世代代以捞蚬为生，一些人常在社前空地开蚬，俗称为"蚬仔社"。以前在老城区的步行街附近有一所社坛，俗称"擤鼻社"，是因为一些每天到此来用麻纱换麻的绩麻老妇，常聚在一起议论被儿媳虐待的事情，说到伤心处不禁伤心落泪，以手擤鼻，是以得名。① 这些与社有关的传说故事，饱含着有关地方自然地理、经济、社会变迁的集体记忆，使得"地方"变得亲切生动，富有历史传统魅力。

不仅如此，"社"还直接体现了历史与现实的关联。据正在修编的小榄地方志记载，在未建立坊里街巷时，一般写信、写契据等，都会写上"某乡某村某围/某社某某人"，作为地址依据。② 笔者在调查中发现，宁村现有的一些地名依然与"社"有着千丝万缕的联系，一些街巷的名称即源于其所在地的社名。例如，盈宁街就位于以前盈宁社的范围，现在虽然盈宁社已经不复存在，但对于了解情况的当地居民来说，这些地名仍在提醒他们地方与"社"的关联。现代化、都市化、全球化致使地方特色成为可贵的优秀品质，悠久的地方历史文化成为本地居民值得为之骄傲的事情，重新激发着他们对地方的热爱认同。

二是恢复以社为基础的人际交往。宁村旧时存在着大量以社为基础的人际交往，同一个社的人们在劳动生产、宗教仪式、休闲娱乐活动中频繁交往互动，地域共同体意识非常浓厚。改革开放后，家庭联产承包责任制的实行使得家庭重新成为生产中心，对个人和家庭的一味强调导致包括社在内的集体意识严重滑坡，社群集体活动变得无足轻重。但从 20 世纪 90 年代中后期开始，这种现象又有所缓解，以社为基础的人际交往在一定程度上恢复。近年来，在地方政府的大力支持下，在小榄镇一度中断的扒龙舟又重新开始举行，一些村社也随之恢复了扒龙舟、吃龙舟饭的习俗。尽管当下的扒龙舟、吃龙舟饭主要是由一些"老板"的捐助促成，不再是村社成员自发举行，但人们毕竟在一定程度上恢复了以社为纽带的人际交往。另一项近年来逐渐盛行的以社为单位的集体活动，是各种"敬老"活动。沙垄是宁村下辖的自然村之一，从 2004 年起，这个小区开始在国庆期间举行"敬老晚宴"。2009 年，沙垄举办了规模达 90 席的"第六届敬老晚宴"，以每席 10 人计算，出席敬老晚宴的人数约为 900 人，占该小

---

① 李尚仁:《趣谈小榄的社坛与习俗》（http://lisrxl.blog.163.com/blog/static/244214272 0102811433431/.2010.3.8）。

② 《小榄镇镇志》，社会篇，2008 年修订版，未刊稿。

区户籍居民人口的一半以上。这项活动是在众多村民的志愿参与下得以举办的：上百名村民，其中大多数是老板，为这项活动捐款，赞助为老人发放的米、油，以及酒水和餐饮费用；文艺骨干找来所在文艺团体的队员，为晚宴表演助兴；熟悉礼节仪式的老人负责拜社头和其他环节的礼仪；其他一些热心人则负责采买、布置场地、搬运器材等具体事务；受到邀请的嘉宾兴致勃勃地前来赴宴。这项活动为社队居民之间的交往提供了良好平台，一年一度的"敬老晚宴"成为沙垄村民欢聚共庆的节日。

三是重新培育地域共同体意识。近年来，宁村的地域共同体意识明显加强，主要表现之一就是春节和"鬼节"期间的集体拜社。春节期间，一些平时负责信仰仪式事宜的老人会代表全体村民在社坛内贴上许多对联，这些对联祝福的对象基本都是村社集体，如"龙恩万户安，聚福千家乐"、"国泰民安"、"风调雨顺"、"合社平安"等。农历七月十五"鬼节"前后，各社都会有一些热心的中老年妇女出面组织"社头烧衣"，先在社内募集捐款，采买生果、香烛、纸钱等物品，然后选一个"好日子"，于傍晚在街边"烧衣"，集体向孤魂野鬼致祭，请求它们保佑一方平安。小滨正子认为，地域共同体意识形成的重要表现，就是不再谋求部分地域人士的个人利益，而是谋求地域社会的共同利益。[①] 李亦园在对台湾民间信仰的研究中发现，民间信仰在当代呈现出浓厚的功利主义趋势，宗教的社群意义减弱，逐渐为个人意义所代替。[②] 然而，在宁村，笔者可喜地发现，借助社神崇拜，宗教的社群意义有所回升。通过这一民间信仰，被打散的个人自发地进行着再组织，"互不相关的邻里"正面临着重新被团结在一起的可能。

## 二　庙宇

庙宇在以往乡村公共生活中居于中心位置，它们不仅为公共生活的举行提供空间场所，而且还是社区公共生活重要的组织者和参与者。稍具规模的庙宇都拥有自己的庙产、管理人员和信众，能够有效地发起组织或参与仪式庆典活动。"小榄五大庙"是新中国成立前中元节盛大祭仪的主要组织者，也是菊花大会的重要参与者。在小榄，每座大庙都有各自的辐射

---

① ［日］小滨正子：《近代上海的公共性与国家》，上海古籍出版社 2003 年版，第 5 页。
② 李亦园：《人类的视野》，上海文艺出版社 1996 年版，第 297 页。

范围和影响区域，分布在附近的村社以庙宇为中心形成不同的"信仰圈"，构成地域认同的重要来源之一。如前文所述，各信仰圈会以本片区地位最高的庙宇命名参加龙艇赛的赛艇。庙宇对小榄社会生活至今仍有影响，尽管许多庙宇已经消失，小榄的一些街巷仍以这些庙宇命名，如泗圣宫、东庙、车公庙街、康公路、华光路、万寿宫、舍人庙、五福堂、总管巷、关帝巷等。几乎所有小榄家庭的客厅中央都设有神位，供奉历代祖先和列位神祇。大部分家庭供奉9位神祇，也有些人家供奉7位或5位，在当地人看来，奇数是比较吉利的数字。除了位于中间的"大慈大悲观世音菩萨"，每户人家供的神都有所不同，村里的一些老人告诉我，每户人家供哪些神，主要由三个因素决定，即户主职业、家庭期望和家庭住址。神祇中有一些职业神，属于从事某一行业的祖先或杰出代表，因而如果希望户主的职业生涯顺利，就需要供奉相关的职业神：家里有当干部的，供的神祇中一般就会有"龙图阁学士包大丞相"，即包拯；如果户主从事的是与建筑相关的职业，就要拜鲁班先师；医生家则要拜华佗。另外一些神祇则各有管辖领域，可以帮助人们实现某一方面的心愿，如家里有孩子读书，希望孩子学习成绩好，就要拜文昌星君等。家庭神祇中的第三类神则与家庭住址坐落的方位有关，视住址属于附近哪座庙宇的管辖范围而定，如附近如果有华光总管庙，家里则要拜"敕封五显华光大帝"；如果住址属三界庙管辖范围，则要拜"游天得道三界圣君"等。这些庙宇现在大部分都已经不见了，普通民众也并不清楚这些庙宇的具体方位，只有一些宗教职业者，如道士，才了解这些事情。因此新居落成后，一般都要请道士专门掐算，才能决定供些什么神合适。

　　从表4—2可看出，宁村作为小榄镇早期的政治、经济、文化中心，曾分布着众多庙宇、宗祠，围绕庙宇举行的仪式庆典终年不绝，社区公共生活相当活跃。1949年新中国成立后，大量庙宇宗祠被损毁，"小榄五大庙"无一幸存。改革开放后，国家对民间信仰的管制逐渐放松，部分庙宇得以重建。近年来，庙宇重建日益升温，不但重建的庙宇数量增加，规模也越来越大。在小榄镇，重建的庙宇除了规模较大的基头北帝庙、葵树庙、净意庵、隐秀寺以外，还有众多不知名的小庙。改革开放初期，庙宇重建多由民间力量自行发起组织，处于地下或半公开状态，政府对此不予表态。基头北帝庙的管理人员说："这座庙是1994年重建的，花了100多万元，全部都是群众一点点捐出来的，没有任何单位给钱。那时都是晚上偷偷开工，怕政府来拉人。"近年来，这种局面发生了很大改变，地方政府对于庙宇重建的态度日趋明朗，不但对民间的庙宇重建行为予以支持肯定，而且还直接参与到庙宇重建进程中，牵头进行庙宇重建。小榄正在重建的规模最大、投资最多的一座庙宇——隐秀寺就是由小榄镇政府主导实施的一项工程。

表4—2　　　　　　　　　宁村庙宇一览表①

| 庙宇名称 | 地点 | 修建时间 | 供奉神祇 | 保存状况 |
|---|---|---|---|---|
| 开元寺 | 飞驼岭落霞峰下 | 明天启年间 | 佛教诸神 | 清康熙三年（1664年）海禁迁界弃毁 |
| 青云寺 | 大榄寨前 | 清初 | 佛教诸神 | 1931年改为颐吉所 |
| 霞峰寺 | 大榄落霞峰下五福里 | 清乾隆年间 | 佛教诸神 | 光绪年间拆毁 |
| 净意庵 | 永宁西上一村 | 清光绪七年（1881年） | 佛教诸神 | 现存 |
| 关圣帝君庙 | 大榄市 | 广海卫刘晨所建 | 关羽 | 新中国成立后拆毁 |
| 关圣帝君庙 | 大榄市 | 广海卫钱广所建 | 关羽 | 新中国成立后拆毁 |
| 关圣帝君庙 | 大榄洪山社 | 广海卫陈鉴所建 | 关羽 | 新中国成立后拆毁 |
| 关圣帝君庙 | 大榄北街 | 新宁卫建 | 关羽 | 新中国成立后拆毁 |
| 关圣帝君庙 | 大榄忠心巷口 | 不详 | 关羽 | 新中国成立后拆毁 |
| 文昌帝君庙 | 大榄北街 | 不详 | 文昌帝君 | 1935年改建为永宁中心小学 |

---

① 本表主要根据中山权博客《小榄里的大榄》一文资料整理而成（http://raykenlee. blog.163.com/blog/static/9315069820091030528797/，2009.11.3）。

续表

| 庙宇名称 | 地点 | 修建时间 | 供奉神祇 | 保存状况 |
|---|---|---|---|---|
| 文昌帝君庙 | 大榄洪山社 | 广海卫陈鉴所建 | 文昌帝君 | 已毁 |
| 城隍庙 | 飞驼岭下 | 明 | 城隍 | 1958 年拆毁 |
| 观音庙 | 大榄福星社 | 不详 | 观音 | 已毁 |
| 观音庙 | 大榄西园社 | 不详 | 观音 | 已毁 |
| 妙灵宫 | 今永宁文化中心 | 宋朝 | 天后 | 新中国成立后拆毁 |
| 天妃庙 | 飞驼岭下 | 不详 | 天后 | 已毁 |
| 邹陈法师庙 | 大榄沙垄 | 不详 | 邹、陈法师 | 重建 |
| 五显庙 | 大榄涌边 | 不详 | 华光大帝 | 拆毁 |
| 华帝总管庙 | 冈头村 | 不详 | 华光大帝,邹、陈法师 | 已毁 |
| 龙兴庙 | 大榄刘地享 | 不详 | 北帝 | 重建 |
| 三界庙 | 大榄山边 | 不详 | 魏征 | 新中国成立后拆毁 |
| 侯王庙 | 大榄镇金社 | 不详 | 杨亮节（宋末忠臣） | 已毁 |
| 华先师庙 | 大榄东宁桥畔 | 不详 | 华佗 | 已毁 |
| 紫薇宫 | 大榄洪山社 | 不详 | 太上老君 | 已毁 |

地方政府改变态度的原因，主要基于两点:一是国家对传统文化的认识和态度转变;二是希望借助庙宇重建，突出地方文化特色，促进旅游业发展。近年来，国家对包括民间信仰在内的民间文化的态度发生了明显转变，许多新中国成立初期被斥责为"封建迷信"的民间文化，在改革开放30多年后转而成为炙手可热的"文化遗产"。高丙中指出，近代以来，民间信仰被学者用"迷信"污名化，精英阶层、政治权力通过建立贬低民众的话语而驯化民众、领导民众。改革开放后，随着社会、经济的发展，国家和学术界对民间信仰的定位及认识逐渐改观，逐

渐将民间信仰视为发展经济、推动社会进步的积极因素，倡导恢复民间信仰在公共知识建构中的作用和地位，探讨将民间信仰转变为建构民族国家内部正面社会关系的文化资源的可能性和方式。① 他强调，过去 30 年民间文化的复兴以及民间文化向公共文化的转变充分表明，中国文化在民间。② 学术界对民间信仰新的定位为新时期民间信仰的恢复和发展提供了理论上的合法性，并促使包括民间信仰在内的大量民间文化被提升至"非物质文化遗产"的高度。在这种新的知识背景下，民间信仰被视为地方文化特色的重要载体，成为重要的旅游文化资源。为了推动地方经济发展，地方政府积极介入庙宇重建。2010 年 10 月，小榄隐秀寺开光典礼隆重举行，这座禅院由小榄镇政府主持重建，耗资 800 余万元，占地面积 1300 多平方米。当地新闻评价说："隐秀寺规划扩建，翻开了我镇宗教史新的一页，同时也为我镇文化事业、旅游事业增添了一个新亮点。"③

对于另一座民间筹资重建的葵树庙，小榄镇政府也从发展旅游的角度给予了肯定和支持，当地电视台在一则新闻中报道说："作为水色匣沿岸的古建筑——葵树庙的重建工作正有序地进行……葵树庙的庙宇容貌以及古建筑特色与小榄的历史文化、水乡风情相结合，将成为水色匣旅游的一个特色。"④ 而《葵树庙志》则一再强调庙宇重建旨在弘扬传统文化，并自称为"文化遗产"：

> ……公元 2004 年甲申年后，或是地运变数所至，或是因缘际会神机显现，原葵树庙旧址附近，汇聚福至心灵善信众人，发愿重建葵树庙，只为弘扬传统文化，缅怀先人功绩。公元 2009 年己丑年，幸政府开明，得众多善信支持，作为小榄历史重要文化遗产之葵树庙得以重建，还原古貌，并将几家庙宇合并，统称葵树庙。又得何强光何

---

① 高丙中：《作为非物质文化遗产研究课题的民间信仰》，《江西社会科学》2007 年第 3 期，第 146—154 页。

② 高丙中：《民间文化与公民社会·序》，北京大学出版社 2008 年版，第 4 页。

③ 《隐秀寺大雄宝殿落成》（http：// www. xiaolan. gov. cn/news. php？id ＝ 11139. 2010. 10. 23）。

④ 《竹源社区：重建葵树庙　为水色匣添特色》（http：// www. xiaolan. cn/news. php？id ＝ 7770. 2009. 10. 14）。

卓杰二老人因时因地题出门对，旧址重光。新庙坐东北（寅方）朝西南（未方），面临竹源一社葵树大涌，占地 200 多平方米，2008 年戊子年十二月初四动土重建，公元 2009 年己丑年十月竣工，十月十五重开。

——摘自《葵树庙志》

近年来，宁村重建了 3 座庙宇，分别为净意庵、邹陈法师庙和龙兴庙，其中净意庵规模最大。传说小榄开村初期，已建有"榄溪坑田净意庵"，又称"坑田寺"。这座尼庵占地面积约两亩，建有大雄宝殿、地藏王殿、观音殿等建筑。新中国成立后至 20 世纪 80 年代初，该庵停止宗教活动，比丘尼被勒令还俗参加生产，寺院房间安排群众入住。1980 年，政府将尼庵归还给佛教协会，动员入住群众搬迁。1988 年，净意庵经简单重修后对外开放。新中国成立前，宁村庙宇众多，净意庵只是其中较普通的一间，并不起眼。改革开放后，由于其余庙宇均已在 50 年代的政治运动中被毁，净意庵成为小榄仅存的几间庙宇之一，地位和影响较之以往大为提高。由于年代久远，条件简陋，前来参拜的香客日益增多，庵中尼姑也有所增加，尼庵建筑逐渐不能满足使用要求。2008 年，应群众要求，永宁居委会决定重建净意庵。据居委会相关人员介绍，重建净意庵花了900 多万元，其中永宁居委会投入 700 万元，其余资金由一些老板和信众捐献。净意庵在原址重建，占地面积并未扩大，只是将庵中主要建筑——大雄宝殿、地藏王殿、观音殿、餐厅、尼姑宿舍楼等进行了翻新重建，变部分平房为楼房。重建之所以花费巨大，主要是因为几所主要建筑所用的砖、瓦和木材都是专门从苏州订购回来的，师傅也是从苏州那边请来的，这么做是为了尽量营造"古旧"的氛围，保证建筑质量，为后人留下一点"古建筑"。社区党委书记 QGT 说："重修时净意庵那些人是和村里商量过这事的，还签了合同。村里同意重建净意庵，说钱不够由村里补上，这是做善事。但不能大肆搞宣传，毕竟共产党对这一块政策还没放开，也不能让外面的人参与进来。以后香火旺了，捐的香火钱要拿一部分出来捐给宁村的慈善事业。"

重建后的净意庵青砖黑瓦，飞檐斗拱，古朴雅致，气势非凡。大雄宝殿、观音殿和地藏王殿、尼姑宿舍楼、餐厅相对而立，中间是一块铺着水磨地砖的狭长院落，其间嵌着一个小小的放生池，几株树木错落生于院中。每个殿中都供奉着菩萨，都是重建后重置的，以与扩建的殿堂规模相配。菩萨面前的供台上摆满信众送来的鲜花和水果，长明灯经年不息，燃烧的香烛释放出缕缕青烟，缭绕在殿堂之中，使其笼罩着宗教场所特有的肃穆庄严。供台前一律摆放着功德箱和蒲团，供信众行礼和募捐。大雄宝殿右侧的地藏王殿的一侧墙上挂满了亡人牌位，这是庵里新添的一项重要业务，即为这些亡灵诵经祈福。据说以前只有家中无人照管祭祀的牌位才拿来寄放在庙里，但现在许多人家都愿意付一些钱，将亲属的牌位供在庙里，认为庙里是清净的好地方，神灵拱卫，又有尼姑诵经，可以让亡灵更好地得以安息。10 余名女尼生活在庵中，她们之中年龄最大的年过古稀，而最小的仅 18 岁。除了最年长的住持师太是本地人以外，其余女尼均来自湛江的一所佛学院。

这里经常举行公众性的宗教仪式。每个月的初一、十五，许多佛教信徒都会带上鲜花、水果、香烛前来烧香拜佛，为长明灯添加一些香油，平日里安静的庭园顿时门庭若市，香烟缭绕，人声鼎沸。中午的斋饭日益成为仪式活动中的重头戏，有些人会刻意赶来吃上一顿斋饭。斋饭可以在餐厅吃，也可以装在饭盒中打包带走，称"盒子饭"。为了准备这顿斋饭，尼姑们和一些信众提前一天就要开始准备，买菜，切、洗，做饭，收拾碗盘的工作大部分由一些忠实的中老年女性信众自愿承担。另外的一些佛教节日，如四月初八释迦牟尼诞、六月十九观音诞、七月十五盂兰盆会等，都会举行更盛大的仪式，前来参拜、吃斋的信众也更多。前来拜神并不只有老年妇女，也有穿着时髦的年轻女孩来烧香。信众中也不乏男性身影，既有年老的长者，也有年轻人，不过男性一般上香拜神之后就会离开，很少留下来与居士们一起长时间念经。调查期间，我去参加了农历六月十九的观音诞，所举行的仪式有念《大悲忏》经、供斋、放生等。

净意庵对宁村村民来说，是一处重要的精神家园。2010 年 1 月 23 日净意庵举行重建落成开光典礼，许多宁村村民前来烧香致意，以示祝贺。净意庵重建以后，成为一个地区性的宗教仪式中心，不只是本社区居民前来参拜，而且吸引了许多周边居民前来。农历六月十九观音诞那天，一名东凤镇的妇女带着三个孩子前来拜神。另外两个来自广州的年轻男孩来到庵中参拜，并全程参与诵经，十分引人注目。诵经仪式结束后，其中的一个男孩身披黑纱，在几名尼姑和众多居士的簇拥引导下，在大雄宝殿举行了皈依仪式。

重建的龙兴庙规模则要小得多,蜷缩在一栋村集体物业底层的一个小房间,既没有门楼也没有牌匾,只在门口放了一个香灰炉,不注意根本看不出来是一间庙。小房间里供着北帝、天后和观音,神前案台摆着三瓶鲜花和几本佛教小册子,靠后并排立着三个香炉。除了一张长几和几把椅子,房间别无长物,十分简陋。这里没有庙祝,几名附近的"热心人"负责打理小庙的日常事务,如打扫卫生、上香、给花瓶中的鲜花换水等。这座庙宇是永南小区的几名退休干部于2006年发起重建的。一名村民意味深长地对我说,过去带头砸庙的是共产党的干部,现在带头建庙的也是共产党的干部。由于原庙址现在已经建起了物业的房屋,经过交涉,物业让出了一个小房间用作庙址。龙兴庙的低调与净意庵的张扬形成鲜明对比,一些村民向我透露,这是因为净意庵在中山市和广东省的佛教协会都有过登记注册,有案可查,相当于有"营业执照",重建是合法的;而龙兴庙则从没在宗教协会登过记,属于没有合法身份证明的"黑户",当然只能遮遮掩掩地悄然行事。不过,重建的龙兴庙虽然规模小,影响力却尚存。每年三月初三北帝诞,附近南村居民都踊跃出资举行仪式活动,要供几头大烧猪,参加仪式的多达数百人,相当热闹,需要指出的是,龙兴庙具有浓厚的社区庙宇性质,只对庙宇所在村社保持着较强号召力,除了永南小区居民,很少有其他小区居民参与庙宇仪式,外人甚至根本不知道这座小庙的存在。

邹陈法师庙与龙兴庙的情况类似,也从小榄镇普遍崇奉的区域神变为庙宇所在地的社区神,只有社队"内部"人才知道庙宇的存在,参与庙宇仪式。传说邹、陈法师确有其人,从《香山县治》和《榄屑》等地方文献的记载来看,此二人是明代小榄当地的两名士绅,精通道法、医术,在当时一场严重的瘟疫和饥荒中救过不少人。当地人为了对他们表示感谢,在其去世后为其立庙,称"邹陈法师庙"。传说邹、陈法师能保城护乡、驱除盗贼、消灾除疫,因而受到广泛崇拜,是当地较有影响力的神灵。新中国成立前,小榄境内共有7座邹陈法师庙,后来全部被拆毁。近年来,小榄民众自发重建了两座邹陈法师庙,一座位于渔洲绿湾社;另一座位于永宁下辖的沙垄小区。沙垄居民对陈大法师有着特别的感情,因为据清同治《香山县志》记载,陈大法师去世后与妻子一道被葬于宁村沙垄,沙垄村民就认定他是沙垄人,对他进行特别崇拜供奉。以前沙垄建有"总管陈公山庄",又称"沙溪公园",就是一所祭祀邹、陈法师的庙宇。
2006年,沙垄村民集资重建了一座邹陈法师庙,庙宇坐落于两所民宅之
间,外表与普通民居相近,只是大门上方悬挂着一块"英威府"的匾牌,
门两边挂着一副木质对联,上面写着"西山茶树古,南海木鹅归",都是
与邹、陈法师相关的故事传说,所有邹陈法师庙都贴有这副对联。重建的
庙宇有三进房间,分别供奉着邹、陈法师、法女①和观音。

　　沙垄居民笃信邹、陈法师,对建庙十分热心。一名村民告诉我,建这
座庙的时候,许多村民都出钱出力,有些人捐钱,还有人捐砖头、水泥,
门口的木质对联也是一个老板捐的,要好几千块。平时有几名老年妇女负
责打扫庙宇卫生,管理信众们捐献的香火钱。这些钱有清楚的账目记录,
他们称之为"基金会"。每年农历七月廿四陈大法师诞,沙垄村民都要举
行祭祀仪式,信众酬神聚餐。所需费用部分由庙宇香火钱支出,部分由村
民捐献。八月的一天,我恰好在沙垄小区做访谈,见一名50岁左右的中
年妇女来捐款,才知道是陈大法师诞临近,村民们在筹备仪式的举办。由
于平时负责管理庙宇的一位老婆婆也经常待在小区办公室,因而小区办公
室也成为仪式活动的联络办公点。事实上,因为小区管理员和社教员都是
本村村民,他们在社区庙宇仪式活动的组织中扮演着重要角色,是这些仪
式活动的深度参与者。

## 三　宗祠

　　祠堂在宗族社会中具有重要地位,"由祖先崇拜观念所支撑的宗族
仪式,其主要象征便是建立祠堂。祠堂也是各支系的联合形式,是开展
宗族活动的主要场所,也用于宗族会议、宴会、学堂,甚至客房"②。
徐扬杰指出,"用祠堂、族谱和族田这三件东西联结起来"的家族组
织,"从宋明以来,直到全国解放前夕,非常普遍"③。明嘉靖时期以
来,珠江三角洲地区的宗族发展迅猛,宗族势力之强大,在全国都比
较突出。科大卫和刘志伟指出,在一些主张"孝道"的士大夫的推动

---

　　① 村民们对法女的身份有不同意见,有人认为法女就是陈大法师的老婆,有人认为法女是
一名具有独立神格的当地女神,称"茂山法女"。

　　② 黄淑娉:《广东族群与区域文化研究》,广东高等教育出版社1999年版,第385页。

　　③ 徐扬杰:《宋明以来的封建家族制度述论》,《中国社会科学》1980年第4期。

下，明中叶后宗族制度在广东特别明显地普及开来，其明显标志之一就是民间普遍修建宗祠。[①] 小榄镇是珠三角一个典型的宗族社会，新中国成立前，小榄的社会生活和地方政治长期由何、李、麦三大宗族把持，这些大族在镇里修建了大大小小几百座精美的祠堂，以显示其地位和财富，以及与帝国官僚体系建立联系。镇上的几座大宗祠均以取得显赫功名的成员官职命名，如"李氏尚书大宗祠"、"何太卿大宗祠"和"何仆射祠"等。

宗祠在新中国成立前的乡村公共生活中扮演着重要角色，宗族祭祀是其首要功能。大多数宗族每年举行春秋两祭，有些宗族只举行春祭，也有的宗族实行春夏秋冬四时祭祀，具体时间无统一规定，多在民间传统节日，如清明、夏至、秋分、冬至进行。其余遇有子孙科举，或晋升官爵，或受朝廷的恩荣赏赐，也可开祠堂特祭。宗祠祭日，合族成年男子都应与祭。[②] 除了举行祭祖仪式外，宗祠还承担着其他一些社会功能，如建立义庄义塾、编撰族谱、施行族法族规、商议宗族要事、处理族内纠纷和涉外事务，举行婚丧嫁娶仪式等，弗里德曼注意到，尽管宗祠也是祖先祭祀场所，但与家庭内举行的祖先祭祀不同，祠堂祭祀具有明显的公共性:"祠堂中举行的祖先崇拜仪式基本上是集体行为的方式，社区的权力和地位结构以仪式的方式表达出来。"[③] 与此同时，宗祠空间的公共性还表现在乡村文化娱乐方面。在过去，宗祠内一般设有戏台，族内遇有节庆喜事，就会请戏班来唱戏。此外宗族还会组织其他一些文化活动，如在节庆喜日舞龙舞狮、赛龙舟等等。

1949 年以后，共产党政权在乡村社会的一个主要目标，就是要实现基层政权组织在社会结构和功能方面对宗族的替代，同时用"阶级"意识取代宗法伦理观念，重构乡村社会关系。在这种背景下，宗族财产被没收充公，族谱被收缴销毁，宗祠被拆毁或分配给贫苦农民居住，宗族活动受到压制，宗族组织在很大程度上被瓦解。改革开放后，东南沿海地区出现大规模宗族复兴，宗族的组织、协调、教育和文化功能全面复活，主要

---

① 科大卫、刘志伟:《宗族与地方社会的国家认同》，《历史研究》2000 年第 3 期，第 3—14 页。

② 刘汉杰:《宗祠:神圣的纪念堂》，《百科知识》2007 年第 3 期，第 59—60 期。

③ 弗里德曼:《中国东南的宗族组织》，上海人民出版社 2000 年版，第 114 页。

表现为祭祖联宗、编撰族谱、修建祠堂、组织农村乡俗活动、控制社区秩序等等。据中山大学人类学系组织的调查发现，在广东省农村，自 20 世纪 80 年代开始，农村宗族出现了复苏，如成立宗族理事会、修复祠堂等等。① 改革开放以来，小榄宗族也在一定程度上复兴，主要体现在联宗祭祖和修编族谱方面，重建祠堂却比较少见。昔日的何、李、麦三大宗族似乎都没有对重建祠堂表现出多少兴趣，整个小榄镇重建的祠堂寥寥无几。尽管三大宗族相当部分后裔子孙在当地的经济领域颇有建树，掌握着大量资源财富，但如一位何姓居民感叹："他们有钱归自己有钱，却没有人出来牵头做这些事情。"

**图 4—6 废弃的何家祠②**

宁村的情况也差不多，虽然这个村庄富甲一方，但下辖的 14 个"小区"却没有重修一座祠堂。这种状况可能与宁村的历史和现状有关。据老人讲，宁村以前就没几座祠堂，只有那些大姓才有祠堂。仅有的几座祠

---

① 黄淑娉：《广东族群与区域文化研究》，广东高等教育出版社 1999 年版，第 435 页。

② 这座祠堂位于小榄镇云路街，是名列小榄三大族之首的何氏家族祠堂之一，又称"仆射何家祠"，意指这一房支曾出过官至仆射的成员，原为三进三间，建筑精美，是小榄最为豪华的大宗祠之一，1960 年被拆去前进，目前仅剩下中、后两进，成为被废弃的仓库。1990 年，这座祠堂被列为中山市文物保护单位。

堂都在集体化时期被拆毁了，现在要么修了路，要么盖了房，已经毫无踪迹可寻。改革开放后，这里是小榄镇最先发展起来的村庄，工业化和都市化的推进，使得土地资源在这里显得非常宝贵，村庄成为寸土寸金的风水宝地。而且现在社区所有的土地都由居委会统一使用管理，社区的全部姓氏多达上百个，在这种情况下，几乎没有可能拿出土地给某一个或几个姓氏修建祠堂。

本村没有祠堂，村民们就纷纷想方设法加入本宗族在邻近地区的宗祠或家庙。村民 HWG 说，他每年正月初七都要去顺德杏坛镇的何氏家庙"忠烈堂"拜祖先。这间"忠烈堂"是何氏五郎房的祠堂，正月初七是"人日"，每年这一天，何氏五郎房的族人都会从各地回来一起拜祖先，为上一年出生的小男孩"开灯"。他说这间祠堂有出纳、会计和一些董事，他就是祠堂的会计。每年过年回去拜祖先的时候，何氏家族的子嗣和姻亲都会捐一些钱，2009 年捐的钱有几万块，这些钱都用在董事开会、宗族聚会吃饭、修葺房子之类的开支上。他们这些负责管理的人，还有一点象征性的工资，他的工资是每年 200 块，当地负责日常打扫卫生的一个管理员的年工资是 1200 块。他说他都没要过这些钱，人家给了他之后，他都又捐了回去。除了拜祖先，举行"开灯"仪式，有时当地何氏宗族的人也会在祠堂摆酒席宴客。

由此可见，随着社会经济的发展，宗族的组织形式发生了很大改变。钱杭和谢维扬指出，转型中的宗族在组织形式上表现出如下特点：（1）形式的多样性；（2）没有正式的宗族名义；（3）不稳定性，许多宗族至少在形式上具有临时性的特征；（4）普通成员与宗族领导机构的关系是直接的，也没有稳定的宗族首领，只有一个或几个临时性的"宗族事务召集人"[①]。王铭铭则认为，当今的宗族组织已不是一个正式的权力组织，只是一种暂时性机构，宗族领导人的权威来自他们本身的威信及村民的信任和支持，他们所拥有的是一种"教化权力"和"同意权力"，而非强制性权力。[②] 与传统宗族相比，现代宗族的生存环境和土壤已发生了变化：

---

① 蒋国河：《20 世纪 90 年代以来当代中国农村宗族问题研究述评》，《中国农村观察》2006 年第 3 期，第 60—69 页。

② 王铭铭：《村落视野中的文化与权力——闽台三村五论》，生活·读书·新知三联书店1997 年版。

其群体性质由血缘性转向社团性，居住方式由聚居性转向流动性，组织结构由等级性转向平等性，调节手段由礼俗性转向法制性，经济形式由农耕性转向工业性，资源渠道由自给性转向交易性，生活方式由封闭性转向开放性，历史走向由稳定性转向创新性。与此相应，宗祠的功能也发生了很大改变，其文化象征符号意义远大于实际社会功能取向，趋于变为组织松散、管理灵活、为宗族成员提供交流聚会平台的"俱乐部"。

## 四 墓地

墓地也是一处重要的仪式场所，尤其是与丧葬和宗族祭祀相关的仪式。中国古代对葬礼极为重视，在多部典籍中都有对葬礼形制的专门规定。① 一般下葬之后还要举行一系列纪念仪式，每过七天就要举行一个小仪式，直到七七四十九天之后，葬礼才算告一段落，转为每年清明到墓地祭祀。林耀华将丧、葬和祭祀视为祖先崇拜的整体，"丧葬仪节，前后相连。丧葬之后，又有祭祀。此时已由生人入于鬼域，居灵龛以享祭祀；初死为鬼，久而成神；祖宗充为家神，子孙日夜祀奉；数世之后，其神主迁往支祠，或宗祠，得享全族的祭祀"②。墓地是人们表达对去世亲属怀念的主要场所，即所谓的"慎终追远"。在纸质族谱流行以前，墓地上的墓碑还承当着族谱功能，宗族谱系主要被铭刻于墓碑之上。③ 风水是选择墓地的主要依据，弗里德曼指出，坟墓所在风水的形势由于其有利的葬式，保证赋予死者的后代以恩惠。换而言之，坟墓的好位置带来富裕，或者坟墓的好位置能够确定富裕。他进而分析了坟墓位置所体现的社会分化：穷人被埋葬在公共墓地中，而富人则被埋葬在单个的或者"家庭"的地方，生者的地位决定着坟墓的位置。④

宁村的大榄冈，又称飞驼岭，自古以来就是方圆几十里内唯一的公共墓地，不但宁村，而且整个小榄镇，甚至附近其他镇区的居民去世后都被埋葬在这里。这与当地的地理环境和人们的传统观念有关，小榄地处珠江

---

① 高添璧：《浅谈中国古代传统丧葬礼俗》，《学习月刊》2010 年第 9 期，第 133—134 页。

② 张佩国：《汉人的丧葬仪式：基于民族志文本的评述》，《民俗研究》2010 年第 2 期，第 76—94 页。

③ 王日根、张先刚：《从墓地、族谱到祠堂：明清山东栖霞宗族凝聚纽带的变迁》，《历史研究》2008 年第 2 期，第 75—97 页。

④ 弗里德曼：《中国东南的宗族组织》，上海人民出版社 2000 年版，第 99—100 页。

三角洲下游，地势低洼，只有为数不多的一些小山丘夹杂在这片冲积平原上。水浅土薄的自然地理环境，使得"浅葬既同暴露，深葬又虞水泉"，丧葬不但是江南居民面临的问题①，珠三角民众也有相似的烦恼。而择高地而葬是汉民族由来已久的丧葬观念，《吕氏春秋》认为葬必于高山，方合"葬死之义"，因此，这些高于地面的小山丘就成为不可多得的丧葬之地。而且，出于种种原因，并不是所有的山丘都适合或被允许作为墓地，这就使得大榄冈墓地更显珍稀可贵。

现在，大榄冈墓地已经"坟"满为患，小山包上密密麻麻林立着无数墓碑。当地村民开玩笑说，这里也有几十万"人口"。尽管现在已经实行了火葬，墓穴占地面积减少，但坟山面积有限，而且每年都有新近去世的人需要埋葬，这片墓地已经远远不能满足当地居民需求。由于资源稀缺，这里的墓地需要购买，不同"风水"的地块，价格也不一样，有些风水好的地段，每平方米可以卖到上万元，远远超出当地房价。部分当地居民为了在大榄冈获得一席身后安居之所，早早就重金抢购下一块"风水宝地"，立上墓碑。当地居民告诉我，这里墓碑字迹的颜色之所以不同，就是因为红色字迹的墓碑表明墓主尚还健在，黑色字迹的墓碑才是死者的墓碑。现在墓地资源太过紧张，有钱都不一定能买到，还要有关系才行。为了缓解这一问题，现在小榄镇政府正在大榄冈山脚建设一座三层楼高的殡仪馆，供当地居民摆放去世亲属的骨灰盒。

这片墓地虽然远离居民区，但并不寂寥，这里举行葬礼的频率相当高，有时一天之内甚至有好几起葬礼同时举行。每到清明时节，这里更是热闹非凡，人们从四面八方赶来扫墓祭祖。小榄称扫墓祭祖为"拜山"，日期不定，从清明前后一个月左右的时间中挑出一个日子即可。这一天，家族成员一般会带上烧猪（或烧肉）、甘蔗、包子、酒、香烛等物，相约上山，先清理墓前的杂草，然后摆上祭品，点烛焚香，按长幼顺序依次上前祭拜。拜完之后吃甘蔗，把蔗渣丢在坟前，包子也要掰碎了撒在坟前（据说这样可以带来好运），燃放完鞭炮后即可下山。清明当天，拜山达到高潮，通往大榄冈的道路被挤得水泄不通，需要交警在路口维持秩序，

① 张传勇:《因土成俗:明清江南地区的自然地理环境与葬俗》，《中国社会历史评论》2008 年第 9 期，第 258—283 页。

实施交通管制。整个山头鞭炮震耳欲聋，纸钱四处飘散，人声鼎沸，烟雾缭绕。2007 年，原来位于大榄冈脚下的永宁中学搬迁了，校长 HHH 说，搬迁的一个重要原因就是清明期间来拜山的人太多，太闹腾，弄得学生都无心上课，严重影响教学秩序。

# 第三节　休闲娱乐空间

改革开放前，永宁并没有专门的休闲娱乐空间，庭院、打谷场、埠头、河涌边的大树下，都是乘凉、闲聊、聚会的场所。改革开放后，随着村庄工业化和都市化程度提高，人们的生活方式与城镇趋同，村里逐渐出现了专门的休闲娱乐场所。这些娱乐休闲场所大部分呈现出标准的都市化特色，如广场、体育馆、社区文化活动中心、老人活动中心、社区公园等。现在，宁村社区空间功能的区分非常明显，工业区、居住区、市场、休闲娱乐场所，各司其职，泾渭分明。居民也形成了相应的空间感：上班到工业区，下班回家，购物去市场，跳舞打球去广场。当前，社区的主要休闲娱乐空间有：广场、社区文化活动中心、图书馆、社区公园、老人活动中心、学校、体育馆等。

## 一　广场

广场是西方城市文明最具代表性的象征之一，法国学者 Vidal-Naquet 指出，城邦创造了一种全新的社会空间，一个以市政广场及公共建筑为中心的公共空间。[①] 由于广场为都市居民提供了碰面、对话与交流的公共空间，因而被誉为"城市会客厅"。西方古代城市广场往往承担着政治、经济、宗教、娱乐等多种功能，是城市公共生活集中展开之地。随着乡村都市化程度的迅速提高，广场也开始出现在发达地区的乡村社会。宁村目前有两个建成的广场，一个是位于居委会附近的永南广场；另一个是位于五福的西片广场，此外还有一个正在建设中的螺沙广场。不过，与集多种功能于一身的古典城市广场相比，永宁的广场功能相对单一，仅仅只是文体

---

① 黄洋：《希腊城邦的公共空间与政治文化》，《历史研究》2001 年第 5 期，第 100—107 页。

活动开展之地，这里的广场均被命名为"文体广场"。

　　永南广场是宁村目前面积最大、使用率最高的一处公共文化娱乐空间。这座广场建于 2006 年，面积达 1800 多平方米，舞台音响设备一应俱全，附带设有一个篮球场，两张乒乓球桌，边上还可以打羽毛球。这里以前是永南印刷厂的厂房，后来承包给人做酒楼，经营不善倒闭之后，居委会决定在这里建一处广场。永南广场地理位置优越，靠近居委会，就在主干道新永路边，交通非常便利。这里人流量和车流量较大，如果广场要举行活动，只要在路边立一块木板，贴上通告，就能起到良好的宣传广告效果。这座广场人气非常旺，尤其是晚上。只要不下雨，广场上几乎每晚都有人来活动：周一、周四是永宁健身队的训练活动时间，队员们在这里练习打腰鼓、舞龙或跳健身操；其余是集体舞时间，平均每天晚上都有 50 名左右的妇女晚饭后骑着电动车从各个小区赶来，在明快热烈的音乐声中跳上两个小时左右的健身舞。另外一些羽毛球爱好者则在广场边上拉上一道球网，痛快淋漓地进行厮杀。篮球场和乒乓球桌也很少有空着的时候，总有一些年轻人在其中奔跑跳跃。孩子们也喜欢到这里来玩耍，骑单车，跳绳，踩着滑板在人群中窜来窜去，兴之所至还会玩一两个花样动作。一些村民晚饭后会带着年幼的孩子来广场散步，看妇女们跳舞，有的孩子也禁不住音乐节奏的诱惑，跟着大人们手舞足蹈，惹得边上的人们忍俊不禁。广场入口处的大榕树下也总是坐着三三两两乘凉的人。

　　永南广场的兴建带来了村庄文化娱乐活动的重大改观，这里的妇女 30 年前无论如何也想不到，有朝一日她们也可以像城里人一样，到广场上跳舞娱乐健身。永南小区的社教员 HMJ 说："广场修建以前，村里基本上没什么人跳舞，少数喜欢跳舞的村民都是自己到小榄镇上的几个公园去跳。那时除了一些老人家会到社区小公园锻炼一下，其他人基本没什么娱乐活动，最多晚饭后到小榄中学附近走一走，散散步，那边人少，安静，空气好。2006 年广场建起来，老年协会的人来教跳舞，村里人的积极性很高，跳舞的人站满整个广场，根本没有地方打羽毛球。"社区鼓励妇女们到广场跳舞，专门找了人来教，带着大家跳，现在基本上每天晚上都有人在舞台上领舞。来这里跳舞非常自由，任何人只要想跳都可以加入，找个位置跟着跳就行了。来跳舞的大部分是 50 岁以上的中老年妇女，很多人之前从没有参加过任何文艺活动，跳起来手脚都比较僵硬，跳得并不好，但她们似乎并不计较这些，依然跳得很投入。与以往不出家门的生活相比，这无疑是很大的进步。

除了供妇女们跳舞，广场建起来以后，这里也经常举行各种晚会和表演。宁村有三个民间文艺团体——龙狮武术团、粤剧团和永宁歌舞团，这里是他们表演的主要场所之一，平均每个月都能在广场上看到一场文艺表演。前来观看演出的人很多，广场上坐满了观众，鼓掌叫好声此起彼伏，现场气氛十分热烈。除此之外，这里也是小榄镇电影放映队在宁村的主要放映点之一，基本上每个月都会在这里放一场露天电影。仅在我调查期间，这里就举行过数场文艺演出，如放电影、舞狮表演、暑期青少年游园会等活动。

西片广场是宁村西片片区的主要公共休闲娱乐场所，这个广场的规模要小很多，面积大约只有永南广场的一半，只有一个简陋的舞台，没有后台和音响设备。广场旁边也有专辟的羽毛球场，还有一些简易的社区健身设施。螺沙以前没有专门的广场，演出或村民要跳舞健身，都是在小区办公室前面的院子里进行。现在，这里正在建设一个大规模的文化娱乐广场，规划的面积达27亩，建成以后将成为宁村最大的文体广场。之所以要在这里建一个这么大的广场，是因为螺沙是宁村工业区所在地，聚居着大约5万名外来工，人口密度非常高。这个广场建好以后，将在很大程度上满足广大外来工的文体活动需求。

广场为宁村居民带来了新的交往空间和交往模式。在传统农业社会中，除了一些地区性的节庆仪式，人们很少与陌生人在一起消遣。在宁村修建广场以前，这里村民的休闲娱乐大多在熟人圈子里进行，不论在亲朋好友家中还是茶楼酒店，大多数时间人们都是与关系亲密的熟人、朋友度过闲暇娱乐时间。休闲娱乐被认为是私人领域内的事情，只有与熟悉的人才能分享其中的轻松愉快和自由自在。广场的修建在一定程度上打破了休闲娱乐的私密性，人们开始从家里走出来，共同从事文化娱乐活动。很多跳舞的妇女相互之间并不认识，或者只是点头之交，人们并不需要了解太多同伴的个人生活信息，他们只是短暂地在一起从事一项活动。经常到广场上跳舞的LK说，她在广场上跳了两年舞，基本上一个同伴的名字都叫不出来，许多人只是面熟，见到会点头打招呼。这种关系呈现出典型的都市"浅"关系特征，路易·沃思指出，都市社会关系的特征是肤浅、淡薄和短暂。①

广场休闲娱乐的另一特性是集体性，素不相识的人们聚集到一起参与文化娱乐活动，这对乡村居民来说也是一种新的体验。尽管相互之间的关系并不深，但"与众人一起"还是非常重要。HMJ 的姐姐是一名50 多岁的中年妇女，自己开了一间店铺，平时也没什么娱乐，就是散步。姐姐经常约她和家里人散步，因为一个人去走没什么意思，但他们常常都有事走不开，没办法陪她。后来家里人就劝她去广场跳舞，那里有很多人一起，就不用专门喊人陪了。开始她姐姐怎么都不愿意跳，经不住家里人劝，勉强去跟人学着跳，开始跳得不怎么好，没什么文艺细胞，跳起来手脚都很僵硬。不过后来她还是坚持下来了，现在跳得比较好，也很喜欢去跳，一场不落。LK 的情况属于另外一种，她是一名从湖南嫁过来的外地媳妇，嫁到村里差不多 10 年，尽管语言交流方面已经完全没有问题，但仍然感觉无形中被排斥，与当地人的交往非常有限，时常感到缺乏亲人朋友的孤独。永南广场修建以后，她开始到广场跳舞，这种情况好了很多，尽管与跳舞的同伴们并不熟，但起码下班后可以有一个地方去。LK 的舞跳得非常好，广场给了她展现才能的地方，在这里，她被当地人重新认识和发现。现在，她不仅是永南小区健身队的"台柱子"，还受邀加入了宁村健身队、小榄健身队，把舞跳到了小榄镇和中山市的舞台上。

## 二　社区文化活动中心

在宁村居委会旁正对路口处，矗立着一座蓝色玻璃外墙建筑，上书"永宁文化中心"几个大字。这里一直都是一处重要的社区公共空间，新中国成立前是"小榄五大庙"之一"妙灵宫"所在地，新中国成立后是大队会场。1980 年，宁村大队在这里修建了永宁影剧院，1999 年改建为文化中心，内设图书馆、阅览室、书画展览厅、棋类活动室、醒狮武术室等。除了这座文化中心，宁村下辖的每个小区基本上都设有"社区活动中心"，有的设在小区办公室楼上，有的设在撤销的社队办公室。活动中心一般都配备有一间舞蹈室、教室和一些体育健身器材，是小区健身队排练的

① ［美］路易·沃思：《作为一种生活方式的都市主义》，载汪民安、陈永国、马海良主编《城市文化读本》，北京大学出版社 2008 年版，第 142—154 页。

主要场所。有时晚上这里也开补习班，由社区聘请教师，为小区里调皮捣蛋、学习成绩不好的孩子补习功课。这些活动中心被视为永宁文明程度的重要标志，尤其是乡村都市化的标志。然而，与广场相比，这些活动中心的群众性和公共性仍旧保持在有限的程度内。除了少数小区健身队队员和青少年，很少有其他居民到各个小区的社区活动中心"活动"。"永宁文化中心"的公共参与性更低，基本没有人进去，偌大的房子里整天冷冷清清，现在已经变成了一处经营性场所，承包给一些私人举办些补习班之类。现在据说房子的地基下沉得厉害，整栋楼已经成了危房，即将拆除。村委会打算把文化中心迁到新永路边原建委办公楼去，搬迁之后也许情况会改观。

### 三　图书馆

图书馆是宁村文化中心的重要组成部分，设在永宁文化中心后面的一栋小楼里。对于乡村图书馆来说，这里的硬件设施已经达到了较为上乘的水准，藏书较为丰富，还有电脑可供阅读电子材料和上网。遗憾的是，图书馆的使用率也很低，除了周末、寒暑假有孩子来看书上网之外，村里的成年村民几乎从不来图书馆。尽管这里已经实现了工业化和都市化，村民受教育程度也大为提高，但离养成日常阅读的习惯还有相当距离。为了鼓励人们阅读，暑假期间，社区举办了一次阅读比赛，写一篇读后感即可。家长们倒是积极鼓励孩子们参加，自己却从没想过去参与这样的活动。为了凑够社区指定的参赛人数，小区社教员积极动员退休老教师们报名，连我都被拉上凑数，后来被告知得了一个二等奖，还领到了30元奖金。

### 四　社区公园

从90年代中后期开始，宁村部分生产队就开始兴建社区公园，那时"社区"还没有普遍流行，村民称之为"村中小园"。小园由各生产队自行规划设计，有些只是简单在路边建一个小凉亭，供村民休憩乘凉；有的则比较精致，小桥流水，亭台楼阁一应俱全。2004年"村一级核算"后，社区公园由居委会纳入统一规划、建设和管理，设施普遍较以前更为完善。宁村的社区公园分为两种类型，一种侧重生态景观，湖光山色，杨柳依依，公园中设有部分群众体育健身器材，在美化社区环境的同时也为群众提供散步、休息和体育锻炼场所；另一种社区公园则属于游乐场性质，以运动设施见长，设有滑梯、秋千、乒乓球台等，是深受孩子们欢迎的乐园。每天上午和傍晚，都会有许多村民带着孩子到小公园来玩耍，孩子们游玩嬉戏，老奶奶们则坐在树荫下的石凳上择菜、聊天，时不时朝孩子们看上两眼，叮嘱两句，是一幅十分温馨动人的生活画面。

## 五　老人活动中心

宁村的尊老、敬老之风浓厚，老年人在家庭和社区中受尊重的程度都较高。老人是社区非农化过程中受益较多的群体，一方面，珠三角的土地股份所有制普遍实行按年龄配置股份的做法，年纪越大股份越多，老年人获得了经济独立，不用再依赖子女养老；另一方面，非农化也将老人们从农业劳动中解放了出来，虽然许多老人还是会承担一部分家务劳动，但相对而言他们还是拥有充足的闲暇时间。为了给老人们提供一个消磨时间的场所，大部分生产队都建立了老人活动中心。老人活动中心通常会有一台电视机，一些桌椅、茶几，设施并不算好，但老人们还是很喜欢到那里去，与老朋友聊天、喝茶、看电视或打带一小点赌注的麻将。老人们在这里交流各种信息，相互陪伴，有时还组织一些活动，比如搞一场民间信仰仪式，或者去哪里玩一趟。短途一日游是比较受老人们欢迎的活动，尤其是到有庙宇的地方，既可以烧香拜佛，又可以活动筋骨锻炼身体。每隔一段时间，他们就会自行组织旅游一次。

## 六　学校、体育馆

如前文所述，在永宁，学校与社区联系紧密，学校的操场、跑道、球场都对村民免费开放。永宁几所学校的体育运动设施都不错，每所学校都有塑胶跑道，标准篮球场和足球场，以及其他一些场地和器材。暑期少儿篮球赛前期，几个距离学校比较近的社区，就借用学校的篮球场训练，有的小组赛也在学校球场举行。有时小区健身队也会在晚上到学校操场练习跳舞。位于永康小学的永康体育馆是社区文化体育中心，这里有一个标准游泳池，暑假期间有很多居民来游泳；社区拔河队和篮球队几乎每天在这里训练；社区健身操总决赛和篮球赛总决赛通常也在这里举行；这里还是各种晚会和文艺会演举行的场所。除了设施更为良好以外，与露天广场相比，体育馆最大的好处是举行活动不受天气限制，本来露天举行的晚会或比赛因为下雨临时改到体育馆进行是常有的事。学校是社区文体活动的主要阵地，还因为这里聚集大量体育、文艺工作者，如体育老师、音乐老师、美术老师等。这些学校老师在很大程度上充当着社区文体活动指导员的角色，社区的许多文体活动都是在他们的指导下得以展开。

　　除了这些较为正式的休闲娱乐空间，宁村还有一些自然形成的、非正式的休闲娱乐空间。永南小区对面的马路边有一株大木棉树，这棵树在当地的地位较为神圣，人们固执地相信这棵树自明朝万历年间就生长在这里，村民们甚至还在树下立了一块碑，郑重地写上"明朝万历年"。树下立有一个社头。永南的老人们总爱聚集在这棵树下闲坐聊天，永南小区就将树旁的一间小屋腾了出来，建立了一个老人活动中心。在沙垄小区，有一个叫"聚宴堂"的地方，以前是生产队的打谷场，村民经常在这里摆酒宴客，后来就加盖了屋顶，建了厨房，专门用作举行宴会的地方，不论是全村的敬老晚宴，还是村民私人家庭宴客，都可以使用这里的场地。"聚宴堂"的钥匙就放在沙垄小区办公室，哪家村民要用，去小区申请登记，交一点水电费即可。从沙垄小区办公室的登记册来看，在"聚宴堂"摆酒席需要提前几个月预约排队才行。小区工作人员解释说，在"聚宴堂"请客，又便宜又方便，那里水、电、厨房、桌椅都有，只要把材料准备好，从饭店请一个厨师来，就可以摆宴开席。

　　不过，总体上来看，自然性的社区公共空间日趋减少，几近绝迹，几乎所有的社区公共空间都变成了人工建设规划的产物，被纳入社区经济政治发展议程。

图4—7　永南小区文化广场

图4—8　在社区活动中心跳舞的妇女

图4—9　五福社区公园　　　　　　　图4—10　永宁大木棉树

# 第 五 章

## 政府、民间联动:社区公共生活的组织

公共生活必须在某些社会力量的组织和动员下才能得以形成,一般认为,社团是公共生活的主要组织者。托克维尔就将美国公共生活的活跃源泉归因于公民社团众多,人们通过组织和参与社团,发起组织各种社会活动,以追求共同愿望所设定的目标。① 普特南对意大利制度绩效的研究也表明,民间社团在社区公共生活中发挥着巨大作用,能够有效促进公共生活的繁荣,数量众多、形式多样的民间社团是地方社会活力的表现和成功的标志。② 中国社会也不乏社团生活传统,陈宝良指出,"社"和"会"是传统中国社会结构的重要组成部分,在这些民间社团的组织和推动下,古代中国社会的公共生活多姿多彩,充满生机和活力。③ 新中国成立后,基层政权组织取代了民间社团,成为乡村公共生活中的首要组织者和领导者。直到当前,按照相关规定,作为国家权力代理人的乡镇政府和村民委员会仍然在乡村社会生活中居于主导地位,对村落公共生活的展开负有不可推卸的责任。需要指出的是,改革开放后,由于国家权力从基层社会收缩,基层政权的资源控制和社会动员能力被大大削弱,许多自治性较弱的乡镇和村庄丧失了组织领导村庄公共生活的能力。与此同时,国家对乡村政治的放松为部分传统民间社团的复兴提供了机会,形形色色的草根民间社团蓬勃发展,重新在乡村公共生活中扮演着重要角色。

然而,在珠三角地区,国家权力的撤退不但没有导致基层政权的瘫痪

---

① [法]托克维尔:《论美国的民主》(下),董果良译,商务印书馆 2004 年版。

② [美]普特南:《使民主运转起来:现代意大利的公民传统》,王列、赖海榕译,江西人民出版社 2001 年版。

③ 陈宝良:《中国的社与会》,浙江人民出版社 1996 年版。

萎缩,反而为其发展壮大提供了福音。国家权力的松绑,为珠三角地方政府放开手脚参与市场竞争提供了必要的自由和灵活度。利用国家给予的各项政策优惠,珠三角乡村纷纷"摸着石头过河",各显神通,促使地方社会的经济面貌迅速改观。发展集体经济是珠三角乡村普遍采取的经济发展策略,每个镇区、村落都是一个地域性经济集团。随着集体经济的发展壮大,地方政府对土地、资金、人员的控制进一步加强,提供公共服务的能力也不断提高。在这种背景下,地方政府依然牢牢掌握着村庄公共生活的组织领导权,强大的政治、经济、组织动员能力,使镇政府、村(居)委会在村庄公共生活的组织中具有无可匹敌的优势。

此外,这一地区的民间社团也呈现出强劲的发展趋势,这些社团数量众多,形式多样,群众基础广泛,拥有一定的人力、经济资源,在民间信仰、文化娱乐、人生礼仪等活动中发挥重要作用。地方民间社团的兴盛与私营企业家阶层的兴起密不可分,绝大部分社团背后都有某一位或者几位"老板"资助。

在小榄镇,地方政府和民间社团之间保持着良好的沟通合作,许多民间社团的活动都得到镇政府正面或侧面的支持。二者似乎已经达成了某种分工默契:地方政府主要负责"正式"的、积极向上的、符合国家意图的公共活动,如会议、选举和文体娱乐等;民间社团则在一些"非正式"领域中活动,如民间信仰、红白喜事、敬老晚宴等。地方政府、民间社团和私营企业主三者之间的联合互动,共同促成了社区公共生活的发达。

## 第一节　社区公共生活的行政性组织

小榄镇政府和宁村居委会是宁村公共生活的主要组织者,地方政府在公共生活组织中的主导地位,导致宁村的社区公共生活带有浓厚的行政色彩:首先,在资金、场地、人员等方面对地方政府机构高度依赖,没有政府在这些方面提供强有力的支持,许多活动就无法开展。其次,紧扣国家政治生活主题,被视为政府宣传机构的有机组成部分。地方政府组织的公共生活的一个主要功能就是配合国家政策宣传,例如小榄镇的菊花会每年都有一个主题,2008年是纪念改革开放30年;2009年是庆祝祖国六十华诞等。宁村居委会举行的公共文体活动，也基本依照这个模式进行，广州亚运会前夕，社区专门举行了一场"狮王争霸赛"，为亚运会宣传造势。最后，在组织动员手段方面，主要通过纵向的组织纽带，以及劝说、教育、强制等行政手段实施动员，使得一些活动流于形式，成为地方政府的"面子工程"。除了自上而下的动员组织外，有选择性地对民间社团予以资助，引导其按照政府设计的轨道运行，是小榄地区社团和公共生活发展的另外一个主要特征。小榄镇文化站是小榄镇政府专门设立的文化组织管理部门，由其统筹、组织领导全镇文化活动的开展。这样做既可以扩大政府的群众支持面，为政府赢得口碑，也在一定程度上鼓励了民间社团的发展。许多民间社团主动向政府靠拢，以获取地方政府的承认和支持。

## 一　小榄镇政府的公共生活组织

小榄是中山市北部的"明星"镇，连续多年经济总量在全市排名第一，不仅如此，小榄还成功地将自身塑造为一个"文化艺术"之乡。相邻的古镇政府的一名干部说："现在古镇与小榄的经济差距已经差不多拉平了，但文化上起码要落后小榄10年。"小榄镇政府较早就萌发了文化建设的意识，早在20世纪80年代中期，就开始组织地方知识分子整理地方文献，编写了镇志。这也许与70年代末小榄的改革开放就是由当地的一项传统民俗——菊花会——的启动有关。菊花会在招商引资方面取得的巨大成功，促使小榄地方政府意识到传统文化在市场经济时代的宝贵价值，开始有意识地发掘富有地方特色的文化传统。小榄地方政府在文化建设方面的努力成果显著，近年来，小榄先后被文化部授予"菊花文化艺术之乡"、"中国民间艺术（书画）之乡"和"中国书法之乡"称号。小榄地方政府在推动地方文化建设方面采取的措施有：建立相关组织机构、场馆设施建设、组织举办各种活动、支持民间社团开展活动等。

首先，小榄地方政府设立了一系列文化机构，为文化活动的组织开展提供了组织架构和制度保障。镇宣传办公室（以下简称宣传办）是地方文化活动的主要领导机构，全镇所有文化活动都由镇宣传办统筹监管。文化站是宣传办下辖的执行机构，其主要职能包括三方面：一是发起、组织各项文化活动；二是与下辖的各个民间社团保持紧密联系，为其提供支持的同时也对其进行监管；三是与菊花文化促进会、小榄地方志编写办公室等机构保持密切联系，总体负责地方文化的搜集、整理和对外宣传工作。小榄镇社区教育办公室（以下简称社教办）是另外一个在地方文化建设中扮演着重要角色的政府机构，这个机构的主要职能之一，就是组织社区各项文化活动的开展。2004 年，小榄成立了"小榄镇社区教育委员会"，设立了专门的社区教育办公室，配备了专职"社教"工作人员。现在，社教办在全镇 15 个社区均设立了分支机构，专职"社教"工作人员达156 人，基本上每个生产队都有一名"社教"员，为社区文化活动的开展提供了强有力的组织架构保障。老年协会也是一个对地方文化活动具有重要影响的半官方组织，下辖武术、曲艺、书画、舞蹈、棋牌等多个以老年人为主体的社团，这些社团构成小榄地方文化阵营的重要组成部分。

其次，为了配合这些文化活动的开展，小榄地方政府还大力建设公共空间。除了人民公园以外，小榄的其他四座公园都是 20 世纪 90 年代中后期兴建的，其中龙山公园和江滨公园位于新城区，地势开阔，临江而建，已经成为小榄新兴的休闲文化娱乐中心，每天都有众多民间文艺社团在这里活动，这里也是每年菊花会的两个主要展场。菊花文化和书画文化被认为是小榄传统地方文化的两大亮点，为了突出这两项文化特色，小榄成立了"小榄镇菊花文化促进会"，设立了"小榄书法基地"，从规划、政策、经费、人才的奖励等方面对相关文化活动予以鼓励支持。现在，全镇共有艺术馆、展览中心、文化艺术品产业基地等书法活动场馆 67 个，平均每年举办书画活动 50 多场次。[①] 小榄镇体育馆和位于新城区商业中心附近的顺昌广场也是重要的群众文化活动中心，经常举办文艺表演和体育比赛。我在永宁调查期间，就收到过两次在这两处举行活动的通知，一次是在顺昌广场举行周末露天文艺晚会；另一次是在小榄镇体育馆举行交响音乐会。

再次，地方政府直接参与各种活动的组织举办，包括组织文艺演出和体育比赛、提供培训等。文化站除了要在重要的节假日举办各种晚会，还要举行一些常规文体活动，如暑期青少年文体活动、一年一度的小榄镇运动会、新年音乐会和慈善万人跑。有时为了对本地进行宣传，镇政府还要承办一些规模较大、级别较高的体育赛事，2010 年 7 月，第六届毽球世

---

① 《"中国书法之乡"落户小榄　菊城又添一国家级文化名片》（http：//www.zsqyg.com/jinjuguankan/show.php？itemid＝704.2010.5.19）。

界锦标赛在小榄举行，来自 14 个国家和地区的代表队参加了这次比赛。每隔一段时间，文化站都要组织一场"送戏下乡"活动，到下辖的各个社区进行文艺表演或放电影，有时也在周末或节假日，在镇上的体育馆或广场举办音乐会或露天文艺晚会。学习培训是地方政府组织文体活动开展的重要环节，2008 年 3 月，小榄镇为了在全镇推行广场舞活动，由镇宣传文化中心举办了一个广场舞教练员培训班，为全镇 15 个社区的 52 名教练员提供了培训。

最后，除了进行自上而下的动员组织，小榄地方政府对民间草根社团的动态也保持高度关注，并有选择地予以支持引导。小榄存在着众多官方或半官方文化社团，如文联、青年书画协会、老年书画协会等，这些社团接受地方政府资助，配合地方政府的意图进行文化生产。2009 年，为了推动小榄"水色匦"申报一个文化遗产项目，同时宣传"水色匦"环境整治成果，镇里专门组织了一次以"水色匦"为主题的书画展，动员书画协会会员们创作与此相关的作品。小榄老年书画协会是受地方政府资助的群众文化社团，依靠镇政府提供的资金，这个社团每半个月能够以喝早茶的方式聚会一次。作为回报，他们有义务积极参与镇文化部门组织的各项文化活动。2010 年 8 月，小榄镇政府接待了一个外国旅行团，按照镇政府的要求，小榄老年书画协会的会员们去现场表演了书法和绘画。会员们对这样的"任务"并不反感，反而认为得到了用武之地，表演书法既能完成政府布置的任务，也能结识新朋友，从中获得不少乐趣。另外一些民间社团不接受地方政府资助，但也都与镇文化部门保持着良好的互动合作关系，如宁村的龙狮武术团和东村舞蹈队，都经常作为地方文化团体的杰出代表，被镇文化部门邀请参与活动。8 月的一天，我在东村进行访谈，听几名东村舞蹈队的队员说起周末要去镇上的顺昌广场表演节目，原来这次文艺晚会就是文化站组织的。他们还参与过文化站组织的"送戏下乡"活动，随文化站组织的歌舞团到小榄的各个社区去演出。东村舞蹈队的队员们为此感到十分高兴和自豪，这既是地方政府对他们的肯定和支持，也是社团获取表演机会、扩大影响的良好机会。

许多民间社团的成员对地方政府在文化建设中表现出的积极努力表示赞赏，认为政府的大力支持是小榄地方文化活动发达的重要因素。小榄文联负责人 WHW 说：

　　小榄的文化比较繁荣,政府发挥了很大作用,是政府组织得好。政府经常会举办一些展览、比赛活动,邀请文化界的人士广泛参与,一般搞完活动都还会请他们吃顿饭,加强相互交流,为他们搭建了一个创作、交流的平台。政府举办这些活动,都是通过文化站这个单位来组织联络的。由于小榄的政府愿意出面来组织,众多的文人才没有处于一盘散沙的状态。隔壁的阜沙镇就是因为政府不组织,所以各种活动都搞不起来,文化不活跃。

　　老年书画协会的成员 H 说,他喜欢小榄的原因之一,就是这里的地方政府对各种民间团体的活动都比较支持。政府每年拨给老年书画协会一定经费用于开展活动,他们才能得以每半个月聚会一次,出来喝一次早茶。H 说他以前在广州待过,广州就没有这样的组织,只有回到小榄才有"找到组织"的感觉。

## 二　居委会的公共生活组织

　　尽管小榄镇政府较为注重开展各种公共活动,辖区内的居民有较多机会参与其中,而且部分活动,如小榄镇运动会和慈善万人跑都要求全镇所有的机关、团体、村庄必须参加,但各个社区日常的公共活动主要还是由居委会负责组织推动。宁村是小榄镇的 15 个社区中经济最为发达的一个,在社区公共生活的组织开展上也走在前列。这里的文体基础设施较为完善,文体活动组织得力,形成了较为系统的管理机制,各种活动开展的质量较高,群众参与积极性较强。小榄镇在各种宣传或汇报材料中,总是会将宁村在公共生活开展中取得的成就作为先进典型。

　　宁村的群众文体活动由居委会"政治工作办公室"总体负责,政治工作办公室的一名党委副书记 GZR 是主管全村文体活动的最高领导。村里各种活动的开展、比赛的组织、人才的引进,都由这个部门负责。政治工作办公室的工作人员每年都会制作一个计划表,将一年内准备开展的各项活动列出清单,包括活动时间、地点、活动规则、报名须知等,然后印发到各个小区,由小区社教员按照计划具体负责实施。现在村里有几项比较固定的文体活动,基本上每年都会举行,如暑期少儿篮球赛、健身操赛、拔河比赛和环村长跑。凡是参加这些活动的居民,每人可以得到社区发放的 80 元"服装补贴",现在一般参加比赛都要求统一着装。政治工作办公室还为社区的三个文艺社团排出了一张演出日程表,保证平均每个月都有一场文艺演出。为了推动群众文体活动的展开,社区培养了一批"文体辅导员",由他们带领、辅导群众开展各种文体活动。这些"文体辅导员"大多不是本地人,而是从全国各地引进的有文体特长的人员。社区负责为他们解决户口和工作,其中的大部分人都被安置在社区的几所学校做老师。经过不断改进,宁村的群众文体活动开展已经形成了较为系统的管理机制:建成了一批活动场馆、建立了人员组织架构、明确了活动经费的划拨标准、制定了活动计划表、培养了一批"文体辅导员"。主管文体工作的 GZR 书记说:

> 现在宁村每年在群众文体活动上投入的资金为 100 万元。我们花了很多钱来搞场馆建设和公用体育设施建设,现在各个小区的篮球场加起来总共有 60 多个了,有些还是灯光球场。体育馆有 3 个,还有 3 个健身广场,另外还建了好些游泳池、乒乓球台、羽毛球场等。

> 社区鼓励居民参加文体活动,是为了提高居民综合素质,转变他们的思想观念。以前这里的人都是农民,要让他们去广场上跳舞是不可能的,但现在慢慢也都开始形成去广场跳舞的习惯了。每年村里都会组建团队,组织举办一系列活动。比赛一般分组进行,有小区组、企事业单位组和教育组。企事业单位不仅包括宁村的几个集体企业,凡是租用宁村物业的企业,都可以组队参加社区组织的各种比赛。教育组有永宁中学、永宁小学、永康小学、华辉学校和一批幼儿园。

> 现在整个社区有 200 多名体育辅导员,这些体育辅导员都取得了教练或裁判资格,按级别来分,有 1—3 级,1 级是最高级别。这些体育辅导员分布在各个小区,基本每个小区都有,帮助辅导居民开展体育活动。现在有些居民想活动,但不知道要做什么,所以需要这些体育辅导员引导,晚上在永南广场领舞的那些都是体育辅导员。社区有时会组织这些体育辅导员出去参观学习,例如让他们去广州的各个公园四处转,看看人家都在跳什么舞,进行什么运动,有没有什么可以学习的。

> 宁村的好多体育辅导员、教练都是从外面请回来的,比如游泳教练是从四会请过来的,乒乓球教练是从广西请回来的,篮球教练是从

江西请回来的，等等。如果社区觉得哪个人还不错，就会去跟人家谈，一般的待遇条件就是按公办教师的标准给，一年的工资有五六万元。另外，如果他们本人在各种比赛中取得成绩，或他们教的学生在比赛中获奖，还会给他们相应奖励，他们对这种条件待遇都还比较满意。比如社区有一个女棋手，象棋下得非常好，她本来是云浮人，后来入选广东省队，在参加青少年象棋比赛的时候被宁村看上了，就把她挖了回来。她来宁村一看，就觉得宁村很好，不想走了，让我帮她安排工作。她想当老师，但学历又不够，考不到教师资格证，宁村就跟她签了合同，送她去广州读幼师教育，回来让她当了幼师。现在她已经当上了幼儿园园长，在宁村结婚安了家，嫁给了一个打篮球的。宁村的体育之所以成绩这么好，与他们这些专业人才是分不开的。

　　宁村居委会还有另外一个机构——社区教育办公室（以下简称社教办），这个机构既是隶属于小榄镇社教办的分支机构，对镇社教办负责；同时也服从居委会政治工作办公室的领导，具体负责村庄日常文化活动的开展。现在，宁村的各个小区均设有一名社教员，他们的主要工作就是组织开展群众文体活动。每逢各种比赛前夕，社教员都会变得十分忙碌，尤其是暑期少儿篮球赛和健身操赛，都要经过一段时间的训练才能参加比赛。社教员们使尽浑身解数，四处找人寻求资金赞助；打电话通知、动员本小区居民参赛；与队员们商量训练时间，沟通联络；到场查看监督训练情况，有时还要身先士卒，亲自上阵；联系购买服装；做好后勤服务，递水递毛巾，准备赛后聚餐……如果不是这些小区社教员在每个环节都"跟"得这么紧，这些社区组织的群众文体活动很难开展起来。宁村社教办主任YBC说："2000年左右村里就开始有人从事跳舞等活动，但都是小打小闹。2004年成立了社教办，才由社区来统筹规划，制订各种演出、比赛计划，各种文体活动才发展得比较好。"

　　宁村几个大型的文体团队——拔河队、龙狮武术团、曲艺团和歌舞团，也可视为居委会下属的群众文体机构，尤其是前三者，均与居委会有着直接联系。2008年之前，拔河队、龙狮武术团和曲艺团都完全隶属于居委会，社区为他们提供训练场地和活动经费，他们则经常代表社区外出比赛，为社区赢得了不少荣誉。这个村庄不惜巨资，历经数年，训练出了一支广东省一流的拔河队。宁村的拔河队经常代表广东省参加全国的比赛，2010 年初还代表中国队参加了在意大利举行的世界拔河锦标赛，一个社区能够代表中国参加比赛，是宁村上下都特别引以为傲的事情。这样的成绩来之不易，社区每年都要为拔河队投入几十万元，用于购买训练器械和队员服装、交通餐饮以及为队员发放训练津贴等。拔河队的训练也很严格，基本上每天都要训练，从下午 6 点训练到晚上 9 点。GZR 书记对拔河队的训练抓得很紧，只要没有事情，他每天晚上都要去看拔河队训练，也提供指导。他本人就是取得了证书的国家级拔河教练、裁判。龙狮武术团和曲艺团的表现也都相当不俗。龙狮武术团经常参加区域性"狮王争霸赛"，多次获得冠军，有"香山狮王"和"岭南狮王"的美誉，还经常受到我国港澳地区及一些东南亚国家的邀请，出访表演。曲艺团则经常在中山市范围内受到表扬和嘉奖。

2008 年，由于另一个民间社团——歌舞团发起人 LJZ 的抗议，居委会调整了与这几个社团的关系。LJZ 认为，社区对这几个团体的资源分配十分不公，就社区的演出情况而言，歌舞团的观众比龙狮武术团和曲艺团都多，节目也比龙狮武术团和曲艺团的更受欢迎，凭什么龙狮武术团和曲艺团能得到那么多资源，而歌舞团什么支持都得不到，为此 LJZ 专门写了材料到居委会反映情况。他的指责涉及相当敏感的"关系"问题，认为龙狮武术团和曲艺团的负责人都是由于与主管政工的副书记 GZR 个人关系密切而受到社区诸多关照：龙狮武术团的负责人 GQR 是 GZR 的亲弟弟，曲艺团的负责人 LZX 则是社区的前任政治工作书记，是 GZR 的老上级。居委会经过研究讨论，做出了一些调整，不再采取"以社区养团"的方式对这些团体进行管理，而是根据演出次数给予补贴，每演出一场社区就给两三千块补贴。LJZ 对这种解决方式比较满意，说这样搞了以后，三个团的演出频率基本相同，每场演出社区补助的经费也一样，那两个团再也不能搞特殊独霸资源了。龙狮武术团和曲艺团虽然有所不满，但由于是居委会的决定，他们还是表示了服从，而且他们使用的场地和大部分器材还是由社区提供。现在，只有拔河队还是完全靠社区"养"着，这是宁村的一个"门面"，因此虽然投入巨大，但并没有人提出异议。经过调整之后，龙狮武术团转变成了经营性团体，经常在外面进行商业性表演，还长期举办武术培训班；曲艺团是个非营利的业余兴趣爱好者团体，每周只训练两个晚上，加上前些年村里已经为他们置办了整套乐器和服装，有时还能得到一些私人"老板"的赞助，基本能够维持运转；歌舞团从完全依靠个人投资支持，到一定程度上获得居委会资助，生存发展空间也得到了一定扩展。这样，宁村的三个民间文艺团体基本形成"三足鼎立"的格局。

## 第二节　民间社团的公共生活组织

许多学者注意到社团发展与经济社会变革之间的关系，普特南指出，在充满了动荡和不确定的时代，许多人都希望到同志式的组织中寻求援助和慰藉，这是西欧在工业革命后出现了"大众交往蓬勃发展"的主要原因之一。① 朱英也在研究中指出，中国社团近百年来的发展表明，新型民间社团的产生，与新经济成分的发展与民间新社会群体的形成，存在着非常紧密的联系。② 改革开放后，中国民间社团悄然勃兴，其数量及种类均持续增长，"从原来的几大群众团体发展到包括政治、经济、科学技术、文化教育、体育、健康卫生、社会福利与援助、宗教、联谊性、公共事务社团等在内的完整体系"③。这些社团不仅在满足新出现的社会、文化及经济需要等方面发挥着重要功能，而且还是社会团结的推动者和催生社会新秩序、促进社会良性发展的动力。④ 这些社团在组织动员各种社会活动，构建社会网络，推动民众参与公共生活方面发挥的影响也在显著增加。

改革开放后，宁村也出现了一些民间社团，这些社团有些是在原有基础上恢复重建的，如龙狮武术团、曲艺团和宗族团体；有些是改革开放后新出现的，如歌舞团、各小区健身队、基金会和一些宗教团体。这些民间社团在村庄公共生活的组织动员中发挥着重要作用，不论是文化教育、文

① ［美］普特南：《使民主运转起来》，王列、赖海榕译，江西人民出版社 2001 年版，第159—160 页。

② 朱英：《20 世纪中国民间社团发展演变的历史轨迹》，《华中理工大学学报》1999 年第 4期，第 68—74 页。

③ 王颖、折晓叶、孙炳耀：《社会中间层》，中国发展出版社 1993 年版，第 1 页。

④ 高丙中：《社团合作与中国公民社会的有机团结》，《中国社会科学》2006 年第 3 期，第110—123 页。

艺体育、宗教仪式还是社区性的联谊聚餐，都离不开相关社团的组织筹备。这些社团发起组织的各种活动不但为民众提供了交往渠道，丰富和活跃了社区生活，增加了社区内的信任团结，而且还将"小地方"与"大社会"联结起来，使得本地居民能够以此为立足点，参与到更大范围的社会活动中去。

## 一　社区民间社团的类型

宁村的民间团体大致可以分为三种类型：文娱团体、民间信仰团体和宗族团体，三种团体分别代表着当前群众最普遍的几种需求：文娱团体侧重休闲娱乐和体育健身；民间信仰团体满足群众的精神信仰需求；宗族团体表现出人们对亲属血缘的重视。三种团体各自有不同的活动领域，很少交叉重叠。以下分别对这三种团体的情况进行简要介绍。

文娱团体是近年来发展最快的一类民间社团，这既是由于乡村社会转型后人们对文化娱乐和生活质量的追求所致，也是因为这类社团较少带有政治意图，受到政府部门的认可和鼓励。改革开放以来，随着乡村工业化和都市化的日益推进，珠三角乡村普遍实现了由农业社会向非农社会的转化，绝大部分居民被从农业劳动中解放出来，闲暇时间大大增加，对文化娱乐的需求也随之成倍增长。在笔者参与过的一项对顺德妇女生活满意度的调查中，要求丰富文化娱乐生活的呼声是最高的，58.6%的妇女希望政府能够提供丰富文化娱乐生活的相关服务。在这种背景下，地方政府和居委会积极推动民间文化娱乐社团发展也就不足为奇了。宁村现在有三个规模较大、较正式的文艺社团，分别是龙狮武术团、曲艺团和歌舞团，舞狮和粤曲都是当地的传统文化娱乐项目，在很长时间内一直是乡村文化娱乐的重要内容。然而，随着社会急剧变迁，这两项活动的社会文化基础被削弱，受欢迎程度随之降低。现在能够真正欣赏这两项活动的人越来越少，尤其是粤曲，很多当地年轻人都听不懂。当前，群众需要的是更现代、更符合大众流行文化娱乐口味的活动和社团，如宁村歌舞团，就是一个以表演现代歌舞为主的文艺社团。对许多年轻观众来说，这个社团表演的节目的确更有吸引力，能够引起他们的共鸣。

另一类在当下受到群众欢迎的活动，是各类健身活动。现在人们对身体健康的重视达到了前所未有的程度，在笔者曾参与过的顺德和南海两地妇女幸福感调查中，身体健康都被妇女们列为生活幸福的首要因素。广场健身舞之所以迅速风靡宁村，很重要的一个原因就是这项活动将娱乐和健身有机结合了起来。近年来，在小榄镇政府和宁村居委会的大力倡导下，宁村下辖的小区都成立了健身队。不过许多健身队都是为健身操比赛而成立的，只在比赛前后活动两个月左右，并没有固定的成员和活动时间、场地，每年都需要小区社教员重新召集，是一些非常松散的组织。只有东村、永南等少数几个小区健身队形成了具有较强自主性、经常开展活动的社团。

宁村的民间信仰在改革开放后大规模复兴，甚至到了比新中国成立前有过之而无不及的地步，不仅家家户户都设立了神位，早晚上香，还要拜社头，拜社区庙宇中的菩萨，有些人还不惜千里迢迢到一些著名的庙宇去参拜，拜神的范围越来越广，所拜神灵的数量也越来越多。民间信仰在工商业社会越来越发达，是东亚社会中普遍存在的现象，台湾人类学家李亦园曾专门对此进行过研究。李亦园指出，20世纪60年代以后，台湾民间信仰表现出两个趋势：一是功利主义趋势，宗教的社群意义减弱，满足个人现实需求的意义相应增强，信仰的神灵数目无限扩大；二是提倡传统道德复兴，以恢复传统美好的伦理秩序。[①] 目前，宁村的民间信仰以功利主义为主，民众从事民间信仰的主要动机是解决个人在实际生活中遇到的困难、问题，同时不乏投机心理，希望靠好"运气"实现愿望。与此相应，宗教机构和宗教职业者也逐渐向职业化和商业化转变，明码标价为公众提供服务，并不断开发新的业务项目，如念经、做法事、托管灵牌等。民间信仰盛行与工商业社会对利益追求的增加和风险的增加有关，据当地村民反映，现在最热衷拜神的有两种人：一种是生意人；一种是身患重病的人。这两种人都是最缺乏安全感和缺乏对"命运"把握感的人。改革开放后，宁村出现了一些民间信仰团体，这些团体均围绕所信仰的神灵或庙宇组织起来，如观音信仰社团、龙母信仰社团、净意庵信仰社团、龙兴庙信仰社团、陈大法师庙信仰社团等，其中最多的是观音信仰社团。这些社团定期在各个庙宇举办相关仪式活动，有时还组织成员到外地旅游进香。由于这些民间信仰社团很多都不属于国家认定的三大宗教（佛教、道教、基督教）范围，没有获得合法性，只能半公开地活动。

---

① 李亦园：《台湾民间宗教的现代化趋势》，载《李亦园自选集》，上海教育出版社2002年版。

珠三角地区在相当长一段时期内都是宗族社会，宗族对地方社会的影响渗透于方方面面，即使在"文化大革命"时期，宗族在这一地区也没有完全销声匿迹，一些宗祠被拆除，但族谱基本都被保留了下来。现在，宁村是一个杂姓社区，随着社队合并完成，宗族对地方政治的影响逐渐淡化，但文化上的影响依然十分巨大。社区的每一名成年男性都清楚地知道自己属于哪个姓氏宗族，并对各自的宗族团体成员保持着强烈认同，尤其是"五服"之内的宗族成员，这些成员是其获得社会支持的一个重要来源。村里的男孩从小就被培养宗族归属意识，跟随父亲或祖父参加宗族活动，例如到宗祠参加祭祖或"开灯"仪式，清明去房支发源地墓地"拜太公"，等等。村里常常见到一些同一姓氏的男子亲热地称兄道弟，因为他们虽然没有直接的亲属关系，但可能按照辈分排名属于平辈的"兄弟"。宁村总共有 100 多个姓氏，每个姓氏宗族都有各自的宗祠、墓地、族谱，有一套自己的活动管理规则，是组织性较强的社团。与文体社团和宗教社团以横向社会网络为组织纽带不同，宗族社团原则上仍是按照纵向血缘纽带组织起来的团体。当前，宁村的宗族社团正在向跨地区联宗团体发展，甚至跨国的寻根问祖、宗亲联谊活动也在蓬勃开展。

图5—1 曲艺团的乐队

图5—2 龙狮武术团训练场景

## 二 民间社团的组织纽带

宁村的三类民间社团各有不同的联系纽带，将成员们从四面八方联系到一起：文娱社团以兴趣爱好为纽带；民间信仰社团以信仰为纽带；宗族团体以血缘为纽带，通过共同的祖先将同一宗族或姓氏的人们联系在一起。

　　小榄镇的文化兴趣团体历史可以追溯到明清时期，一些爱好诗文的地主士大夫发起组织了多个文学团体，如文虹诗社、泰宁诗社、湖心诗社、惯虹诗社、仿洛诗社等。[①] 改革开放后，这种兴趣爱好者结社的传统一定程度上得以恢复。宁村的文娱社团也全部都是兴趣爱好者团体，这类社团组织较为松散，很少限制会员资格，加入和退出社团都比较随意。以曲艺团为例，这是一个粤剧爱好者社团，最初成立于 1955 年，由村里的粤剧爱好者 TYG 发起，当时有 60 多名成员，定期排练演出，一直活动到"文革"时期被解散。1992 年，TYG 再次发起组织了一个音乐小组，1995 年被命名为"开心曲艺队"，后转往新市文化中心活动。现在的宁村曲艺团成立于 1998 年，成员以老年人为主，也有少数年轻人在其中活动，年纪最小的是一名刚刚升入高中的小姑娘。这些成员大部分是宁村人，也有一些其他社区的居民前来参与，经常来参加活动的成员有 20 名左右。这些人都对粤剧表演抱有浓厚兴趣，许多人年轻的时候就喜欢粤剧艺术，是集体化时期各个文艺宣传队的成员，现在退了休，有了充足的时间重拾当年的兴趣爱好，曲艺团的成立为他们满足对粤剧的爱好提供了良好的平台。曲艺团的乐手 LQR 说：

　　　　我还是年轻的时候玩过乐器，后来改革开放就去做生意赚钱了，直到 2002 年才又重新捡起来，加入粤剧团来玩。我很喜欢粤剧，觉得演奏的时候很享受。为了提高演奏技巧，平时就在家里听省粤剧团的卡拉 OK 光碟，琢磨里面的结构、技巧，再试着自己练。粤剧团的人都没人教，都是自己这么学出来的。

　　曲艺团每周在"佩兰书室"排练两次，从晚上七点半排到十点半。"佩兰书室"以前是一个宗族的私塾，现在是一个市级文物保护单位。20 世纪 90 年代，宁村出资尽量按照原貌对这所房屋进行了维修翻新，用作曲艺团的排练场地。修葺后的"佩兰书室"古色古香，与曲艺团婉转优雅的古典气质十分契合。曲艺团有自己的乐队，还有简单的音响设备。每

---

　　① 何仰镐：《中山文史》第 42 辑，载《榄溪风物》，政协广东省中山市委员会中山文史编辑部 1998 年版，第 261—262 页。

到曲艺团排练的夏日夜晚，周围的许多老人家就会过来，坐在前厅摇着蒲扇欣赏团员们吹拉弹唱。刚成立的时候，曲艺团还停留在自娱自乐的阶段，练习了一段时间，就开始参加演出、比赛，在中山市拿了好几个奖。2008 年以后，社区对三个文艺团体的演出日程进行了规划安排，平均每个团每个月都有一次演出任务。曲艺团成员对此感到很高兴，以前他们只是自娱自乐，现在可以为全村人表演。

　　共同的信仰是各个民间信仰团体得以维系的主要原因，这些民间信仰团体一般围绕特定的神祇或庙宇开展活动。宁村有一座为政府机构所承认的宗教机构——净意庵，为佛教信仰者的活动提供了空间。这座庙宇成为一些忠实信徒交往活动的中心，由于庙宇的尼庵性质，这些被称为"居士"的信徒以中老年妇女为主，她们不仅定期在农历初一、十五和佛教节日前来参拜、念经，而且义务协助庙宇进行管理，处理日常事务。现在每个月的农历初一、十五和佛教节日，净意庵都会准备斋饭，由于前来吃斋的人比较多，仅靠庵里的尼姑忙不过来，许多居士就会主动来帮忙，从蔬菜物品的采买、切菜洗菜、做饭，到上菜、洗碗，各个环节都有居士"志愿者"的参与。2010 年农历六月十八笔者到净意庵探访，看到几名尼姑和居士在院子里削土豆皮。一名年轻的尼姑告诉我，这是在为第二天观音诞的斋饭做准备，庵里不需要特别通知这些居士来帮忙，居士们对庙宇的活动规律都很熟悉，知道什么时候会有事情需要过来帮忙，到时自然就会有人来了。2010 年初净意庵重修落成典礼，没有信徒们的协助，庙宇根本不可能展开这样大规模的活动。共同信仰具有强大的凝聚力，可以将人们召集到一起，净意庵重建时，为之捐款的不仅有本村村民、小榄镇内的信众、邻近其他乡镇的信徒，甚至许多港澳台同胞、海外华侨都纷纷慷慨解囊。民间信仰在维系文化认同方面的功能为许多地方政府所重视，希望通过这一渠道加强与海外华人的交流，促进"三引进"和统一战线①，服务于政府的经济和政治目的。社区其他几座群众自行重建的小庙，也都有各自的"信仰圈"和信仰团体，负责庙宇的日常管理和维护，组织与主祀神祇相关的仪式活动。另外一些信仰社团的活动常常超越地区庙宇范围，组织"进香团"进行跨地域朝

---

① 中共厦门市委统战部联络处：《兴利抑弊，为海外联谊和统一祖国服务》，《福建省社会主义学院学报》1995 年第 3 期，第 45—46 页。

拜，如这里的龙母信仰团体每年都会在"龙母诞"期间组团前往德庆悦城龙母庙参拜。

宗族团体原则上以血缘为联系纽带，由于血缘的原生性，其凝聚力要更为强大。宗族团体主要通过族谱追溯彼此间的关系，族谱不仅记载了个人在宗族谱系中的位置，还能反映族、房、支的发展脉络。许多以前并没有关系的宗族社团，通过核对族谱，往往能发现其"同出一源"的关系，并就此展开联宗活动。宁村下辖的沙垄小区是一个以麦姓为主的社队，一名麦姓老者说，他们每年"五一"都会组织族人去新会"拜太公"，跟他们一起去的还有隔壁九洲基社区和小榄镇其他地方一些姓麦的人。九洲基社区姓麦的人以前本来跟他们并无来往，后来两方的几个人在一次闲聊中说起双方的祖先，越说觉得关系越近，后来拿出族谱核对，果然是同一个太公下来的，只是属于不同的房支，时间长了就失去了联系。现在既然又重新相认，就恢复了往来，每年一起组织去新会祭祖。尽管族谱为宗族团体之间取得联系提供了依据，人们对于族谱的真实性和准确性要求似乎也并不高。冈头村一名胡姓的老族长在访谈时拿了两本族谱来给我看，一本是手抄本，记录着从到冈头定居的第一代太公到他总共 7 代人的谱系；另一本是出版物，由香港胡氏宗亲会编辑出版，介绍了从福建迁到广东的胡氏宗族的情况。像这样的文本，就已经不能算严格意义上的族谱了，覆盖的地域和人群远远超过了狭义的血缘宗族。但无论是宁村本地的胡氏宗族，还是中国香港和澳门地区以及新加坡等地的胡氏宗亲会，对这种族谱都表示认可，很乐意建立起分布在各地的宗亲会网络。另一名何氏宗族的成员说，他们何氏宗族是从南雄珠玑巷出来的，2010 年正月，他们一些姓何的老人家还一起去了珠玑巷寻根问祖。但他后来又谈起，他们本来不姓何，是姓韩的，跟珠玑巷宋朝的那个妃子一个姓，追捕妃子的官兵问他们的祖先姓什么，因为说实话有杀头之虞，他们就随口编了个谎话，说姓何。由此可见，宗族姓氏保持着相当大的弹性，人们可以根据自己的意图，"创造"出与某一姓氏之间的联系。当前，宁村的宗族团体也表现出明显的现代化趋势：吸收成员机制灵活，范围扩大，从同宗成员向同姓成员扩展，管理方式趋于民主。有学者据此认为，宗族具有高度灵活性和适应性，宗族的这种变迁是适应现代工商业社会的表现。①

---

① 黄世楚：《宗族现代化初探》，《社会科学研究》2000 年第 4 期，第 105—107 页。

### 三 民间社团的组织方式

宁村的民间社团一般采取三种组织管理方式：一是由社团负责人召集组织，负责人是社团的灵魂，一般具有较高威望和较强的资源动员能力，认真负责，对社团事务热心，负责人的努力，在很大程度上维持着社团的运转；二是采取理事会的形式组织管理，选举一些成员担任社团理事，由他们负责社团的日常管理和活动召集组织；三是没有明确的负责人和理事会，仅仅是由一些"热心人"自愿承担有限组织管理责任，主要靠成员自愿参与，组织管理相对松散。

龙狮武术团、曲艺团和歌舞团采取的都是负责人组织管理制，负责人的个人能力、品质、社会资源关系对社团的发展具有决定性影响。龙狮武术团的负责人 GQR 是宁村的一个著名"公众"人物，他的龙狮武术团在方圆百里内赫赫有名，许多迷恋武术的年轻人想拜他为师；他本人经常担任村里举行的文艺晚会的主持人和演员，能言善辩能歌善舞，大多数社区居民都熟悉他的面孔；他哥哥是村里的副书记，为他带来许多有形或无形的资源。在他的带领下，龙狮武术团从一个普通的乡村舞狮爱好者俱乐部成为一个具有较高专业水准的社团，不但得到政府体育管理部门的认可，也在"江湖"中赢得了较高地位，与居委会解除了资助—庇护关系后，龙狮武术团开始朝经营性方向发展，通过举办武术培训班和商业性表演自筹经费来源，同时也还保留着一定程度的公益性，如定期为群众进行表演，对在社团中学习龙狮武术的青少年进行社会教育等。GQR 一人身兼数职，既是社团负责人，又是龙狮武术教练，还是社团公关、经纪人，负责对外联系交往，没有他的这些资源、能力和投入，龙狮武术团将无法维持运转。曲艺团的负责人 LZX 对这个社团的发展同样功不可没，1998 年退休之后，他就把这个社团视为一项新的事业来经营管理。他的退休干部身份为这个社团的发展提供了有利条件，既熟悉群众，在群众中有一定威信，又拥有一定政府部门关系资源，容易获得政府部门的支持认可。他全情投入、认真负责的态度增加了其在社团中的声望和对社团成员的号召力，成员们对他为社团所做的贡献和努力表示尊敬和钦佩。与他们相比，歌舞团的负责人 LJZ 的处境要困难得多，他无法获得外界政府资源，完全只能靠个人努力。在 2008 年获得居委会补贴之前，歌舞团的演出、活动费用都是他自筹的，要么自己掏腰包，要么说服动员他自己的朋友捐款。演员也都是他自己去找来的，有的是他自己的朋友，有的是找熟人推荐的，有的是他去公园里物色来的，有些是向其他文艺团体借用的。音响设备、服装道具也都是自己准备，他有一辆三轮车，专门用来运这些设备。歌舞团的成员们平时分散在各处，一到要演出，就由 LJZ 先列出节目单，然后按照节目单去联系演员。他是社团成员们之间唯一的联系纽带，可以想象，一旦这根纽带出现问题，社团将马上面临解体的命运。

宁村的相当一部分民间社团采取的是理事会的组织管理形式，选举德高望重、办事公正的社团骨干成员主理社团事务，大多数宗族和民间信仰社团采取的都是这种组织管理形式。与传统宗族实行族长权威统治不同，当前宗族更多采取的是理事会组织管理形式，理事会的主要职责有：制作族人联系通讯录、通知族人参加宗族聚会活动、接待宗亲会或其他同姓宗族的来访、筹措资金、主持仪式、修订族谱、修缮打理宗祠等。HWG 说，他们何氏五郎房在顺德的宗祠实行的就是理事会管理制度，宗祠有董事，董事要定期开会，商量宗祠的有关事情。这间宗祠还有出纳、会计和保洁人员，他就是这家祠堂的会计，冈头村 84 岁的胡老先生是冈头胡氏宗族最年长的老人家，以前做过很长时间的村治保主任，识文断字，见多识广，被视为胡氏宗族的"族长"。现在他仅有一些象征性的权力，如保管族谱和其他一些相关的宗族纪念物品。他说："族长现在没有话事权了，如果是宗族有什么事情，要各方的老人家在一起商量。家庭里发生纠纷、分家什么的，一般也不找老人家了，纠纷去找居委会、找干部；分家去找公证处。"

民间信仰社团也普遍采用理事会形式组织管理，只是这种理事会是非正式的，不经过选举产生，而是在社团发展过程中自发形成。一些长期服务社团的"热心人"自然而然就成了"理事"，负责日常打理庙宇，管理收入和开支，发起组织活动。现在小榄的各个庙宇中一般都贴有一份简单的账目收支表，以公布社团财务状况。信仰社团在具体仪式活动的发起组织上，通常采用做"会"的形式，先通过贴布告或口传的形式发布消息通知，有意来参加活动的信众前来登记、交钱，理事们根据参加活动的人数准备相关物品。以每年三月初三龙兴庙的"会"为例，每个交了钱的信众都可以凭收据领取一份烧猪肉和一条毛巾。如果是要聚餐，则会事先定好价格，多少钱一桌或多少钱一个人，到时按缴纳的费用来就餐就行。

还有一些社团则没有明确的负责人，靠成员自觉和临时约定发起组织活动，各个小区健身队一般属于这种性质。出现这种情况的原因，有可能是没有人愿意出来为社团活动贡献大量精力，承担责任；也有可能是社团成员资历、能力、声望相当，没有人有足够的号召力和个人魅力担任社团领袖，大家拒绝服从某个成员的领导，而更倾向于以平等协商的方式相处；还有可能是一些中下层妇女缺乏组织能力和经验，不知道如何才能组织起来。大多数小区健身队成员的同质性较高，都是差不多年纪的家庭妇女，所处的社会阶层也差不多。健身操赛期间这些社团主要通过小区社教员临时联系组织在一起，赛后即自行解散，不再一起活动。只有个别小区健身队发展出了相对稳定的联系，如东区健身队。这个社团的成员大多出身中产阶层，本身就是企业主或商人，具备组织社会活动的经验和能力，比较容易在目标一致的情况下达成一致，并不需要依靠社团领袖的个人感召力才能团结到一起。东区健身队也有一些骨干和积极分子，但并不具备正式社团领袖地位，她们自己也很注意，尽量使自己融入其他社团成员之间，成为"群众"中的一员，而不是使自己显得特殊。这个社团的活动频率要明显高于其他小区健身队，基本上每天都有安排，不是排练就是参加各种演出，在这些活动之外，她们还经常约着一起吃饭、喝茶或旅游，社团成员之间的熟悉、信任度较高，关系较为融洽。这些社会资本能够有效促进社团合作，提高社团组织效能。

## 第三节　"老板"与公共生活组织

改革开放以来，乡村私营企业主阶层的崛起成为引人注目的社会现象。许多学者注意到了这一新兴社会群体对乡村公共生活的影响，目前绝大多数讨论集中于私营企业主阶层在公共生活中的政治参与层面，研究者对私营企业主阶层的政治参与动机、参政形式、参政过程、参政影响等方面进行了卓有成效的论述。[①] 然而，对这些先富起来的私营企业主阶层在

---

① 李宝梁：《从超经济强制到关系性合意》，《社会学研究》2001 年第 1 期，第 63—75 页；高贤峰：《我国私营企业主参政问题研究评述》，《当代世界与社会主义》2005 年第 3 期，第150—154 页；任强：《"苏南模式"的转型与乡村先富参政》，《浙江社会科学》2005 年第 3 期，第 104—110 页。

政治参与以外的乡村公共生活中扮演的角色,目前尚缺乏足够关注。事实上,除了制度性的政治参与以外,新兴乡村私营企业主阶层还活跃在乡村文化、教育、公益、民间仪式等各个领域,是乡村公共生活的主体。这些近年来崛起的新型乡村精英,一方面积极在地方权力舞台上角逐,尽力在政治上扩大影响,争取话语权;另一方面倡导包括村落社区共同体在内的传统伦理价值观复兴,同时积极投身乡村公益事业,参与到社区建设中来。乡村私营企业主阶层通过实际行动,利用自身对乡村民众所具有的号召力和影响力,重新激发当地居民的地方共同体意识,在社区共同体重塑中扮演着重要角色。

在宁村,"老板"参与的公共活动主要可以分为以下几种类型:(1)政治活动,"老板"中的相当一部分成员都与乡村政治保持着紧密联系,尤其是转制企业的经营承包者,以前本来就大多是村干部,现在做了老板,用党委书记QGT的话说,"政治身份上还是干部"。绝大部分党员代表和居民代表都由这些"老板"担任,他们在相当程度上掌握着村庄政治的话语权。(2)文体活动,许多"老板"都对某一种或几种文体活动持有浓厚兴趣,这些兴趣爱好促使他们以各种方式参与文体社团的活动,并在其中发挥主导作用。(3)仪式活动,不管是各种民间信仰仪式,宗族活动,还是家庭人生礼仪,"老板"都是其中的一股重要推动力量。一般而言,"老板"比普通民众更迷信各种鬼神、风水观念,更希望获得超自然力量的庇护。

## 一 "老板"参与社区公共生活的形式

改革开放以来的经济高速增长,使得小榄地方社会已培育出具有相当规模的中产阶级"老板"队伍。尤其是20世纪90年代末以来,为了建立一个"藏富于民"的社会,小榄地方政府积极实行"私有化"政策,一方面推动乡镇集体企业大规模"转制";另一方面鼓励居民创办中小企业,有意识地培育私营企业家阶层。当前,私营企业主阶层已构成当地不可忽视的社会群体与政治阶层,在推动当地公共生活繁荣中扮演着重要角色。杨鲁慧指出,非政府组织(NGO)是中产阶级兴起的一个重要标志①,小榄的中产阶级也在逐渐成为当地民间组织的主体。许多中产阶级"老板"积极参与、支持各种民间组织,对文艺、体育、民间信仰等领域

---

① 杨鲁慧:《中产阶级的崛起与东亚政治转型》,《当代亚太》2006年第1期,第43—49页。

的活动发挥着举足轻重的影响。小榄地方公共生活的发达，与这些"老板"的参与支持密不可分。小榄文联负责人 WHW 说："二十年前的文艺是穷文艺，搞不起来。现在就不一样了，许多老板加入了进来，不但壮大了文艺队伍，还提供了大量资金和各种资源，让各种文化活动能够蓬勃开展。"永宁的公共生活比周边社区更为活跃，也与这个社区的"老板"参与公共生活的积极性更高有关。

宁村的"老板"主要通过三种方式参与社区公共生活：

一是发起组织。"老板"们手中掌握着丰富的经济、社会资源，具备动员组织公共生活的能力，社区中的许多公共活动，就是由"老板"直接发起组织的。沙垄小区的几个"老板"以前曾组织过一支龙舟队，参加过几次 5 人飞艇赛，为首的是本地一名旅居香港的"老板"。沙垄小区的社教员 MYS 说：

> 这个香港老板很喜欢扒龙舟，出钱请人打造了两条龙艇，找了一班村里的年轻朋友自己去"玩水"，玩了一段时间，才开始正式招人组队参加比赛。比赛都是以生产队的名义参加的，但实际上出钱的只有几个老板。2003 年这支龙舟队在一次 5 人飞艇赛中得了第十名，算是相当不错的成绩，发了一柄罗伞。老板们很高兴，请了村民来吃"龙舟饭"，晒标。本来计划只摆个十几围的，后来增加到二十围，再后来又增加到三十围。有几个老板一起出钱来搞，香港回来的那个说，不够的都由他来"抄底"，意思是超支部分都由他包了。后来居委会开始搞扒龙舟，沙垄这几年就没再扒了，但饭还是在吃，只是不叫龙舟饭了，改成了敬老宴。

图 5—3　宁村国庆民间咸水歌会　　图 5—4　沙垄小区 2010 年敬老晚宴

注：图 5—3、图 5—4 由宁村居委会提供。

2010 年"十一"期间,宁村北村小区一名喜欢唱咸水歌的"老板",自己发起组织了一场民间咸水歌会,邀请中山市各地的民间咸水歌手来宁村,在水色匝的一座木桥上演唱,吸引了许多村民前来观看。每位前来表演的歌手都会得到几百块钱报酬,全都由这名"老板"自己掏腰包支付,总共花了几万块。负责编辑《永宁月刊》的 OJF 专程去采访过这名"老板",这名"老板"告诉她,他搞这么个活动,就是因为自己喜欢咸水歌,而且现在小榄和宁村把水色匝治理好了,环境好了许多,找些人来唱歌热闹庆祝一下。

二是亲身参与。许多"老板"改革开放前就是各种文体活动的爱好者,改革开放后创业做了"老板",现在功成名就,年纪也大了,有了时间,重新回归到了文艺队伍中来。他们不一定自己发起组织社团,而是加入一些文娱团体,以普通成员的身份参与活动,享受社团活动带来的乐趣。各种社团都非常欢迎"老板"的加入,因为他们可以为社团的生存发展带来更多的资源及空间。曲艺团的 SZC 夫妇是一对成功的企业主,经营着一家规模较大的印刷工厂。夫妇两人都是铁杆粤剧"发烧友",自己花钱买的乐器都价值上十万元。平时只要没有事情,SZC 夫妇都会来参加曲艺团的排练和演出,是曲艺团的主要演员之一。虽然他们并不是社团领袖,也不是社团的主要捐助人,但他们的参与本身,就在很大程度上提高了社团的影响力。东村健身队是私营企业主最多的一个社团,半数以上的成员都是私营企业主或个体经营者,这使得该社团掌握了大量社会资源,很容易开展活动。当其他小区的社教员都在为缺乏经费苦恼,只能带领队员跟着录影带学习跳舞的时候,东区健身队却可以轻松地请到专业舞蹈教练来指导。这个社团还经常到其成员亲友的企业去表演,对他们来说,筹集社团活动经费根本就不是难事,很容易从成员们的社会关系网中获得赞助。

三是提供资助。这是最常见的一种社会活动参与方式,凡是开展得比较好的活动,背后几乎都有"老板"支持。宁村的 LJH 是当地效益最好的乡镇企业之一"榄菊"集团的负责人,他在企业转制之时成功地获得了这家企业的承包经营权,成为当下小榄最富有、最具影响力的"大老板"之一。LJH 对当地公共生活的影响几乎随处可见,他是净意庵重建时捐资数额最大的个人,捐建了整整一座偏殿,以致净意庵专门制作了一块牌匾置于殿前,表彰 LJH 的贡献。此外,LJH 和其兄 LPH 还热衷书法,兄弟两人都是广东省书法协会和小榄书法协会的会员，LPH 还是小榄书法协会的会长。LJH 及其经营的榄菊公司是小榄书法文化活动的主要资助者之一，已经连续多年举办"榄菊杯"书法比赛，2007 年被省书法协会授予"书法活动贡献奖"。LJH 还是一名武术运动爱好者，担任着中山龙狮武术协会名誉会长，由他资助的民间武术社团"振武山房"的总部就设在榄菊公司。在宁村，转制企业承包经营者对社区公共生活的资助十分普遍，尤其是居委会发起组织的两项规模较大的文体活动——暑期青少年篮球赛和社区健身操大赛。转制企业经营者对社区文体活动的支持被视为其应尽的义务，他们是小区社教员主要的筹资募捐对象。永南小区的社教员 HJM 说，每年小区篮球赛举行前夕，她都会给本小区转制社队企业的"老板"打电话，请求给予支持，"老板"们一般都会爽快地一口答应。现在每个小区的孩子参加篮球赛的运动服基本都是本小区的社队企业赞助的，上面印有赞助企业的名称。

## 二　"老板"参与公共生活的意图

当前，参与公共生活在宁村的"老板"中成为一种普遍的群体性现象，大多数"老板"都有参与各种公共活动的经历，也十分乐意参与、支持这类活动。为何宁村的"老板"会对参与公共生活表现出如此高涨的热情呢？一些学者认为，就政治参与而言，私营企业主阶层普遍关心的只是个人利益，缺乏政治义务感，他们参与公共活动不过是为其获取经济利益和政治安排提供帮助[1]，"对政治的关心只是一种自我保护的反应"[2]；就仪式参与而言，"老板"们与神、祖先、神灵及鬼魂在仪式中进行交易和经济交换，以祭拜诸神的形式来为"身后事"投资。[3] 这两种观点都将私营企业主阶层参与公共生活的动机化约为功利动机，从宁村的情况来看，"老板"在公共活动参与中确实存在追求政治或经济利益的情况，但如果仅从功利角度来看问题，则未免失之偏颇。本书认为，宁村"老板"参与社区公共生活的动机，除了追求政治影响和个人利益之

---

① 李宝梁：《从超经济强制到关系性合意》，《社会学研究》2001 年第 1 期，第 63—75 页。

② 张厚义、明立志：《中国私营企业发展报告（1999）》，社会科学文献出版社 2000 年版，第 318 页。

③ ［美］Mayfair Yang：《"温州模式"中的礼仪经济》，《学海》2009 年第 3 期，第 21—31 页。

外，也带有一定非功利意图，这正是新型社区共同体得以产生和形成的关键因素之一，反映出私营企业主阶层在乡村公共生活参与中的新特点和新趋势。私营企业"老板"阶层既是社会分化的产物，同时也是社区共同体重新整合的主导力量之一。

首先，提高自身地位，扩大影响力。乡村私营企业"老板"作为新兴的社会群体，普遍经历了从追求财富资本到追求社会资本的过程，他们已经不再仅仅满足于做"有钱人"，而是积极寻求建立自身的声望和社会影响力。而参与社区公共生活，则为扩大社会影响力提供了有效途径。当下，珠三角乡间由"老板"发起组织的社会活动，一般都会以某种方式公布资助者名单，或是贴在村口的一张告示，或是庙宇墙壁上铭刻的资助者名单，在外界不注意的人看来可能很不起眼，但其在民间舆论传播中所产生的影响却不容忽视。东村的社教员 SWY 说，每次篮球赛和健身操赛结束后，他们都要用一张红纸写上捐助者的姓名，张贴在小区门口的公告牌上。同时，参与社区公共生活也为"老板"建立与地方政府的良好关系、构建更为广泛的社会关系提供了渠道。以上文所述的 LJH 兄弟为例，他们就是通过大力支持地方文化活动，连年以企业的名义冠名赞助小榄镇书法比赛，成为地方政府所倚重的大赞助商。而与地方政府的关系，又会为企业带来政府部门的资源和机会，进一步促进企业发展。小榄菊花文化促进会的成员 LWW 现在也是一名成功的企业家，他喜欢栽种菊花，是小榄的一名艺菊高手。每年小榄菊花会期间，他都自费参展，一点都不要政府补贴，只要给他一个展位就行，其他都是他自己搞定。不仅如此，菊展结束后他还要宴请各方宾朋吃菊花宴，用他自己种植的一种食用菊——黄连羹"打边炉"。他说他每年为菊花要花 10 万块钱，看似赔了不少钱，但菊花带给他的回报远远超过这些，菊花就像他的名片、广告，为他带来信誉和生意。由于菊花种得好，凤凰卫视还为他做过一个采访，他说他在香港跟人家做生意，合同都不用签，人家知道他是种菊花的，觉得他有信誉，连香港的银行都对他特别信任。LWW 曾以玩笑的口吻概括菊花与他的生活之间的关系，说："我爱菊花，菊花也爱我。"

其次，许多"老板"参与公共生活，并不纯粹是受利益驱使，而是也在一定程度上出于个人兴趣爱好，以"玩"的心态参与其中。我在与诸多私营企业家的访谈中，听到最多的一个词就是"玩"，玩粤剧，玩狮子，玩龙舟，东村健身队的成员们也将他们的排练和演出视为"大家一起玩一玩"。这些兴趣爱好大多是早年就形成的，与他们后来的从商经历并无直接关系，只是经商成功后，他们开始有时间、有能力重新从事这些活动。很多时候，"老板"们参与社区公共活动，并不是在利益上有所图，而就是图个高兴，这些活动能够让他们体会到较强烈的生活乐趣。上文提及的LWW13岁就跟着外公学习种菊花，那时住的房子不像现在，都是平房，又小又窄，他就爬到天台上种花。后来参加工作了，又在厂里搞了个菊场，把能种的地方都种上花。再后来下海经商成了"大老板"，对菊花的喜爱也从未削减，而是有了更好的条件去种菊花。他在自己宽阔的庭园中专门开辟了一个菊花园，还在楼顶天台建了一个温室，能够控制调节菊花的生长。他说他这人没什么其他爱好，不抽烟不喝酒不打麻将，有空就回来种菊花，每天都要在花园忙活四五个小时，就当锻炼身体，心情好得很。他每年都要花很多钱在菊花上，还自己去参加菊展，都是因为自己喜欢爱好，所以一点都不觉得心疼，反而让大家看到他种的花好，他感到很高兴。几乎所有资助或参与文体社团的"老板"，都对该项文体活动抱有浓厚兴趣，有些还是其中的好手，能够在公开表演活动中"挑大梁"。这些活动往往能给予"老板"们在生意场上无法体会到的愉悦感和成就感，促使他们投身其中。

最后，社区责任感和认同感也是一些"老板"参与社区公共生活的动因。许多"老板"认为他们的成功与社区所提供的资源和条件分不开，许多居民也为他们在生意上的成功给予过直接或间接的帮助，因此回报社区是他们应尽的责任和义务，而组织参与社区公共活动就是回报社区的形式之一。一些"老板"热衷组织以村社为单位的集体活动，如扒龙舟、吃龙舟饭、举行敬老晚宴，想要的就是村社集体团结一致的热闹和人气。村社集体的人气旺，"老板"们的人气自然也就会被带旺。原社队企业的"老板"们是社区公共活动的主要赞助者，这些企业除了追求利润之外，还对社区发展和社区公共事务负有一定责任，加上这些企业的"老板"大多数都是本社区居民，对社区事务较为热心，因此"老板"们都乐于支持社区公共活动的开展。一旦这些企业"老板""易主"，不再由本社区成员担任企业负责人，企业就失去了社区性，其社区责任感也就随之消失。永南小区的社教员HMJ说，以前那些社队企业的"老板"都是本村人，很好说话，让他们赞助篮球赛或健身操赛都不成问题。但现在有的企业"老板"换来换去,换成了外面来的"老板",工作就难做多了。他们不好开口,开了口人家也不一定答应,因为他们本来就跟社区没什么关系。社区认同感对"老板"参与社区公共生活影响较大,宁村在经济、文化、社会福利保障、村庄规划建设等方面都取得显著成就,在当地享有良好的声誉。周怡指出,拥有较高声誉的群体,其内部共识性的整合程度也高。[①] 强烈的集体荣誉感有效地加强了社区凝聚力,"老板"们为本社区的成就感到骄傲和自豪,并通过积极参与社区公共事务表达自身的社区认同,加入到集体声誉的创造和维系过程中去。2010 年国庆咸水歌会就是一个典型的例子。

## 三 "老板"参与公共生活组织的影响

"老板"积极参与公共生活对宁村地方社会权力结构、生活方式、价值观念等均产生了深远影响。

当前,宁村的"老板"阶层在村庄权力结构中占有绝对优势地位,当政的"老板"与"在野"的"老板"联合,牢牢控制着村庄政治。永宁在 20 世纪 90 年代初完成了权力转换,1992 年,以 QGT 为代表的一批"少壮派"干部上马,他们基本都是来自集体企业管理层。这一时期,正处于改革开放的第一波高峰回落,村集体经济初具规模,建立了众多乡镇企业。然而由于革命年代成长起来的老一代干部并不擅长企业经营管理,许多企业出现经营管理不善的情况,村庄发展速度放缓。镇政府和村民对这种情况都很不满意,在镇政府的主导下,宁村实现了村庄领导干部"大换血"。社区党委书记 QGT 说:

> 1978 年的时候,当时村里的老书记就想让我当副书记,找我谈过话,我没答应。因为那时的村干部都是一帮老人家,思想、观念、做法都是老一套,跟我们年轻人有很大差距。我跟当时的老书记说,除非那些老干部们都不再管事,让我重新挑一批年轻人组成班子,不然的话,我一个人没有帮手,肯定要经常遭到他们的反对,什么事都

---

① 周怡:《中国第一村——华西村转型经济中的后集体主义》,香港:牛津出版社 2006 年版。

干不成。镇里没答应,我就去永宁服装厂当了厂长,一直干到1992年。那时村里的班子实在难以为继,村里的发展基本处于停滞状态,镇里和村里的群众都不满,要求换班子。当时镇里到村里来征求底下群众意见,140多名中、基层干部都提了我的名,群众呼声很高。镇里找我谈话,我还是那个话,要求整体大换班。这次镇里同意了,村里也没遇到太大阻力,因为以前那帮干部的群众威信几乎丧失殆尽,要反对也力不从心了。

我上任之后,第一件事就是对班子进行了大调整:老干部们保留职务,但不再管事;新从基层尤其是企业选拔了一批年轻人负责处理各项实际事务,赋予他们相应的责权。这些人对企业管理很有一套,他们一上台,在企业管理方面的优势就显现出来了。同时我们还大搞基础建设,把几条主要道路打通了,在群众中树立了威信。那时群众对我们的那个支持配合,要做什么事开会,总是很快就全部表决通过,没有一个反对的。

卢福营指出,农村私营企业主阶层参与村庄政治的方式主要有四种:一是竞选村干部;二是竞选村民代表等村治组织成员岗位;三是入党;四是组织参与派系竞争。[①] 现在,宁村居委会8名主要干部中,有5名曾担任过企业管理人员;社区的108名居民代表,相当一部分是转制企业"老板"。凭借其所掌握的大量社会资源,"老板"们在村干部和商人之间灵活转换,许多"老板"在从政之前本身就是村干部,或者从政治舞台退出后就自己去开厂办企业当了"老板",还有些人本身既是村干部,又是"老板"。社区政治活动基本是私营企业主们的"地盘",无论是社区选举,还是常规的居民代表会议、党员代表会议,其主要参与者都是"老板"。

"老板"参与公共活动对地方社会生活方式的影响也不容忽视。"老板"对村庄公共生活的参与,有效地带动了其他居民参与社区公共生活的积极性,从而加强了社区认同和团结。一些最初由"老板"组织发起的活动,现在已经发展成为许多居民自发响应参与的公共活动,群众参与

---

① 卢福营:《农村私营企业主的崛起和参与》,《社会主义研究》2007年第6期,第135—137页。

面和参与感大大扩展。现在一些小区,每年的社区篮球赛主要的捐助者已经从"老板"变成了参赛青少年的家长,捐款也已经从居高临下的布施变成了获得参与感的条件。篮球赛前后,我在各个小区见到好些家长捐款或请客的例子:东村一名小队员的爷爷请全体队员吃饭,沙垄小区一名队员的母亲拿来了1500块交给社教员,让他给球队的孩子们发点奖金,以资鼓励。她认为儿子在球队中过得充实愉快,成长了不少,所以捐来一些钱,对儿子的小伙伴们表示感谢支持。沙垄小区的敬老晚宴也是一项最初由几个喜欢"玩"龙艇的"老板"发起组织扒龙舟、吃龙舟饭演变而来的社区活动,现在已经发展为一项居民普遍认可并积极响应参与的活动,为这项活动捐款的"老板"越来越多,2009年捐款人数达60多人。这项活动受到群众广泛欢迎,与其组织方式的开放性有关:捐款数额不限,每位捐款人都可以邀请一些嘉宾来出席宴会,客人由捐款人自己去约,既可以携家庭成员一起出席,也可以呼朋唤友前来参加,只要估算出大致客人数,报给活动组织者即可。由于活动的"门槛"并不高,不仅"老板"可以参与,也为普通民众的参与提供了渠道。现在,这项活动越来越趋于向"自助"方式发展:一方面捐款的形式逐渐多样化,可以捐钱,也可以捐米、油和酒水;另一方面捐款人身份也发生了变化,不仅有"老板",还有普通居民,一些出了嫁的女儿也会回来捐款,变成了居民自己付钱来吃饭,或者可以视为居民的集体"拼饭"。这样,尽管"老板"们的捐款依然相对较为丰厚,但其重要性却相对降低,活动并不需要靠"老板"资助才能运转。事实上,现在需要捐助的只是一些公共支出部分,如为老人发放的米和油。普通村民逐渐不再只是被动地被邀请出席,而是也通过捐款"出一份力"获得主动的参与感。居委会负责编辑《永宁月刊》的OJF娘家就在沙垄,今年敬老晚宴她也捐了500块。她说:

> 去年人家提前两天才告诉我去拍照什么的,给钱有点来不及。今年人家提前一个月就给我打了招呼,不给钱不好意思,就捐了500块。捐钱的另一个原因,是我妈妈和她姐姐都是沙垄的退休人员,享受敬老的待遇,因为跟自己家人也有关,就捐了。明年我打算捐2000块,开两桌。敬老大会里面有很多热心人,积极组织筹办,有个女的街坊组长就出了不少力气。还有个老太太早年守寡,现在每年

搞敬老大会的时候，她儿子就像自己家要办大事一样，非常卖力来帮忙做事。敬老大会也是家庭团聚的好时机，因为只要捐了钱就可以带人去吃饭，所以很多人都是捐一些钱，全家一起去吃饭。

不过，需要指出的是，"老板"在公共生活中的参与也带来了一些负面影响。现在，小榄的红白喜事办得比周围其他镇区都要隆重，不但持续的时间长，各种仪式礼节烦琐，花费支出也非常巨大。这种社会风气的形成，也与"老板"的推动密不可分。不可否认，一些"老板"参与公共生活，尤其是各种仪式活动，不可避免地带有某种"夸富"的性质，炫耀财富、地位，并相互攀比。富裕家庭在仪式方面的铺张浪费迅速向民间蔓延，对中下阶层家庭造成沉重负担，但他们却无力反抗，因为"人家都这样办，你不这么办不行"。

"老板"对社区公共生活的参与，在一定程度上加剧了"一切向钱看"的拜金主义思想观念。参与公共生活变成了要花钱的事，无论是请客摆酒，还是烧香拜佛、参与仪式，都带上了利益色彩。2010年农历六月十九观音诞前夕，净意庵贴出了一则"佛讯"对参加仪式祈福的信众明码标价：

> 农历六月十九是观音菩萨成道圣诞，届时贺诞，礼拜大悲宝忏、上供、放生、祈菩萨加持各人合家身体健康，福寿绵长，家庭平安，工作顺利，生意兴隆，学业进步，善根增长，智慧如海。望各位踊跃参加，拈香祈愿，广种福田，同沾法益！每分一名10元，合家30元。

观音诞当天，我去参加了仪式，先是念《大悲忏》经，大约持续了一个小时，念经的过程中主持仪式的尼姑们总共带领信众围着大雄宝殿绕行了三次，每次经过募捐箱的时候大多数人都会给钱，每次给5—10元。念经结束时，很多人过来给主持的尼姑们钱，有的是直接给，有的是拿信封包着，挨个给。除了直接捐"功德"，给尼姑们钱之外，如果要专门为自己或家人祈福的，如"佛讯"上所写，还需要另外交费。中午吃斋也要另外再交钱。有些忠实信众还会带来香油、鲜花和水果供佛。全程参加一次这样的仪式活动，至少需要50元。

不仅如此，当前社区公共生活的一个重要主题，就是消费，尤其是"吃"。大部分公共活动都与聚餐吃饭联系在一起：开会要吃饭，祭祖要吃饭，红白喜事的大部分支出都花在酒席上，信仰仪式要吃饭……"吃"似乎本身就具有一种号召力，能将四面八方的人们联结起来。这些"吃"可以分为两种，一是私人家庭请客；另外一种是以"凑份子"的形式举办的集体聚餐。杨美惠从关系的角度分析了私人请客送礼的重要性，她指出，"既然中国城市家庭光是花在吃饭上的钱就占去了整个家庭收入的 70%，被人请去参加宴会就不能看得轻描淡写。"① 在杨美惠看来，宴请是关系艺术的一项手段，它不仅是社会关系的媒介，也是政治交换、经济交换和使客人回报的更强有力的强烈联系力量的媒介。私人性质的宴请的确不能排除"关系"成分，但这种论断并不适用于公共宴饮。公共宴饮与私人宴饮最大的区别，就在于没有主、客之分，既没有人请客，也没有人被请，参加聚会的成员自己支付相关费用，他们只是为了聚集到一起吃饭而吃饭，并无达成关系或物质利益交换的意图。这类活动受到欢迎的一个重要原因，在于其正在成为一种流行的消费和休闲娱乐方式，参与者通过支付不多的餐费，就可以体验到大型群体宴饮的热烈欢快，而这正是日益个人化的生活所缺乏的。有人不惜从很远的地方前去参加这样的活动，实际上带有一种旅游的体验性质。

另外一些公共活动在"老板"的参与下向商业化转换，直接变成了赚钱的"生意"。扒龙舟是珠三角地区一项深受群众欢迎喜爱的水上体育竞技活动，近年来表现出明显的商业化趋势。一些地方政府为了宣扬地方特色文化，吸引游客，往往不惜重金举办龙舟赛。2009 年，小榄镇为了支持"水色匝"申报一项文化遗产项目，耗资 170 万元举办了一次 5 人飞艇赛。传统赛艇队一般是临时组织，由村社成员共同出资，代表村社或某一信仰圈参赛；现在许多赛艇队则变成了由私人"老板"出资组建，招募队员全天候训练，成了专门以夺取奖金为目的的"职业队"。据说附近另一个村庄有一名姓黄的"老板"组织了一支"广丰"赛艇队，在一个月内参加了 6 次比赛，5 次获得冠军，1 次获得亚军，赢得

---

① 杨美惠：《礼物、关系学与国家——中国人际关系与主体性建构》，赵旭东译，江苏人民出版社 2009 年版，第 119 页。

了近百万元奖金。商业化在很大程度上损害了公共生活的公共性，"广丰"赛艇队虽然表现突出，但由于脱离了与村社集体的关系，成了私人"老板"的赚钱工具，切断了公众参与的渠道，从而丧失了公众认同的来源。

# 第 六 章

# 提升生活品质:社区公共生活参与

公众参与是公共生活的首要特征,常被视为社会民主、自治的基本体现。如果说地方政府、民间社团和以私营企业老板为代表的地方精英积极参与地方公共生活理所应当,他们是地方社会生活的主导力量,拥有强大的资源动员能力,并能从公共生活参与中获得声望和利益,那么普通民众对于公共生活参与的态度如何? 是哪些人在参与社区公共生活? 为什么要参与? 他们的参与对社区产生了何种影响? 当前的社区参与研究主要从两方面对普通民众的参与进行了讨论:一是公众的主观能动性,公民是否具有主动参与公共事务的兴趣与能力;二是外部制度条件影响,不同的社会制度背景会呈现出不同的参与图景。

就公民的主观能动性而言,研究者们持有两种不同观点:一种观点认为相当一部分现代公民中出现了社区认同感回归,这部分人出于强烈的道德责任感参与社区公共生活,社群主义是这种观点的集中表述[1];另一种观点则将公众的社区参与视为一种理性选择,这种理性可分为社会理性和经济理性两个层面。社会理性质疑公民参与与社会福利之间的正相关关系,关注参与过程中所隐藏的社会问题[2];经济理性强调社区居民是否参与社区公共事务,取决于"参与"行动所带来的效用是否达到最大化。[3]

这两种理论都不能完全解释本研究的社区居民公共生活参与动机。当

---

① 俞可平:《当代西方社群主义及其公益政治学评析》,《中国社会科学》1998 年第 3 期,第 105—121 页;菲利普·塞尔兹尼克:《社群主义的说服力》,世纪出版集团、上海人民出版社 2009 年版。

② 杨敏:《公民参与、群众参与与社区参与》,《社会》2005 年第 5 期,第 78—95 页。

③ [美]曼瑟尔·奥尔森:《集体行动的逻辑》,陈郁译,格致出版社、上海三联书店、上海人民出版社 1995 年版。

前大部分社区居民的社会责任感还处于微弱的萌芽状态，不足以构成推动
居民参与社区公共生活的主要动力；但如果说这些参与社区公共生活的居
民仅仅出于个人利益，显然也不符合事实，很难说参与兴趣爱好团体的活
动能为个人带来什么切实利益。本书认为，在宁村，大多数普通居民参与
社区公共生活，有社区责任感和利益诉求的推动，但更重要的是出于对生
活趣味和生活品质的追求，参与公共生活能够带来身心的愉快健康，获得
精神慰藉和寄托。

　　就外部制度影响而言，研究者普遍强调国家—社会关系对公众社区参
与至关重要的影响，不同国家，或者同一国家不同时期实行的政治制度，
直接决定着民众社会参与的机制及形式。从我国的情况来看，我国在改革
开放前一直实行的是"全能国家"治理模式，由于国家对社会实行的是
垂直整合，中国人基本上都是在"纵式社会"中的单位或社队中参与社
会过程的。① 在这种社会参与过程中，群众作为发展生产的人力资源和治
理改造对象被纳入国家政权建设，形成共产党独创的群众动员和参与模
式。群众参与主要依靠三种社会动员模式实现：一是国家动员模式；二是
庇护主义模式；三是精英动员模式。② 这些动员模式对我国群众参与影响
深远，尽管改革开放后社会动员的制度背景、动员策略与民众对动员的反
应、行动逻辑、参与策略都发生了很大改变，但对传统政治资源的依赖依
然无法消除。小榄镇政府和宁村居委会是宁村社区公共生活最重要的组织
动员者，两者在公共生活的动员组织过程中都仍然带有浓厚的行政色彩，
这也使得社区公共生活参与在一定程度上呈现出自上而下的"被动响应"
特点。另一方面，在地方政府介入程度较低的宗族仪式和民间信仰领域，
公众参与则表现出自发性和自主性特色。

　　公众参与的功能和影响也是研究者讨论的一个重点，当前受到较多关
注的是以普特南为代表的学者所倡导的社会资本理论。这一理论认为个人
之间的合作、互惠和参与社会集体行动，能够产生社会信任，形成社会资
本，将小群体的社会信任扩展至外部社会和政府。在公众参与活跃、社会
资本丰富的地区，政府行政更有效率，经济发展态势更好，国民生活得更

---

① 高丙中：《社会团体的合法性问题》，《中国社会科学》2000 年第 2 期，第 100—109 页。
② 杨敏：《公民参与、群众参与与社区参与》，《社会》2005 年第 5 期，第 78—95 页。

快乐。① 公众参与被视为培养公共精神的良好途径，托克维尔指出，人只有在相互作用之下，才能使自己的思想和情感焕然一新，才能开阔自己的心胸，发挥自己的才智。② 一项包括意大利在内的 5 个国家的公民调查显示，社团成员在政治上更成熟，更有社会责任感，有更多的社会参与，以及主观上有更大的公民行为能力。参与公民组织培养了参与人合作的技巧和在集体活动中共同分担责任的意识。③ 佩特曼也持有类似的观点，她认为，参与的主要功能是教育，广义的参与教育包括心理素质和民主技能、程度的获得。个人的参与越是深入，他们参与的能力就越强，参与制度就能够得以维持和发展。④

社区被认为是公众参与的理想场所，这是人们最为熟悉也最感兴趣的领域，海贝勒指出，在"群众"社会中，参与、民主教育和民主实践必须从小地方的单位出发，必须在"面对面的社区"，即小的、直接的生活世界里进行。⑤ 在宁村，社区参与尽管还处于进一步的发展之中，但它对居民参与能力的提升却日渐显现，人们在公共生活中参与中学习遵守纪律，协调处理与他人的关系，建立组织机构，探索更好的管理制度，居民的自我组织、自我管理的能力技巧日渐提高。虽然目前这个社区的居民参与大多不以政治为目标，而是将注意力置于娱乐、信仰、仪式等方面，但我们有理由相信，社区居民在公共生活参与中学习、发展出的参与能力和参与品质，将为这个社区未来的自治和民主提供良好基础。

# 第一节 公共生活参与群体

宁村的公共生活参与带有明显的群体性特征，不同性别、年龄、职

---

① ［美］普特南：《使民主运转起来》，王列、赖海榕译，江西人民出版社 2001 年版。

② ［法］托克维尔：《论美国的民主（下）》，董果良译，商务印书馆 2004 年版，第 638 页。

③ ［美］普特南：《使民主运转起来》，王列、赖海榕译，江西人民出版社 2001 年版，第 102 页。

④ Carole Pateman. *Participation and Democratic Theory.* Cambridge：Cambridge University Press，1970：42.

⑤ ［德］海贝勒、舒耕德：《从群众到公民——中国的政治参与》，张文红译，中央编译出版社 2009 年版，第 196 页。

业、社会阶层的群体，参与公共生活的频率、方式具有显著差异。总体而言，社区文艺活动和民间信仰活动以中老年妇女为主，社区政治、体育竞技和宗族活动则是男性占绝对主导地位的领域。除了本地村民以外，外来人口也在社区公共生活中占有一定比例，尤其是社区文体活动。至于社区政治、民间信仰和宗族活动，则将外来人口严格排除在外，群体边界在公共活动中不断被再生产，二元社区依然是社区整合过程中的一个严重障碍。鉴于性别、年龄和地域对参与公共生活的影响，本书将着重就此三种因素对宁村的公共生活参与群体进行论述。

## 一 不同性别群体的公共生活参与

暑假的一个傍晚，永南小区的社教员 HMJ 邀请我去她家吃饭。那段时间 H 正忙着小区健身队招募和训练的事情，当晚她约了全体健身队员第一次碰头见面，许多队员相互之间都不认识，需要她来为大家介绍，同时商量训练事宜。吃完饭距离开会时间还有好一会儿，我们就聚在餐桌边聊天，H 的丈夫也在旁边坐着陪我们一起聊。说到晚上健身队开会的事情，才知道 H 在为健身队没有男队员参加而苦恼。现在各个小区的健身队基本都是妇女在参加，组织活动的居委会也清楚这一情况，为了鼓励男性参与，居委会规定有男性参加的健身操队比赛可以加分。说到这里，她突然看着旁边的丈夫，以玩笑的口吻动员他，要不跟她一起参加健身队跳舞？憨厚的丈夫笑着摇头，说他实在不喜欢跳舞这类事情，只喜欢看篮球赛。H 只好无奈地放弃动员自己丈夫加入健身队的主意。她说他们队去年有两个男的，都是小区里的"志愿者"，今年把他们的名字还是都写上了，但其中一个现在自己做生意去了，比较忙，再来参加健身队的希望很渺茫，剩下一个还来不来她也没把握。H 认为男性不愿意参加健身队是干部没有做好表率，说那些男干部自己都从不参加健身队跳舞，还怎么让其他男人来参加。

我在宁村的调查中发现，事情并非居委会干部不带头那么简单，而是一套社会性别的文化规则在起作用。人们的思想观念中对于哪些是"女人做的事情"、哪些是"男人做的事情"有着清晰的界定，公共生活参与中表现出来的性别差异，只不过是社会性别意识在日常生活中的一种体现。

大部分文艺活动，尤其是舞蹈，被视为典型的女性活动，参与者绝大多数都是女性,很难吸引男性参加。现在宁村 12 个小区的健身队中,只有两三支队伍有男性成员,其余健身队全体成员均为女性。晚上的广场舞活动,只有一名 60 岁上下的男子每场必到,神态自若地与众多妇女一起翩翩起舞,表现出惊人的勇气。尽管健身操和健身舞都被冠之以中性的"健身"之名,但人们还是根深蒂固地将舞蹈与女性等同起来,认为舞蹈与传统性别观念中男性的"阳刚之气"格格不入。不仅是宁村,这种观念在世界各地都非常普遍。有研究者指出,虽然历史上最早的舞者是男人,但现在中外的舞蹈舞台却大多被女性垄断。[①] 19 世纪,随着浪漫主义的兴起,轻盈飘逸、精致唯美、与女性化等同起来的审美倾向和文化思想成为主流,女性在舞蹈艺术中的优势地位由此奠定。在这种观念的影响下,宁村大多数男性居民都对舞蹈敬而远之。而舞蹈活动大多数由女性参加,反过来又加强了舞蹈的女性气质。调查期间,我参加了永南小区健身队,在参与健身队训练的过程中我发现,这支健身操队的舞蹈动作编排非常注重女性气质,强调肢体灵活并有意突出女性身体曲线。这种舞蹈训练对团队中唯一的男性成员阿辉构成很大挑战,他总是显得身体僵硬,难以掌握动作要领,即使经过反复练习将动作做到位了,这些为展示女性身体美所设计的动作由他做出来还是显得"别扭"。东村健身操队在这一点上就做得比较好,尽管这个团队中也只有两名男性成员,但为了照顾他们,特意在舞蹈编排中设计了一些需要展示男性力量托、举的双人舞动作。这样有意识地对男女性别差异加以区分,而不是要求男性生硬地与女性同伴保持一致,反而增添了舞蹈整体的和谐之美,这两名男性成员在舞蹈中的感受、表现也比永南小区的男队员轻松自在得多。

另外一种以女性为主体的集体活动是民间信仰,包括烧香拜佛和在庙宇仪式庆典中提供志愿服务。妇女与民间信仰之间关系密切由来已久,1963 年,新疆阿斯塔那 74 号墓出土了一份《唐众阿婆作斋社约》,这是一份由唐朝时期 26 名阿婆画押的结社约定,她们结社活动的主要内容是做斋事。[②] 至于妇女入庙烧香,在中国古代则更为盛行,以至明清两代对

---

① 欧建平:《舞蹈:你究竟姓阴,还是姓阳?》,《艺术教育》2003 年第 6 期,第 20—23 页。

② 陈宝良:《中国的社与会》,浙江人民出版社 1996 年版,第 9 页。

妇女入庙烧香都严令禁止。① 直到今天，具有各种信仰的女性人数仍远高于男性。② 妇女也是各种家庭仪式的主角，弗里德曼指出，尽管祠堂的仪式由男人主持和参加，但日常祭祀祖先与神灵却是妇女承担的工作。女性负责家庭的祖先祭祀仪式，纪念祖先的忌日，在必要的时候向祖先祈祷，家庭的女性长者可能是死者和家庭成员之间联系的主要渠道。③ 直到如今，宁村妇女都依然在民间信仰方面扮演着主要角色，她们不仅每天都要为家中供奉的祖先和神明上香，而且要在祖先忌日和家庭供奉神祇的神诞日进行祭祀和纪念活动。拜"社头"和其他社区神一般也是老年妇女的工作，男性很少参与。我在冈头村与胡氏宗族的族长访谈时，问起他家客厅供奉的神祇是否要在神诞举行仪式，他回答说不清楚，拜神的事情要问女人。各个小区在农历七月十五前夕举行的"社头烧衣"仪式，无一不是由中老年妇女组织发起的。龙兴庙和邹陈法师庙的主要管理者也都是村社中的老年妇女。至于在重要的宗教节日前去庙宇烧香拜佛，无疑也以中老年妇女居多。

目前对女性更具宗教信仰倾向的解释，一般有以下几种：（1）女性的心理、思维和一般生活状态影响决定女性更具宗教倾向④；（2）男权社会中的妇女社会地位低下，饱受压迫，只能通过参与各种宗教活动才能获得部分解放⑤；（3）陷于孤独、贫困处境的妇女求助于宗教，希望从宗教中获得支持慰藉⑥；（4）沉迷于宗教，逃避现实。⑦ 本书认为，宁村女性热衷民间信仰的一个重要原因在于"男主外，女主内"的社会性别分工格局，拜神是女性家庭工作的一个重要组成部分，能为家运

① 陈宝良：《中国的社与会》，浙江人民出版社 1996 年版，第 381 页。

② 张萍、刘德寰、程燕：《影响当代中国人宗教信仰倾向的几个因素辨析》，《世界宗教研究》2009 年第 4 期，第 117—124 页；贺璋瑢：《关于女性宗教信仰建立的几点思考》，《华南师范大学学报》2001 年第 3 期，第 45—50 页。

③ ［英］莫里斯·弗里德曼：《中国东南的宗族组织》，刘晓春译，上海人民出版社 2000 年版，第 109 页。

④ 张萍、刘德寰、程燕：《影响当代中国人宗教信仰倾向的几个因素辨析》，《世界宗教研究》2009 年第 4 期，第 117—124 页。

⑤ 陈宝良：《中国的社与会》，浙江人民出版社 1996 年版，第 381 页；濮文起：《女性价值的张扬》，《理论与现代化》2006 年第 5 期，第 111—115 页。

⑥ 徐海燕：《关于辽宁中老年妇女宗教信仰状况调查分析》，《理论界》2005 年第 5 期，第 188—189 页。

⑦ 王圣芬：《沉迷于宗教，逃避现实》，《江南大学学报》2009 年第 5 期，第 98—102 页。

的昌盛和家庭成员的平安提供精神上的保障。大部分妇女烧香拜神的主要目的并不是祈求神灵保佑自己，而是保佑整个家庭。因此，从事民间信仰活动也就成为年长女性家长保护家庭、贤惠持家职能的重要体现。

男性的公共活动参与主要集中在政治、体育竞技和宗族仪式等表现男性气质和父系血缘的领域。宁村政治一直以来都是由男性主导的领域，社区选举就是男人们财富、能力、声望、社会关系网络资源的大比拼，大多数女性的政治参与仅表现为代表全家去投上一票。许多女性投票的标准并不是候选人的能力、声望和品行，而是贪图社区为选民们提供的"实惠"。与全国大多数地区一样，宁村居委会权力架构中男性占有绝对优势，村支两委 8 名主要"班子"成员中，只有妇女主任 LQ 一名女性。主要"班子成员"以下的"中层干部"中虽然也有一些女性，但所占比例却十分有限，而且她们所从事的都是一些与思想政治工作或科教文卫等相关的"虚职"，鲜见手握实权的储备女干部。有研究者指出，尽管在过去的 40 多年里，国家一直在宣扬男女平等，但对妇女政治参与的性别歧视在中国农村依然根深蒂固，人们普遍还是认为妇女应该待在家里，公共领域是属于男人的领地。① 社区党委支书 QGT 在一次跟我聊天中谈到"班子"里唯一的女成员 LQ 时说，L 还是很有能力的，在永大做总经理秘书多年，有丰富的企业管理经验，自己还读过大专。但紧接着他又说了一句，宁村这个村庄太大了，女的当不了一把手，言下还是流露出对女性从政的一种本能的不信任。不但大多数村民持有这种看法，不愿意把票投给女性候选人，女性自身参与竞选的积极性也不高。女性对政治参与的抗拒，不是由于"素质低"或能力不够，而是由于在很大程度上对女性从政的困境有着清醒认识，不愿意去碰钉子。在居委会工作的一名妇女对我说，一个女的，在居委会干能有什么前途呢？最了不起也就是当个妇女主任，还要整天使劲讨好那些男人，把他们哄高兴了才会分给你一点好处。

大多数体育竞技也是男性的游戏，当地两项最受群众喜爱的传统娱乐竞技项目——扒龙舟和舞狮，都是纯粹的男性运动，基本看不到女性的身影。这两项运动的男性气质色彩也都非常浓厚，男性的肌肉力量和豪迈气

---

① 祖德·豪厄尔:《中国妇女的政治参与：为谁而选举?》,《当代世界与社会主义》2008年第 1 期，第 176—181 页。

概是这两项运动所最为强调的，尤其是舞狮，最需要表现的就是"生猛"的雄狮气概。这类紧张刺激、需要耗费大量体力的运动，被认为不适合女性从事。宁村居委会每年暑假期间组织的青少年篮球赛要求每个小区要各组织一支男、女球队，男孩的球队很容易组织，而女孩的篮球队组织起来却十分困难。2010年的暑期篮球赛，只有不到一半的小区组织起了女子队。好几名社教都告诉我，女子队组织不起来，很多是家长反对女儿打篮球，认为女孩子应该要秀气、斯文，不适合打篮球。从事篮球运动对女孩子们自身压力也很大，很多时候她们因为这个被称为"男人婆"，很少有女孩子能忍受这种带有侮辱性的称呼。

宗族对父系血缘纽带的强调导致宗族活动也成为男性的聚会，尽管现在并没有任何一个宗族明确规定妻子不能参与丈夫的宗族仪式活动，但浓厚的男性主导色彩常常会为妻子们带来压力，从而迫使她们主动退出这类活动。ZLQ的妻子HWZ对我说："我只在清明跟随丈夫去祭过一次祖，以后就再没去了。他们姓钟的去祭祖的人很多，浩浩荡荡像一支军队，基本上全是男的，都没有女的，我觉得不是很自在，就再没跟他们一起去过了。"HWG的妻子也说，丈夫宗族的人每年正月都去顺德宗祠拜祖先，她没去过，都是他们男的去。

## 二 不同年龄群体的公共生活参与

年龄因素对公共生活参与具有重要影响，不同年龄的社会群体在参与公共生活的频率和方式方面表现出显著差异。一般而言，年轻人要上学或上班，与外界联系交往较多，待在社区的时间有限。从性格、心理喜好偏向来说，年轻人普遍比较喜欢欢快热烈、动感十足的活动，追求时尚和新奇；而老年人空闲时间较多，大部分时间都在社区里度过，对社区事务更熟悉也更为关心。生理年龄的限制使他们更倾向于从事缓慢、安静的活动，丰富的生活阅历使他们成为传统仪式活动的权威专家。

从年龄阶段划分，社区公共生活参与群体大致可被划分为：6—18岁的青少年群体、19—50岁的青壮年群体、50岁以上的中老年群体。如果用图形来表示，这三个年龄群体在制度性公共生活中参与呈现出"两头小，中间大"的纺锤形，青壮年群体是社区政治、经济活动的主力，而青少年和中老年则游离于这些领域之外；而在非制度性公共生活参与中，这三个群体的排列顺序则变成了"两头大，中间小"的哑铃形，青壮年人忙于生计、事业和家庭，青少年和中老年人则有较多时间从事文化娱乐活动。

制度性公共生活对参与者年龄有明确要求，例如法律规定18岁以上的公民才具有选举权和被选举权。对于社区政治家们来说，"年富力强"是一项至关重要的个人基本素质，否则在竞选中便没有优势可言。尽管居委会干部不是正式国家公务员，不受公务员相关年龄限制要求，但是受"领导干部年轻化"的社会大环境影响，年龄因素对他们来说也变得日益重要。不但如此，这个社区还自己制定了一条退休制度，规定女性年满55周岁、男性年满60周岁要"退休"。虽然对大多数村民来说，"退休"只是意味着分红方式的变化和能够领到社保发放的"退休金"，但对于村干部来说，这条规定却具有实质性约束力。2010年7月，社区党委书记QGT年满60周岁，尽管任期尚未结束，但本着以身作则的态度，他坚持从党委书记的位子上退了下来，接替他的是年轻的社区主任。他说规矩是他自己定的，他就一定要遵守。他制定这条规定，是为了让年轻人有上升的机会。现在，跟他一起上任的好几名主要社区领导干部都已年届60，社区政治已是40岁左右、在改革开放中成长起来的新一代乡村精英的舞台。

青少年和中老年人则是非制度公共生活参与的主体。孩子们在上高中之前，基本上都居住在社区，与父母家人一起生活，社区在青少年教育方面承担着重要职能。为青少年的健康成长提供良好条件，一直是社区公共活动的重要主题之一。每年寒、暑假，社区都会组织开展以少年儿童为中心的各种文艺、体育活动。青少年精力充沛、活泼好动、思想活跃，是流行文化的主要追随者。篮球是当前广受欢迎的一项体育运动，充满时尚气息，许多青少年都将一些篮球明星奉为偶像。在宁村，每年暑假举行的青少年篮球赛已经形成一定规模，受到孩子们普遍欢迎。篮球赛一般分为儿童组和少年组，6—18岁的青少年都可以报名参加。"功夫"对孩子们也具有强烈的吸引力，龙狮武术团里就尽是十三四岁的"毛头小子"，一些孩子甚至辍学来"练武功"。这些"问题青少年"最服气的不是老师和家长，而是他们的"师傅"——龙狮团的负责人GQR。因为经常要与这些孩子的家长和老师沟通，GQR说他也被称为"社会家长"。港台流行歌曲、蹦迪、街舞等在青少年中也很受欢迎，宁村歌舞团的表演之所以受到观众喜爱，就是里面含有大量现代流行文化元素，得到年轻人们的支持。歌舞团的负责人 LJZ 说，他的演出节目以现代流行歌舞为主，但一般也会穿插表演一两出粤剧，照顾老年观众欣赏的口味。粤剧一般安排在 9 点之前，老人家普遍早起早睡，这样他们看完就可以回家休息就寝。在余下的时间里，年轻人可以在强烈的音乐节拍中尽情狂欢。

老年人是社区公共生活中的一支重要力量，许多研究表明，老年协会不仅在村庄民间信仰、文化娱乐、村庄选举、农村福利供给等方面发挥着重要作用，还在农村组织化抗争中扮演着日益突出的角色。[①] 在宁村，老人在社区公共生活中的参与主要表现在四方面：（1）社区文化娱乐；（2）社区教育；（3）社区服务；（4）民间信仰。

老年人是社区文化娱乐的主力，中老年妇女是各个小区健身队和广场健身舞的主要成员，最先开始推广、教授广场健身舞的就是小榄老年协会的文艺骨干。不过，出于年龄和身体条件的限制，老人们更喜欢从事缓慢、动作幅度小的文体活动，如打太极拳、舞剑、唱粤剧等。宁村健身队的几名成员后来自己组建了一个太极拳队，她们说比起激烈的健身操，她们还是更喜欢平和的太极拳。她们年纪大了，健身操运动量太大，她们觉得有点吃不消。曲艺也是一项受到老年人喜欢的文艺活动，曲艺团就是一个以中老年人为主体的文艺社团，成员平均年龄在 60 岁左右，年纪最大的团员是旅居香港的 84 岁的何老先生。粤剧在相当长的一段时间里曾是广东地区为数不多的几种文化娱乐活动之一，深受广大群众喜爱。然而，随着时代发展引起的文化变迁，这门优美的戏剧表演艺术已渐渐淡出大众视野，大部分年轻人已经不懂得如何欣赏粤剧，只有从小听着粤剧长大的老人们还是粤剧的忠实"粉丝"。现在，粤剧已经成了老人娱乐的代名词，不论是居委会还是各个小区举行的"敬老晚宴"，其助兴娱乐活动中必不可少一项的就是粤剧表演。有些富裕家庭为老人祝寿，也会请当地的粤剧社团前去表演。曲艺团作为宁村居委会支持的三大"官方"文艺社团之一，经常在居委会下辖的各个小区巡回表演，为喜爱曲

---

① 甘满堂：《乡村草根组织与社区公共生活》，《福建行政学院福建经济管理干部学院学报》2008 年第 1 期，第 17—21 页；邓燕华、阮横俯：《农村银色力量何以可能?》，《社会学研究》2008 年第 6 期，第 131—154 页。

艺的老人们带去美妙的精神享受。我曾跟随曲艺团到西区广场进行过一场演出，看到一些老年妇女非常投入地、聆听演员们的演唱，一边轻轻跟着哼唱，一边拿手在腿上打着节拍，深深沉浸在粤剧独特的韵味和魅力中。

老人对社区教育也做出了重要贡献。许多退休的老干部、老教师都是小榄镇"关心下一代工程委员会"的成员，在各个小区设立的社区活动中心为孩子们补习功课，帮助做"问题青少年"的思想工作。2010 年 1 月，我第一次到永南小区办公室时，就听见一位老人在批评一个小青年不学好，把头发染成了夸张的黄色。后来才知道，这位老人以前是永康小学的副校长，退休回到社区做社区教育，现在主要的工作之一就是帮助社区里吸毒的青少年戒毒，这些人里面好多是他以前的学生。看到学生们不学好，不争气，老校长痛心不已。他说社区里有一个年轻人被关在螺沙的戒毒所，他每天步行一小时去给他做思想工作，再走一个小时回来，可惜没有起到明显效果，那个年轻人还是没有表现出悔改之意。

许多老人都是乐于为社区居民服务的"热心肠"，现在每个小区都设有几名"街坊组长"，绝大部分"街坊组长"都是老年人。"街坊组长"的工作非常琐碎，例如挨家挨户去发放《永宁月刊》，向居民传达各种通知，协助老人们每个月一次的量血压，防治手足口病，带领人口普查员逐户走访调查等。"街坊组长"们自身常年居住在社区，又要经常与社区居民打交道，是对小区最熟悉的人，对小区的责任感也十分强烈。只要是与小区相关的事务，如流动人口管理、环境卫生、治安等，"街坊组长"都有义务和责任参与监管，忠实地充当着社区的"眼睛"。尽管"街坊组长"每月有 800 元津贴，但对于大多数宁村居民来讲，这点钱在家庭收入中所占比例微不足道，老人们更多是出于对社区的情感和责任来做这些事。永南的一名街坊组长 HWG 说，他把当街坊组长看作是做好事，权当是在做志愿者。

老人们还是各种仪式活动中的权威，虽然宁村的老人已经基本退出了制度性权力领域，在各种村庄和家庭事务中失去了"话事权"，部分珠三角地区复兴的"父老"议事制度，在宁村并没有出现。然而，老人们还是通过掌握包括仪式在内的传统地方性知识而在地方社会中保持着影响力。我在一次与 HWG 聊天的过程中听他提起，永南小区有几个

"老人领袖"，他们是村社的民间信仰骨干，掌管着龙兴庙和小区里的几个社坛，在老人中很有威信。我在宁村调查期间，这几名"老人领袖"曾经发起过一起"社头维权"事件，起因是正在兴建的"大观酒家"征用了永南一个社坛所在地的土地，业主重新择址修建了一座社坛，但却因社坛的朝向问题与"老人领袖"们发生了争议。"老人领袖"们指责业主没有按他们事先要求的朝向重建社坛，因为社坛朝向涉及整个村社的"风水"，并因此聚众抗议，导致施工中断。居委会紧急派人调解，最终决定按老人们要求的朝向重建社坛。这种情况在宁村普遍存在，老人们凭借所掌握的"风水"知识，自诩为社区的守护者，而且这种守护为大多数居民所认可，使得他们在民间享有较高声望。郭正林指出，广东村庄中的"三老"（老支书、老党员、老社长）是老人们的意见领袖，他们依然是村中一股重要的政治力量。① 在宁村，"老人领袖"们也大多曾担任过村干部，这一经历背景显然培养了他们的"领袖"气质和能力。

## 三　不同地域群体的公共生活参与

### （一）周边村庄居民的参与

一个夏天的夜晚，我跟随曲艺团去社区演出，又一起去吃宵夜，活动结束后社团负责人 LZX 安排两个顺路的年轻人送我回住处。在路上聊了一下，才发现他们俩不是宁村人，是附近九洲基社区的居民，他们俩一个负责音响设备，另一个是演员。曲艺团像他们俩一样的外村人还有好几个，他们有的是本村没有文艺社团，所以只好来宁村活动；有的是觉得宁村曲艺团的条件、设备更好，社团成员的专业水平更高，因而从自己的社区被吸引到永宁；还有些既在本社区参加活动，又在宁村参加活动。九洲基的那个小伙子就说他两个社区的活动都参加，在九洲基唱粤剧，那边唱粤剧的人不多，他算唱得好的；来宁村就唱流行歌曲，这边唱粤剧的人太多了。他来宁村参加曲艺团的一个重要原因，就是这里的曲艺团经常有演出机会，其他社区都没有形成像宁村这样的社团演出制度，只是团员们自娱自乐，很少能像宁村这样能经常登台表演。宁村的各个文体社团对外来

---

① 郭正林：《农村权力结构的民主转型：动力与阻力》，《中山大学学报》2004 年第 1 期，第 8—14 页。

者都很欢迎，居委会也鼓励本社区社团吸收外来成员，例如健身操比赛，就允许有一定比例的外来人员参加小区比赛。有外来人愿意参与，既能表明这个社团本身所具有的吸引力，也能凸显宁村在当地的"龙头社区"地位。外来人员甚至可以参与居委会"评先进"，北区的YQY就在东村的健身操队被评了"先进个人"。她对社团的事情很热心，专门从家里搬了一台DVD过来供健身队排练使用。她也是个粤剧爱好者，同时参加了宁村的东村健身操队和曲艺团，有时一个晚上还要两边跑，先去东村跳舞，再来曲艺团唱粤剧。

### （二）外来工群体的参与

除了小榄本地人，外来工在宁村公共生活中的参与也不容忽视。珠三角村庄普遍聚居着大量外来劳动力，外来工所带来的"人口红利"是推动珠三角村庄经济迅速发展的重要原因之一。然而，出于地方保护主义，珠三角地区广泛实行严格的"村籍制度"，以户籍为界，在本地人和外地人之间划出一道难以逾越的鸿沟。本地人与外地人在分配、就业、地位、居住上形成不同的体系，在心理上互不认同。[①] 宁村就是这样的一个外来工大村，外来劳动力人口是本社区户籍居民的两倍以上。尽管这里在一定程度上也是一个"二元社区"，本地居民排外心理较强，但人数如此众多的外来工常年生活在社区，在事实上已经构成了社区社会生活的有机组成部分。折晓叶指出，虽然外来人口大多是"打工者"，与本地居民有严格的社区身份上的差别，没有永久居住权，流动性很大，但其作为总体，已经有较为稳定的规模，成为村社区的"准居民"[②]。随着近年来珠三角地区的"民工荒"日益严重，许多居民清晰地感受到了外来工流失对地方经济发展带来的消极影响：外来工少了，工厂招不到工人，居民收不到房租，市场上冷冷清清，消费带动乏力。外来人与地方社会唇齿相依的局面，迫使当地政府和居民扭转对外来工的态度，采取各种方式"留人"，其中之一就是情感、文化留人，为外来工融入地方社会生活提供条件。近年来小榄镇大力建设公共文化，兴建休闲娱乐场所，举办各种群众文化活动，在一定程度上就是在为挽留外来工而努力。小榄镇文联负责人

---

① 周大鸣：《外来工与"二元社区"》，《中山大学学报》2000年第2期，第107—112页。

② 折晓叶、陈婴婴：《超级村庄的基本特征及"中间"形态》，《社会学研究》1997年第6期，第35—43页。

WFW 说：

> 现在小榄比较注重发展文化休闲，有好些是面向外来人口的，许多文化活动都是外来人口参加的多。像顺昌广场的表演、菊花会等，都是外来人口参加的多。现在江滨公园每晚都有很多人在那里乘凉散步，也有很多是外地人。外地人在这里有得玩，生活比较丰富，就愿意留在小榄。不像阜沙，什么都没有，工人下班都不知道要干什么，外来工就不愿去。

宁村也比较注重丰富外来工的文化娱乐生活，从 20 世纪 90 年代中期起，村委会就开始举办外来工卡拉 OK 大赛，现在也还经常举办一些外来工运动会、书法比赛、文艺表演之类的文化娱乐活动。由于文化娱乐生活贫乏，外来工对参与社区娱乐性的公共活动怀有巨大热情。不论是各个广场举行的文艺晚会，还是放露天电影，观众都是以外来工为主。年轻的外来工们对这些活动感到兴奋和期待，一看到演出通知，就早早跑来广场"抢位置"。一名在宁村打工的四川妇女说，曲艺团表演的那些粤剧她根本就听不懂，但只要有演出，她都会来看，她喜欢的是那种热闹的气氛。另外一些外来工参与的程度更深，直接加入了村里的社团。宁村歌舞团就有好多成员是外来工，演员本身就是社区各个工厂里的"打工仔"，面向的观众也主要是外来工，很容易引起共鸣。宁村拔河队的外来工更多，事实上，除了少数几名本地人，拔河队的绝大多数成员都是外地人，要么是从各地引进来的运动员、体育老师，要么是从社区工厂中招收的外来工。负责拔河队的居委会党委副书记 GZR 说，拔河队的训练很苦，普通人很难承受这么高强度的训练，只有专业运动员和外来工才能吃得了这种苦。

不过，总体而言，外来工在社区公共生活中的参与还是很边缘。首先，他们能够参与的活动非常有限：社区政治不容他们插手，宗族和民间信仰活动的地域色彩也都非常浓厚，仅限社区内部成员参加。而且外来工有各自的风俗习惯，对这些活动不感兴趣。其次，参与的层次比较浅，大部分人的参与只停留在旁观层面，很少能实现深度和充分参与。这与外来工的工作时间、自身素质和信息掌握程度有关。歌舞团的负责人 LJZ 说，虽然他的团员中有一些外来工，但他还是愿意用本地演员，外来工流动性太高,许多人隔段时间之后就联系不上了,没有办法保持长期稳定的合作。广西人 ZQX 在宁村已经生活工作了 10 多年,现在是宁村市场的清洁工。他说,社区里的各种活动的确是很多,但他的工作时间决定了他没什么时间去参加,有些活动也没法参加,像书法比赛,他肯定是不会去的,自己文化太低,字都不认得几个,更别提书法艺术了。文体活动有时还会去参加下,2010 年 1 月,他去参加了物业部组织的拔河比赛。1 月初,他还报名去参加了社区举办的环村长跑赛,请假去的,他们 4 个工友里面,就他去了。他相当于这个市场清洁小组的小组长,他说别人都很少去办公室,都不怎么知道这些消息,只有他偶尔去去办公室,消息灵通一点。最后,居委会仍旧实行的是"二元"治理思路,本地人和外来工的活动被分开组织,很少有意识地通过公共生活推动本地人与外地人之间的交流融合。如何为数量众多的外来工在社区中寻找一个合适的位置,将是社区长期面临的重大问题。

**(三) 港澳同胞、华人华侨的参与**

华人华侨和港澳同胞是影响小榄地方公共生活的一支重要力量。改革开放初期,小榄华人华侨和港澳同胞大力投身地方公共基础设施建设,他们为小榄捐建的大型公共基础设施有陈星海医院、小榄镇体育馆、小榄镇自来水厂、永康小学、人民公园部分设施等。1994 年,小榄镇政府为了获得华人华侨和港澳同胞对举办第四届甲戌菊花大会的支持,特地成立了有香港榄镇同乡会和新加坡中山榄镇同乡会参加的菊花大会筹备委员会。1994 年 3 月,小榄镇镇委书记、镇长等主要领导带团前往香港,"先后拜会了香港榄镇同乡会、中山侨商会、中山同乡会等会社的首领,并参加了香港 34 个社团的春茗联欢活动,共商菊花大会的举办和兴建小榄镇体育馆等事宜,得到港澳乡亲大力支持。"[①] 除了由地方政府出面组织动员的重大公共活动事项外,小榄民间与港澳同胞和华人华侨的互动交往也十分活跃。小榄近年来重建的几座庙宇——隐秀寺、净意庵、古庙等都得到过华人华侨和港澳同胞的支持,庙内牌匾或石碑上的捐助者名单能够清晰地反映出这一点。重建庙宇和祠堂是华人华侨、港澳同胞最乐意捐助的两项活动,二者都是"寻根"的重要内容。社区庙宇对地域和身份认同的影响并不亚于宗祠,张珣指出,对一个社区庙宇来说,神明有如整个社区所

---

有居民的共同祖先，庙宇有如社区的具象化。① 通过回乡投资、祭祖、重建庙宇等活动，华人华侨和港澳同胞重新建立了与故乡的关系，并被视为跨地域的"当地人"。Smart 和 Lin 认为，"当地人"身份对海外投资者和地方政府来说都很重要，一方面，当地企业管理干部和个人可以通过祖籍位于当地的海外投资者直接抓住全球资本主义机会；另一方面，海外资本家也可以利用"当地人"的身份寻求当地社会关系的保护，由此形成一种"跨国地方主义"②。

　　宁村是小榄镇港澳同胞人数最多的社区，港澳同胞对宁村公共生活的影响更为显著。如前文所述，宁村香港同胞麦克贞在改革开放初期对永宁的经济、社会公益事业的发展做出了卓越贡献，由他参与创办的永大集团公司至今仍是宁村效益最好、规模最大的集体企业之一，他一手创建的永康小学也已成为小榄镇硬件设施、教育质量最好的教育机构之一。2010年1月，宁村净意庵重建开光典礼当天，前来道贺的嘉宾中就有来自港澳的宗教界人士。当前宁村的一些民间社团也与港澳保持着频繁交往，宁村龙狮武术团就经常受邀去香港表演，也有一些香港的武术爱好者到龙狮团参观学习，武术团的宣传栏里还贴有一名香港明星来访的照片。宁村曲艺团则与一家香港业余曲艺社团——佩声曲艺社保持着良好的合作关系，两个社团经常联合演出。两者之间的合作是一名香港同胞何老先生牵线搭桥的，原籍小榄的何老先生是一名粤剧爱好者，佩声曲艺社的成员。他不是宁村人，不过来参观宁村曲艺团后，很喜欢这里的氛围，就经常过来参与排练演出，还为宁村曲艺团捐过好几次款，被视为曲艺团的成员之一。何老先生说：

　　　　业余票友在香港登一次台，至少要 2000 块，因为租用场地要钱，请来的那些乐师也要人工。而回来宁村登台唱，一分钱都不要，2000块请所有团员吃宵夜还绰绰有余，所以我很喜欢回来宁村参加表演。

---

　　① 张珣：《台湾妈祖研究新思维："文化妈祖"研究的新取向》，载张珣、江燦腾主编《台湾本土宗教研究的新视野和新思维》，台北南天书局 2003 年版，第 131 页。

　　② Alan Smart and George C. S. Lin. "Local Capitalisms, Local Citizenship and Translocality: Rescaling from Below in the Pearl River Delta Region, China". *International Journal of Urban and Regional Research*. Vol. 31, No. 2. Jun 2007, pp. 280 – 302.

**图6—1 香港佩声曲艺社与永宁曲艺团联合演出的舞台海报**

# 第二节 公共生活参与意愿与动机

## 一 社区公共生活参与意愿

2010年1月,我来到宁村没两天,就赶上村里召开一年一度的"民主评议大会",这应该算是社区召开的规模最大的会议了,每户都要派代表参加。会议召开的前一天,我带着两个同来做学年论文的师弟在社区闲逛,遇到几个居民在社区公园闲坐聊天,就上去跟他们攀谈了一阵。说到第二天的评议大会,在场的一位大叔说:"这种评议有什么意思?居委会干部就那么几个,都是上面定好的,投谁的票都一样。"他说他们也不介意谁当选干部,只要有钱分,谁当干部都一样。选举的时候,谁给钱就投谁的票。这番话让我们对这个社区的民主参与打上了一个大大的问号。第二天去参加会议,会议议程倒是很正常,无非就是各位领导述职,与会村民填表评议村庄各项工作。令我们吃惊的是散会之后,几个出口都有人守在门口发钱，出来一个发一个，每人 50 元。发钱的工作人员以为我们也是来参加会议的居民，也要给钱给我们，我说不用了，发钱的年轻女孩竟然还不干，一直伸着手坚持让我们把钱收下，直到听说我们只是前来旁听会议的外来访客才作罢。后来我们了解到，这种钱叫作"误工费"，现在社区已经形成了惯例，凡开会必发"误工费"，否则就没人愿意来。在社区待了一段时间之后，我发现这里的居民对政治性的活动不感兴趣，参加文体活动和民间信仰、祭祖之类的活动倒十分积极，许多人踊跃报名参加，自发捐钱捐物，活动开展得蓬蓬勃勃红红火火。为什么居民对居委会组织的制度性公共生活反应冷漠，而对非制度性的宗族、宗教和敬老活动却表现出高度热情？

陈万灵从"分利能力"[①] 的角度对此进行了解释，认为公共性程度较低、每个居民"共享"利益较大的社区项目，即小范围内居民自发组织的小项目，有较多居民参与，而且具有持久生命力；而由政府主导的旨在创造参与气氛、追求"政绩"的项目，附和参与的居民较少，而且参与居民的热情不高。[②] 张宝锋则从居委会性质和组织动员方式对这一问题进行了思考，指出居委会只是国家实行基层治理的工具，而不是表达、实现居民利益的自治机构，因此居民很少利用居委会维护自身利益，也不相信自己的参与能够影响政府和居委会的决策。事实上，在动员型参与方式中，社区事务的决策权和监督权的确掌握在政府职能部门、街道办事处和行政化的居委会手中，居民不过是被拉来作为幌子和陪衬，这种状况严重制约了社区居民参与社区事务的积极性。[③] 这种状况在宁村也一定程度上存在，本书认为，宁村居民缺乏参与制度性公共生活的热情主要出于以下原因：

首先，宁村居民对居委会组织活动参与、响应不足，与居委会的"家长"式治理有关。与大多数城市居委会的严重行政化相比，宁村居委会的自治程度高得多，居委会在一定程度上是能够代表、维护社区共同利益的，甚至经常为了维护社区利益而抵制、反对上级政府的命令。不但如

---

① 分利能力指个人参与社区公共利益的分配并实现自身利益最大化的能力和行动。见陈万灵《"社区参与"的微观机制研究》，《学术研究》2004 年第 4 期，第 77—81 页。

② 陈万灵：《"社区参与"的微观机制研究》，《学术研究》2004 年第 4 期，第 77—81 页。

③ 张宝锋：《城市社区参与动力缺失原因探源》，《河南社会科学》2005 年第 4 期，第 22—25 页。

此,"伴随经济迅速发展、人口大量聚集和社区生活的日益复杂化,超级村庄的村组织比以往任何时候都得到了充分发育。在村组织基础上发育的某些机构,已经在某种程度上具有了地方政府的结构和职能"①。社区组织在领导社区建设发展方面取得的巨大成就,一方面为居委会和干部赢得了权威和声望;另一方面也造成了居委会的"家长专权",社区事务被居委会干部及其与之属于同一阵营的居民代表牢牢掌控,普通村民很难通过制度性渠道发出声音。

现在居委会或居民代表开会议事,总是很快就能以大多数人赞成为结果通过,不是居民中没有反对声音,而是反对声音被屏蔽了,根本没有机会被提出来考虑讨论。一名居民说,去年社区开居民代表会议,讨论是否要在社区所属的集体企业投资建设一条成本高达2亿元的生产线,这么大的一件事情,只有一个自己做老板的居民代表提出了一句疑问,说去年刚上马的一条投资几千万元的生产线都还没有怎么见到成效,这么快又投资第二条是否合适?因为反对声音太过微弱,最终被忽略不计,工程按居委会的既定计划投资建设。居民代表不能发出独立的声音,与居民代表的"代表性"问题有关。宁村的居民代表通过两种方式产生,一是由居委会提名;二是自荐报名,然后再在居委会换届选举时一并由居民选举产生。这种提名选举的操作方式使得居民代表几乎完全变成了居委会的代表。宁村的居民代表主要由三种人担任:一是居委会干部,村支两委"八大员"均是居民代表;二是转制企业承包经营者,"身份是老板,政治上还是干部";三是居民中的"积极分子"。一名居民代表说,居民代表的当选条件就是被人信任、正直以及"被领导看中"。居民代表的人员组成架构决定了其依附性,居委会的决定很少被质疑,不仅如此,居委会还为居民代表们提供优厚的"待遇":每年有几千块钱的"补贴",逢年过节都会发放慰问礼品,还能参加由居委会组织的"公费"旅游。这就导致大部分居民代表根据自己的个人利益而不是社区共同利益权衡如何做决定:投反对票会得罪人,甚至连居民代表的职务都会被罢免,与该职务捆绑在一起的各种利益也会随之丧失;投赞成票则皆大欢喜,即使决策失误,损失的也是社区集体的利益,而不是村民代表个人的利益。只有极少数自己掌握

① 折晓叶、陈婴婴:《超级村庄的基本特征及"中间"形态》,《社会学研究》2007年第4期,第35—43页。

经济、社会资源较多，对居委会利益关联和依赖性较小的居民代表，才有可能站在公共利益的立场说话。

其次，居民对社区公共事务参与不足，也与居民代表议事制度的执行思路有关。当前宁村居委会实行的居民代表议事制度，还是遵循的传统"议大事"原则，只有对社区发展具有深远影响的重大事件，才会被纳入议事范围，例如制定分红标准、物业出租价格标准、上马重大基建项目等。而对于一些看似平常琐碎、却与居民日常生活密切相关的"小事"，却关注不足。许多学者之所以对社区民主抱有高度期望，就是认为在小型的、面对面社区中，人们才有机会直接参与与自己生活相关的决策，从而才能真正控制自己日常生活的过程。然而，随着自然村向行政村转化，行政村管辖范围日益扩大，村庄直接民主的优势却在逐渐丧失，向间接民主和代议制过渡，从而在一定程度上损害了村民自治。北村的一名居民代表说，他在居委会发放的《居民代表意见表》上提出过要在本小区建篮球场、空置房屋拆迁由于产权复杂不能轻易实行等意见和建议，提了之后就石沉大海，没有任何人给予答复或解释。虽然他对此也并不是很在意，只是在聊天中随意提及，但如果居民代表的"小"意见得不到重视和回应，多少会在一定程度上降低其社区参与的积极性。阿尔布劳告诫希望获得选票的政客们应当在增加人们对个人周围切身环境方面的满意度上做文章，因为他们可以在提高人们对周围切身环境方面的满意感方面做出看得见的成绩来。①

最后，居委会的强权和包办，也在一定程度上养成了居民的过度依赖心理，使他们不自觉地把大部分社区事务的责任推到居委会头上，而只是坐享居委会为其提供的服务和福利。居委会财务办公室的一名工作人员说，现在本社区户籍居民的医保和社保都由社区统一为其购买，但如果有工作单位，由工作单位购买也可以。现在比较麻烦的是，有些居民从工作单位离职之后，没有把社保关系从单位转到居委会，导致社保购买中断，直接影响居民今后退休金的领取。尽管居委会财务办公室一再以贴布告、发宣传资料、在《永宁月刊》登载相关政策等形式提醒居民按时查询自己的社保费缴纳情况，但许多居民还是根本不当一回事，指望居委会的相

---

① 马丁·阿尔布劳：《全球时代：超越现代性之外的国家与社会》，商务印书馆2001年版，第252页。

关部门为他们负责处理，有时因为换了工作单位或其他原因，自己的社保购买中断了也不知道。财务办的小 Y 无奈地说，农民的这方面意识还是比居民弱，不了解社保的重要性，也不大关心。这样他们财务办的责任就加重了许多，他每年都要至少花上一个月时间，在社保局替这些在外面买社保的居民一一查询社保购买情况。如果有人的社保中断了，他们要负责帮其补缴费用，然后再给本人发通知，告知他们这一情况。社保局要求公民买满 15 年以上的社保才能领退休金，但为了以防万一，宁村都为居民买满 20 年，这样万一中断了，也还有点时间可以补上。社区里的一名企业家对这种状况忧心忡忡，他甚至认为"股民"的提法非常有问题，村民只是以承包的土地使用权入股，而没有投入任何实质性的资金或劳动力，这也就是说，他们可以不用为村集体负任何责任，而只是要求从集体分红，责任和权利完全不对等。他甚至担心，按照这种做法搞"集体主义"，集体主义的道路还能走多久？村民都只是向村集体索取，而很少思考自己能为村集体做何贡献。只要是村集体组织发起的活动，无论目的意图如何，他们都觉得这些只是村委会的事情，与自己无关，因而不愿意参与。

## 二　社区公共生活参与动机

居民普遍对参与社区政治不感兴趣，但对社区文体活动、民间信仰、祭祖、敬老晚宴等民间自行组织的活动却热情高涨，积极参与。这些活动为何能对居民产生如此强烈的吸引力？普通居民参与这些活动的动机如何？孙璐认为，个体参加集体行动或者公共事务的动力无非来自两个方面：追求共同利益和追求情感满足、价值认同，简言之就是"利益驱动"和"认同驱动"[1]。杨敏将社区参与划分为四种类型，即福利性参与、志愿性参与、娱乐性参与和权益性参与，这四种类型分别与四种动员组织机制——强制性参与、引导性参与、自发性参与和计划性参与和四种参与动机——一是服从权力，寻求庇护；二是社区的认同和责任感；三是健身娱乐；四是追求、维护自身利益——相对应。[2] 本书认为，这些社区参与类型和动机并不能涵盖宁村社区参与的全部内容。在宁村，居民参与各种非

---

① 孙璐:《利益、认同、制度安排》,《云南社会科学》2006 年第 5 期, 第 70—73 页。
② 杨敏:《作为国家治理单元的社区》,《社会学研究》2007 年第 4 期, 第 137—164 页。

政治性公共生活的动机主要出于以下几种：

**（一）健身——参加健身队，就是为了看起来年轻**

健身是宁村居民参与社区文体活动最普遍和最主要的动机。健身在宁村有两种基本含义：健康长寿和形体塑造，尤其是对女性而言，健身几乎成了减肥瘦身的代名词。当前有关城市大众文体活动的研究，主要侧重于讨论群众体育健身的兴起与经济改革之间的关系，认为市场化改革导致原有的"单位社会"解体，许多弱势群体可以得到的健康和其他福利消失了。城市群众文体活动和"养生"的兴起，与医疗保健供应的衰落联系在一起，是数量巨大的困难群体寻求政府提供医疗服务以外的替代方案的表现，这种替代方案尤其对老年人具有吸引力。[①] 以市场化为导向的改革导致的另一个后果，就是医药费价格大幅攀升，超出了大多数普通家庭所能承受的限度，群众都害怕生病，生不起病。在这种背景下，许多群众萌生出"不生病就是赚钱"的认识和看法[②]，而健身无疑是预防疾病最积极的方式。

这种分析逻辑对于宁村的情况并不适用。改革开放后，珠三角民众分享经济繁荣成果最明显的表现之一，就是社会福利成倍增长。不论是地方政府，还是村集体，都将提高居民福利和社会保障视为促进地方社会发展的重大目标。强大的集体经济，使得宁村农村户籍居民每人享有三份医疗保险：一份城乡医疗保险、一份新农村合作医疗、一份门诊医疗保险，其中城乡医疗保险的政府部分由中山市政府提供，新农村合作医疗的政府部分由小榄镇政府提供。有了这两项保险，住院治疗费用的95％以上都可以报销，一般城乡医疗可以赔付60％，剩下40％左右由合作医疗险赔付。门诊医疗险则提供2元钱看门诊的优惠。每项医保都需要个人支付一定费用，城乡医疗险每人每年需要缴费192元，新农村合作医疗每人每年需缴费120元，门诊医疗险每人每年需缴费24元。对于城镇贫困家庭来说，为全部家庭成员购买这些保险不啻一笔沉重的负担，因此有些家庭只能购买其中的一项或两项。但对于宁村的农村户籍人口来讲，这些费用根本就不是问题，因为这些费用全部都由村集体

---

① Alan Smart & Li Zhang. "From the Mountains and the Fields". *China Information*. Nov 2006. Vol. 20, No. 3, pp. 481 – 518.

② 杨敏：《作为国家治理单元的社区》，《社会学研究》2007年第4期，第137—164页。

代为支付。有了这些医疗保险提供的重重保障，治病对大多数宁村居民来说不再对家庭经济构成重大威胁。但群众对身体健康的重视并不因此而下降，反而进一步加强，如同一名居民所说："现在村里为村民提供的福利这么好，但也要活着才能享受啊。"宁村的中老年人普遍异常注重"养生"，与城市下岗职工寻求国家医疗保障体制的替代方案不同，宁村居民的"养生"则是为了延年益寿，通过活得更长久来共享经济繁荣成果。

"养生"对宁村居民来说主要包括两方面内容：一是吃。许多老年人在笔记本上抄录"养生食谱"，搜集剪贴报纸上登载的"养生小窍门"，购买与养生有关的饮食书籍，花费大量时间精力研究吃什么对身体最好。一次曲艺团的负责人 LZX 请我吃饭，点了一道蚕蛹，特意向我推荐，说吃这个对身体好。二是锻炼身体。早晚散步、舞剑、打太极、跳舞的大部分都是锻炼身体的中老年人。螺沙小区的社教员英大叔今年 50 多岁，他是一名养生迷，自己制作了一份社队里 80 岁以上老人的名单，研究分析他们能够保持健康长寿的原因。他得出的一个结论是，女寿星要比男寿星多。他不光做研究，还积极投身"养生"实践，从 1999 年开始，坚持每天晨跑 5 公里，希望也能活到 80 岁。他和妻子两人都喜欢跑步，每天一起晨跑锻炼，年年参加社区举办的"环村长跑比赛"，两人都能拿三等奖。

对许多中年妇女来说，她们参加健身队或到广场上跳舞，并不仅仅只是为了保持身体健康不生病，而是进一步希望能通过这些活动保持形体优美，减肥塑身。我在参加永南健身队训练期间，对妇女们对于身体胖瘦的关注留下了深刻印象。她们经常谈论的话题就是体重，相互之间开玩笑，比较腰身的粗细，争论谁比谁更"肥"。一天晚上训练结束，我跟永南健身队的 LK 一同步行回住处，路过永南广场时发现东村健身队还在排练，就一起过去观看。LK 说东村健身队的人她基本都认识，去年跟她们一起代表宁村和小榄去参加过比赛。看了一会，她突然感叹说，她们比去年都肥了一圈，她自己也比去年肥了，无论她怎么坚持跳舞，还是一直在变肥。女性对自身身体形象的关注在改革开放后变得十分突出，这与后毛泽东时期对现代性的想象有关，罗丽莎指出，在后毛泽东时代，身体的生育力、对身体的操纵、身体的内在性和身体的性愉悦取代了"劳动"或

"政治"而成为建造现代主体的场所。① 不仅如此，当前珠三角女性对身体的关注和焦虑还与性别关系失衡有关。虽然有研究显示改革开放带来了性别关系的平等，夫妻关系在家庭关系中的重要性上升，妇女在家庭中的地位提高②；独生子女政策也改变了大多数城市家庭反对女儿进行投资的偏见③，但另一方面，经济发达地区和富裕阶层的性别不平等也在加剧。张鹂发现，温州移民中的性别不平等在富裕家庭中增长最明显④，父权正在城市有产阶级家庭中复苏。⑤ 在珠三角地区，男女不平等最明显的表现是男性在婚恋中的优势增加：一是随着大量外来工的到来，本地男性择偶范围扩大，而本地女性的择偶范围却相对缩小，"大龄女青年"已经成为珠三角地区日益严重的社会问题；二是已婚男性对婚姻的忠诚度下降，许多已婚男性都在外面包养"二奶"。本地妇女对丈夫的这种行为既感到愤怒、伤心，又觉恐慌和无奈。越是富裕家庭，妻子对家庭事务的主导权越弱，她们根本就无法控制或阻止丈夫在外面的行为。无论是忍气吞声还是分居离婚，利益受到损害的都是妇女。无奈之下，她们只好一边痛骂外来的"狐狸精"不要脸，勾引别人的男人，一边匆忙提高自身"素质"，努力增加身体和外形吸引力。许多宁村妇女在参加文体活动、塑造形体方面的努力，都可被视为性别关系失衡背景下女性缺乏安全感的表现。

现代社会对身体的消费，也是推动人们追求身体魅力的动因之一。在消费主义的刺激下，无论男女都难以逃脱对特定身体形象的追求。⑥ 在与东村健身队的男队长 YJK 的交谈中，他问我："你觉得我多大年纪？"从

① 罗丽莎：《另类的现代性》，江苏人民出版社 2006 年版，第 217 页。

② 阎云翔：《私人生活的变革——一个中国村庄里的爱情、家庭和亲密关系》，上海书店出版社 2009 年版。

③ Vanessa L. Fong, *Only Hope*: *Coming of Age under China's One-Child Policy*. Stanford, CA: Stanford University Press, 2004. 转引自 Alan Smart & Li Zhang. "From the Mountains and the Fields". *China Information*. Nov 2006. vol. 20, No. 3, pp. 481–518.

④ Li Zhang. *Strangers in The City*. Stanford University Press. 2001.

⑤ Li Zhang, "Contesting Crime, Order, and Migrant Spaces in Beijing," in *China Urban*, ed. Chen, Clark, Gottschang, and Jeffery, Duke University Press, 2001, pp. 201–222.

⑥ 章立明：《身体消费与性别本质主义》，《妇女研究论丛》2001 年第 6 期，第 57—60 页；金丹元、王莹莹：《后现代消费语境下当代身体文化的审美观照与理性超越》，《中州学刊》2006 年第 5 期，第 275—279 页。

外表看，着实难以判断他的真实年龄，他身材匀称，头发漆黑，看起来精力充沛，神采奕奕。于是我试探着说:"四十多?"他接着问:"四十多少?"我答:"四十五岁左右吧。"他得意地哈哈大笑，说他已经58岁了，孙子都上小学二年级了。他说他之所以参加舞蹈队，就是因为经常可以活动活动，锻炼身体，显得年轻一些。村支书QGT已经年满60岁，达到了退休年龄，但大家都夸他年轻，一点不显老，他自己也这么认为，从不对这种赞美表示谦虚。在希望保持"年轻"这一点上，男性和女性并没有什么差别，而是都希望通过保持体态的青春健美，在身体上保持自身的魅力和对异性的吸引力。

**(二) 成就感、荣誉感——得了奖很开心**

2010年国庆假期的一天，我收到永南小区社教员HMJ的短信，问我在哪里，过得好不好，说永南健身队在健身操比赛中得了第一名，大家都很想念我，兴奋之情溢于言表。听到这一喜讯，我也由衷地感到自豪和高兴。调查期间，我曾参与这支健身队训练了一个多月，被大家视为健身队的一员。如果不是开学返校，我就会和队友们一起登台表演，共同分享胜利的喜悦。林剑指出，荣誉可以使人体验到生活的价值感与意义感，增加人们的快乐幸福。[①] 荣誉感对保持团体的凝聚力具有重要意义，集体荣誉感对团体成员发挥着激励作用，能够激发团体的生机和活力。在宁村，凡是表现比较积极、团队凝聚力较强的社团，都是获得较多荣誉的社团。每个社团都为其获得的荣誉而骄傲，将荣誉展示视为建构社团影响力和凝聚力的有效手段。不论是曲艺团、龙狮武术团还是东村健身队，墙上都挂满了各种锦旗、奖状，柜子里陈列着诸多奖牌和奖杯，向来访者介绍社团的光荣事迹，是接待礼仪中一道必不可少的程序。龙狮武术团的负责人GQR说，武术团里有许多"行为偏差"青少年，在学校是出了名的调皮捣蛋，有些甚至有违法犯罪倾向。但这些孩子都很听他的话，他用来约束、管理他们的一项有力措施就是社团荣誉感。龙狮团在各种地区性，甚至国际性的比赛中获得的奖项、荣誉数不胜数，团员们都为这些成绩感到自豪，逐渐开始注意自己的言行举止，避免给团体抹黑。有些团员也获得了较高的个人荣誉，这使他们更加注重自己的形象，自动远离使其声誉受损的人群和行为，"浪子回头"的事迹在龙

---

① 林剑:《论人的荣誉感的道德价值》,《江汉论坛》2005年第12期，第67—70页。

狮团屡见不鲜。

图6—2　龙狮武术团的奖品陈列柜　　　图6—3　曲艺团获得表彰后集体合影

　　集体荣誉感与集体活动之间表现出一种辩证关系，集体荣誉感加强集体团结，集体团结反过来又能增进社团凝聚力，为其获得更多荣誉提供条件。周怡指出，声誉是积淀性的，它的获得需要主体投入持续的时间和努力，集体声誉的获得还依赖其中每一位成员的认同。① 东村健身队的骨干CHX说：

　　　　我们开始参加健身队跳舞，只是为了健身，跳得都很简单，就是随便玩玩。没想到第一次参加社区的健身操比赛就得了第一名，大家都很高兴，训练得更勤奋了，得奖也更多了。现在我们不但在宁村得第一名，在小榄镇也能拿第一，还得过中山市的第一名。现在我们活动很多，经常要出去表演，舞跳得也越来越好，动作越来越复杂，衣服（演出服装）都有十套八套了。我们队员之间关系都挺好，经常一起喝茶吃饭唱歌，尤其是跳舞比赛得奖以后，大家是肯定会一起去吃饭庆祝的，好有成就感。

　　东村舞蹈队从一个普通的群众文体活动社团发展成当地著名的"明星"团队，不但成员关系团结融洽，对社团事务高度关注、积极参与，

①　周怡：《村庄声誉：一个无法略去的集体符号》，《社会》2008年第5期，第165—190页。

而且屡创佳绩，社团声望日益增加，与集体荣誉感的激励密不可分。取得胜利、获得荣誉使社团成员获得强烈的喜悦和满足。东村健身队长 YJK 说，他以前从没搞过文艺，更别提在众人面前表演，现在参加了健身队，感觉很勇敢很开心，在那么多人面前表演是很需要勇气的。健身队的经历给予了他某种力量，使他进一步认识到自己的潜能。与其说获得荣誉使他们获得成就感，还不如说发现新的、更好的自我让他们兴奋激动，深受鼓舞。

**（三）求福报——积善行德求福报**

　　善恶因果报应在大多数宗教观念中都有所体现，德行与幸福的统一是推动人们从事宗教信仰活动的主要动因之一。中国传统正义观中就有祸福由人、善恶有报的内容，"后代承报"是其显著特色，即人的善恶德行会对子孙的命运产生重要影响。① 佛教传入中国后，对这种善恶因果论在一定程度上进行了修正，强调因果报应的主体性，自作自受。为了与中国传统儒家报应论相融合，中国佛教对印度佛教因果报应论做出了新的解释，以兼顾因果报应的家族性和承负性。② 许多宗教信仰者将宗教信仰活动本身视为"积善行德"，烧香拜神、捐功德或者为庙宇提供服务，都被认为是在"做善事"。这种行为不仅有益于个人的健康幸福，而且将增进整个家庭和子孙后代的好运气。有居民告诉我，永南的几名"老人领袖"之所以在民间信仰活动中表现积极，是为了替自己及其家庭"求福报"。这也是许多民间信仰者的共同心理。

　　人们从事宗教和民间信仰活动的另外一个原因，在于"有求必应"思想的流行。人与鬼神的关系被界定为一种利益上的互惠关系，去庙宇上香、朝拜、捐香火钱，不是出于对精神的信仰，而是"无事不登三宝殿"，请求神灵帮助自己解决问题或实现愿望。2010 年，小榄的基头北帝庙新安放了一尊孔子塑像，管理庙宇的老伯说，安放孔子塑像是为了满足两种人的需求：一种是学生或学生家长，在重要的考试前来拜"文曲星"，希望在考试中取得好成绩；另一种是儿女不孝的老人家来向这位提

　　① 张践：《因果报应论对传统政治正义观的补充》，《理论学刊》2007 年第 1 期，第 39—42 页。

　　② 万全勇：《中国佛教因果报应说的理论特色》，《西藏民族学院学报》2006 年第 3 期，第 50—54 页。

倡孝道的先贤控诉子女的忤逆，倾诉自己的痛苦无助。费孝通指出，鬼神在我们是权力，不是理想；是财源，不是公道。[1] 在佛教、道教与民间村庙中，信众褒扬神明的最常用的词是"有求必应"、"威灵显赫"、"护境安民"等。[2] 为了增加神明提供帮助的意愿与效率，求神者一般会对神祇许诺事成之后的答谢。许多人在解决问题或达成愿望后，确实会抬着烧猪等礼物供品到庙宇还愿谢神。甘满堂认为，回报神明并不仅是一种交易，也是回报社会的一种形式。[3]

### （四）利益——礼物效应

一天晚上我去永南健身队参加排练时，发现只有稀稀拉拉的几个人到场。一名队员不满地对我说，今天晚上永南广场搞游园会，参加活动的人会有些礼物、奖品发，无非就是洗衣粉、柔顺剂、沐浴露之类的，很多人就打着孩子的旗号领东西去了。她暗示这些人去参加活动，是贪图小便宜。不过居委会确实经常采用发放礼物的策略吸引居民参加活动，事实证明这类策略收效良好，凡是举行抽奖活动，或对参与者有礼品赠送的活动，前来参加的群众人数就会比较多。居委会对社区的文体社团实行的也是利益引导机制，每个社团每表演一场都可以得到 2000—3000 元补助，所以三个社团都非常积极组织演出。社区文体社团中利益色彩最浓厚的是拔河队，由于训练强度大，许多队员们都说他们的手不止脱过一层皮，因为要用很大力气来拉绳索。为了吸引"大力士"们来参加拔河队，这个社团为成员提供的物质利益也是十分丰厚：每次来参加训练都有津贴，晚上包一顿饭，得了奖还会有奖金。拔河队的一位大姐说：

> 我是一个单亲母亲，老公去世已经 10 年了，挣钱不容易。我有两个儿子，大的现在去当兵了，小的在小榄中学读书。练拔河很辛苦的，练得手臂也粗了，腿也粗了。我们每天都是不吃饭就来训练，时间不够，只来得及给小朋友做好饭。而且吃了饭来训练，会胃疼。

---

① 费孝通：《美国与中国》，生活·读书·新知三联书店 1985 年版，第 110 页，转引自甘满堂《灵验与感恩》，《民俗研究》2010 年第 1 期，第 67—75 页。

② 甘满堂：《灵验与感恩》，《民俗研究》2010 年第 1 期，第 67—75 页。

③ 同上。

她来参加拔河队,很大一个原因就是拔河队给予的经济补贴。每次训练完,她都会将队员们喝过的矿泉水瓶捡起来带回家,卖了换钱。除了经济上的激励,拔河队还会为队员提供其他一些"好处":经常要外出参加比赛,到处去,还能坐飞机。对许多外来工队员来说,每次外出参赛都相当于一次旅游。如果不是参加拔河队,他们不知什么时候才有机会坐一次飞机。去年拔河队获得了去意大利参赛的邀请,更是使队员们感到兴奋,他们以前连做梦都想不到这辈子还能出国。这些都使得参加拔河队变得令人向往。

**(五)维权——为维护切身利益抗争**

宁村的老百姓虽然对参与社区政治事务缺乏积极性,但一旦涉及切身利益,他们就会迅速作出反应,积极站出来维护自身权益。萧俊指出,当前中国公民着意追求的是与自己有关的经济利益和一定程度的公平交易,而对普遍意义的生命伦理和社会正义不太关心。[①] 居民维护的自身权益多种多样,包括分配上的不公正、就业机会不平等、工资问题、土地问题等。一名居委会工作人员说:

> 现在老百姓的维权意识都很高,如果有什么他们觉得侵犯了他们的利益,他们就会到居委会,找到那些领导的办公室,指着他们的鼻子骂。有些问题和事情如果在居委会解决不了,或者老百姓不满意,他们就会继续向镇里、向市里反映,去上访,反正车费都是他们自己出,社区也不能限制他们的人身自由,把他们关起来。现在社区对居民最大的限制就是股份分红,如果那些居民铁了心要跟居委会讨个说法,他们就会豁出去,不要股份的那点分红了。对这样的居民,居委会一点办法都没有。

只是到居委会骂干部都算是好的了,最让居委会干部头疼的是上访,尤其是大规模群众上访。尽管宁村是远近闻名的先进模范社区,还是不可避免地会出现群体性上访事件,这些上访十有八九是出于土地问题。在珠三角地区,土地无疑是牵动居民利益最敏感的"神经",一旦牵涉到土地问题,事情就会变得棘手。去年西上小区就曾因为耕地改造发生过较大规

---

① 萧俊:《中国公民权利认知的结构性进步》,《中国社会科学季刊》1999 年夏季号。

模的群众上访，余波至今未息。一名在居委会工作的年轻人说，现在有些人就是在钻政府"维稳"的空子，你越是要维护稳定，越是怕群众闹事，那些人就越要闹。而政府为了和谐，真的在大多数时候都妥协让步了，作为居委会的一名工作人员，他对此感到很窝火。

许多研究者重视维权集体行动对社区参与的积极意义，认为居民能够在维护共同利益的行动中加强团结，唤醒"社区意识"，扮演着"公民社会的先声"的角色。① 在宁村，这类行动对社区意识的促进，主要表现为反对力量的存在迫使居委会正视问题，反思以往的一些做法，并有针对性地采取改进措施，努力实现"善治"。而社区维权行动者仅将目标锁定为自身经济利益，并无改进村庄公共利益的意图，因而难以在更大范围获得响应，从而也难以对推动社区参与发挥明显的建设性作用。

# 第三节　参与公共生活的影响

2009 年夏天我第一次来到宁村时，就感到这个村庄与其他珠三角村庄的不同。与其他村庄的冷漠排外和村民的骄傲蛮横相比，这里的居民显得相当热情友好、诚挚有礼。在后来的调查中，我也一再感受到村民们平和自信的心态，大部分社区居民都能从容地与我交谈，经常有陌生的居民向我微笑致意，让我感到这个地方的亲切温暖。在我将视线转向社区的公共生活时，我发现这里的人们对外来者和外来事物的态度与活跃的社区公共生活密切相关。参与公共生活同时对居民个人和社区产生影响。一方面，通过积极参与社区公共生活，居民的组织、参与能力得以提升，居民之间的交往互动增加，关系改善，对社区的认同感和归属感加强。参与公共生活还有助于开阔居民眼界，扩大他们的交往范围，使其以更加开放自信的态度对外部世界做出回应。另一方面，对于社区而言，发达的公共生活增强了对集体的信任，促进了居委会行政效率的提高，这对集体团结

① 杨敏：《作为国家治理单元的社区》，《社会学研究》2007 年第 4 期，第 137—164 页；庄仲雅：《五饼二鱼：社区运动与都市生活》，《社会学研究》2005 年第 2 期，第 176—197 页；夏建中：《中国公民社会的先声》，《文史哲》2003 年第 3 期，第 115—121 页。

感、归属感和凝聚力的生产、维持至关重要。大多数人都将宁村的成功归因于其雄厚的经济实力,但很少有人意识到社会资本对这个村庄的繁荣所做的贡献。普特南指出,"经济发达地区的地区政府之所以比较成功,仅仅是因为它们有更强的公共精神","公民共同体与制度绩效和地区富裕程度的关系如此紧密,以致很难在统计的意义上把它们对生活满足感的影响区分开来。"① 互惠规范、公民参与网络和社会信任相互加强,它们对于自愿合作的形式及集体行动困境的解决必不可少。

## 一　公共生活参与对个人的影响

公共生活参与对个人的影响主要表现在两方面:一是个人交往范围扩大,人际交往原则变化;二是通过参与社区公共生活提高参与能力,参与的过程就是学习沟通协商的过程。以下本书将分别对这两点展开分析论述:

### (一) 个人交往范围扩大——一起"玩"的朋友

人们对村落共同体的现代命运感到忧虑的重要原因之一,即在于担心小共同体无法与大社会顺利"对接","村落共同体要在现代社会保持活力,不仅需要谋求社区内发展,更需要恰当地突破地理边界,通过谋求社区外联系以及社区外力量对社区的介入而发展社区,而不是谋求使村落逃避复杂的变迁力量,更不能指望把社会重新'部落化'为一个个孤立的、自我维系的单位"②。那么如何才能既打破共同体边界又保持小共同体的社会结构呢?毛丹从国家—社会关系角度出发,指出了实现小共同体与大社会既保持一定距离又能联系融合为有机整体的四种途径。他认为资本、农民、政府三者之间的相互牵制和博弈决定着村庄共同体的走向。这种视角并未将公共生活在联结小地方与大社会上扮演的角色考虑进来,而忽视这一点,无疑将导致理解村落共同体与外部世界的联结失去一个重要支撑点。事实上,资本和政府并不是乡村生活的全部,在这些结构性因素之外生长起来的社区公共生活,同样有可能对村落共同体的

---

① [美]普特南:《使民主运转起来》,王列、赖海榕译,江西人民出版社 2001 年版,第113、131 页。

② 毛丹:《村落共同体的当代命运:四个观察维度》,《社会学研究》2010 年第 1 期,第1—33 页。

发展趋向产生重要影响。公共生活是联结小地方与大社会的天然纽带，参与地方公共生活将为民众参与到更为广阔的外部世界中去提供有力支点。

以市场为导向的改革一方面对既有人际关系产生冲击，导致地缘、血缘等"强关系"在一定程度上被削弱；另一方面改革也为新的人际关系和交往形式提供了可能，促进了业缘、友缘等"弱关系"的发展。改革开放初期，人们曾一度激进地从"集体化"跳跃到"原子化"，个人和家庭几乎成为社会生活的全部，很少再有人关心和注意村落及其他社区成员的生活状况。然而，人们很快认识到人际关系疏离导致的生活圈子缩小，独自在家看电视并不总是让人满意，挥之不去的孤独感使人们渴望重新回到人群之中。公共生活的发展为人们重新建立与外界的联系提供了机会，人们可以在这些活动中认识新的朋友，扩大交往范围。东村健身队的YQY说：

> 我家住在小榄镇另外一个叫北区的村子，家里是开厂的，请了二三十个工人。我在北区那边没有什么熟人朋友，平常都是在厂里。有时虽然也跟厂里的工人一起玩，但我是老板娘，工人们总是觉得有距离，所以后来就出来玩了，出来觉得比较自在，大家都比较平等。我来宁村玩是东村健身队的CHX带来的，我们两人都喜欢跳舞，在小榄公园一起跳舞认识的，后来就跟她一起来宁村玩了。北区也有一些群众文体社团，但我还是喜欢在永宁玩，这边熟人多。

大多数人与在各种活动中认识的人只是点头之交，很可能只是面熟，连名字都叫不上；另外一些人则组成了关系相对紧密的小团体，交往频率较高，程度也更深。永南健身队的几名大妈说：

> 我们以前相互之间都不认识，是来永南广场跳健身舞才认识的。认识了以后慢慢就熟起来，后来又一起学打木兰拳，跳木兰扇舞，2008年的时候组成了健身队，开始参加社区的健身操比赛。现在我们都是比较好的朋友，如果谁家有什么事，其他人都会去帮忙。不过我们不常在一起吃饭喝茶，也很少一起做其他事情，都是训练完了就

各自回家。

2010 年夏天,她们还报名参加了 8 月在顺德举行的一次太极拳比赛,开始自己学着打太极。练了一两个月去参加比赛,居然拿了一个二等奖,捧回来一个大奖杯,大家都很高兴,说明年还要去参加。今年她们是挂在小榄镇老年协会名下参赛的,明年她们打算自己组一个队报名参赛。参与公共生活为她们提供了通往外部世界的渠道,她们以前都是普通农妇,很少有机会有时间玩,更别提去外面玩。现在参加了打太极,不但能够锻炼身体,还可以报名去外面参加比赛,甚至得奖。在活了大半辈子之后,她们才有机会领略外部世界的精彩,获得全新的对自由的体验。

### (二) 参与能力提升——不能伤了人家自尊心

2010 年新一届永南健身队成立的第一天,小区社教员 HMJ 为每位队员发了一张《通讯录》,上面打印出了各个成员的姓名、电话,页下标有训练时间、地点,还有对社团成员的一点简单要求:积极、乐观、守时。为了更好地了解当地群众文体社团的活动情况,加上热情的社教员娟姐盛情邀请,我也报名参加了健身队。健身队开始定在每周二、四、六晚 8:00—10:00 训练,后来又改成了一、三、五晚上练习。报名参加健身队的一共有 15 人左右,除了一名男性,其余全部是 40 岁以上的本地中老年妇女。健身队基本是一个自治的小团体,自编、自导、自演。队员 LLH 以前曾做过幼儿园老师,受过专业训练,加之平时自己也喜欢唱歌跳舞,就被社教员请来做了健身队的指导老师。另外一名退休的小学教师王老师也有比较丰富的文体活动经验,她志愿协助 L 担任动作指导。小区社教员娟姐身体不好,有时难免缺席晚上的排练,但这基本对健身队的正常训练不构成影响。大家自觉在训练时间到小区活动室集合,自己开门、开灯,先到的成员会烧好一大壶白开水凉好,供队员们饮用。

健身队的训练过程,也是社团成员们相互磨合、学会自己协商处理问题的过程。一是时间问题,约定的训练时间是晚上 8 点,但一般都会在 8:30 左右人才会到齐。后来越拖越晚,有时快 9 点还有人没来。大家都觉得这样下去不好,于是这个问题在一天晚上训练结束后被提出来,之后训练迟到的状况有所好转。二是参与动作编排,每当 LLH 编出一些新动作教给大家时，许多队员都会在休息间隙反复练习体会，试图掌握动作要领，或者相互切磋学习。如果她们觉得动作跳起来不顺手或难以掌握，就会与 L 沟通协商，进行一些调整改动，直到大家都满意为止。三是团队意识，健身队成员的基础和文艺才能参差不齐，但大家都能正视这个问题，并且积极应对。一方面程度好一些的队员会主动陪伴差一些的队员练习；另一方面程度差一些的队员也会积极向老师或同伴请教，多加练习，争取与大家的水平步调保持一致。一名叫阿芳的队员之前从没接触过文艺活动，今年是第一次参加健身队"出来玩"，反应常常比大家慢半拍。刘老师和王老师就常过来对她进行专门辅导，同时也纠正其他人的一些动作。王老师说，这样做是为了避免伤害她的自尊，怕她觉得只有自己一个人做得不好。就是通过这些点点滴滴的细节，社区居民在参与过程中逐渐提高了参与能力：遵守共同约定，通过沟通、协商解决问题，培养团队意识，学习尊重个性和差异。

有学者将这种成员间通过面对面协商，取得共识，消除分歧，解决冲突，增进信任，合作处理公共事务，并使社团逐步进入"自我维系"状态的过程称为"自组织"①，并将"自组织"与"他组织"进行对比，认为前者的组织协调能力和动员能力要优于后者。② 普特南认为，这类组织尽管不具有公开的政治性，但却常常与某种政治生活倾向有着密切关系。社会互动和组织技巧的运用，开阔了参与者的视野，增强了他们的政治意识，最终将促进他们的政治参与。③

## 二　公共生活参与对村庄的影响

一般而言，公民参与网络越密，公民就越有可能为了共同利益合作。意大利的艾米利亚—罗马涅区是当今世界最现代、最繁忙、最富裕、技术上最先进的社会之一，它同样也是不同寻常地集中了相互交织的社会团结网络的地方，这里的居民有着异乎寻常的高度发达的公共生活。这个地区

---

① 陈伟东、李雪萍：《社区自组织的要素与价值》，《江汉论坛》2004 年第 3 期，第 114—117 页。

② 熊辉：《社区参与：从他组织到自组织》，《湖北师范学院学报》2009 年第 5 期，第 68—71 页。

③ ［美］普特南：《使民主运转起来》，王列、赖海榕译，江西人民出版社 2001 年版，第 160 页。

的居民并不是天使,但在这个地区各种形式的集体行为,包括政府形式的,都因公民参与的规范和网络而得到了发展。① 宁村的情况在某种程度上与之相似,公共生活的活跃使这个社区的居民获得了更为充分的协商和沟通,社区秩序更为良好,管理更为透明,社区政治行为更为规范。宁村居民普遍反映,这个社区的制度更为完善,做事更有"章法",一般不会乱来。以选举为例,"村一级核算"实行以后,宗族势力对社区政治的影响逐渐淡化,提名候选人的主要依据是其资历、与上级政府的关系、群众基础等,宗族姓氏基本不在考虑之列。在珠三角一些地区普遍盛行的贿选在这个村庄也较为少见,尽管社区政治家们的权力斗争依然十分激烈,但选举程序却较为规范。贺雪峰认为,在集体经济资源丰富的村庄,民主化村级治理所面对的主要问题不是经济资源的提取,而是集体资源的分配,因此这种村庄的民主较为注重其形式的层面,村务决策一般会有规范的程序,关注程序合法性。②

公共生活参与有效地改善了社区民主。社区居民对自身权益的维护,迫使居委会不断调整改进相关政策措施,如果不是歌舞团负责人 LJZ 一度经常去居委会"闹",宁村就不会形成当前以补助的形式支持三个文艺团体演出的制度。而这种资源分配措施的调整,既在一定程度上减轻了居委会的财政负担,实现了三个民间文艺社团资源分配的相对公平,又从制度上保证了社团演出的积极性,提高了演出频率,丰富了社区文化生活。我在调查期间,还听说过另外一件事:

2010 年夏天,宁村居委会决定新招收一批大学生工作人员。招聘启事贴出之后,来应聘的人非常多,收到了几百份简历,但只选出了几个人参加面试。由于居委会没有制定明确的录取标准和细则,那些没有得到面试机会的学生家长很不满意,怀疑这些候选人是怎么产生的。其实有些学生家长来报名投简历的时候,一进居委会的大门就开始骂,说自己的孩子肯定是"拉尾巴"③的,没什么希望,但骂归

① ［美］普特南:《使民主运转起来》,王列、赖海榕译,江西人民出版社 2001 年版,第132—133 页。

② 贺雪峰:《乡村治理的社会基础》,中国社会科学出版社 2003 年版,第 254 页。

③ 粤语方言,排名靠后的意思。

骂，简历还是要投的，还是会抱着侥幸的心情试一试，因为大家都想孩子找到一份"体面"的工作。宁村居委会财力雄厚、福利待遇和工作环境良好，是当地人所能找到的最好的工作了。因为大家都想到居委会工作，居委会招聘就格外引人注目。面试名单公布后，很多人意见很大，反映到社区主任那里，居委会经研究讨论，决定邀请街坊组长和居民代表来监督面试，这是街坊组长和居民代表第一次参与监督招聘面试，以前都没有过的。

居民强烈的维权意识，迫使居委会采取措施改进、完善人员招聘程序，邀请街坊组长和居民代表监督面试过程，以增加招聘的透明度和公正度。宁村居委会最值得肯定的一点，就是能够对舆论压力做出积极回应，在面对群众反映的问题时采取适当的措施予以妥善处理，既能平息群众的意见，又在程序上做到改进完善，使社区事务的处理更为公正公平、合情合理。居委会的效率和管理能力是社区共同体自治的重要指标，能够有效地提高居民对社区自治机构的满意度，增加对社区发展的信心。任何地方的群众都会有意见，但是否能拥有畅通的意见表达渠道，以及主管部门对这种意见是否能做出适当的回应及处置，就要视各地村庄、村民、村委会的具体情况而定了。在宁村，群众意见表达与居委会回应之间正在形成良性互动趋势，这将有助于增加群众对社区管理机构的信任，进一步提高社区自治机构的效率。

# 第 七 章

# 结　论

本书是一项探讨工业化、城市化背景下社区再造的研究。改革开放以来，东南沿海地区普遍经历了高速的工业化和城镇化进程，一座座城镇雨后春笋般从农田中拔地而起，高度非农化的村庄很难再被辨认出往昔的模样。有意思的是，在广东、浙江、福建的许多发达地区，在工业化、城市化的过程中，社区的感觉并没有消失，而是得以复兴和再造。人们在改变了村庄产业结构、社会结构、空间地理风貌的同时，也成功地保留并创造出了地方文化特色，社区认同、凝聚力、归属感随之复归甚至加强，社区公共生活欣欣向荣。本章将首先从文化、经济和组织三方面讨论这种现象出现的原因，然后再对再造后的社区特征进行分析，最后将社区再造置于现代化、都市化的大背景中予以检视，思考社区再造的意义。

## 第一节　社区再造如何可能

### 一　传统：社区再造的文化基础

本书将传统视为社区再造的首要因素，这是因为，"一个社会不可能完全破除其传统，一切从头开始或完全代之以新的传统，而只能在旧传统的基础上对其进行创造性的改造"①。要准确理解宁村如何成为今天的模样，就必须了解这个村庄的历史发展轨迹。从宋代香山立县进入文献记载开始，这个古老的村庄已经存在了800多年，并在长期的发展中建立了一

---

① ［美］爱德华·希尔斯：《论传统》（译序），上海世纪出版集团2009年版。

整套与当地生态环境和农业生产相适应的地方社会结构，产生了独特的地方文化传统。许多研究者发现，与北方社会相比，华南地区的传统力量更加强大发达，也更顽强坚韧，难以撼动。这主要是出于以下原因：

（1）这一地区地处南部边陲，远离北方政治中心，国家权力对其控制更加松弛软弱，也更少卷入政治中心的斗争旋涡。与国家政权控制相对松散相应，地方自治在这一地区要更加持久和稳固，而地方自治的实现，在很大程度上需要依赖各种传统习俗、制度、组织等形成的"文化网络"。这种地方社会运行逻辑，无疑会加强传统对社会生活的影响。

（2）华南地区较少受到战乱冲击，地方社会、文化结构保持了总体上的稳定和持续发展。20 世纪发生在中国最严重的两次战乱——日本侵华和解放战争，其主战场都在华北，对华南的冲击相对较小。

（3）宗族社会结构有效地维系了这一地区的"传统"。科大卫和刘志伟指出，宗族是一种独特的社会意识形态，也是一种独特的社会经济关系。[①] 如果说礼仪教化体现的国家认同可被视为华南宗族发展的意识形态基础，那么沙田开发则是宗族形成和发展的经济基础。沙田开发与教化礼仪相互交织，使得宗族在广东异常发达。明嘉靖年间，广东宗族制开始进入大规模修族谱、建宗祠的正统化阶段，这个过程一直延续到清代。科大卫提出，我们现在所认识的所谓"传统中国"的"传统"，很大部分就是这个演变的创造。[②]

从小榄社会发展的轨迹来看，"传统"除了在共产党新政权建立的最初 30 年间成为明确的"革命"对象被大加反对和压制以外，并没有再遭受来自其他外部因素的严重打击。事实上，调查表明，即使是新中国成立的头 30 年间，对传统限制打击的程度也并非始终如一，至少到 1957 年，群众还敢于大张旗鼓地抬着菩萨"游街"，声讨共产党的干部打烂了庙里的菩萨。真正反传统的高潮，实际上始于 1964 年开始的"破四旧"，这一时期集中拆毁的庙宇、祠堂数量最多。由于传统的社会文化心理并未消失，因而一旦改革开放，外部的政治禁锢解除，传统习俗便在东南沿海地

---

①　科大卫、刘志伟：《宗族与地方社会的国家认同》，《历史研究》2000 年第 3 期，第 3—14 页。

②　科大卫：《国家与礼仪：宋至清中叶珠江三角洲地方社会的国家认同》，《中山大学学报》1999 年第 5 期，第 65—72 页。

区最先大规模复苏。与延续了几百年的强大惯性相比，沉寂短短30年并不足以将古老的传统连根拔除。当人们想要追求更为理想的社区生活时，将目光投向身后的传统，从传统中寻找依据和根源成为最便捷可靠的做法。深厚的社群生活传统使一些集体活动十分容易地得到恢复——赛龙舟、吃龙舟饭、社头烧衣、敬老宴、神诞庆典……人们乐于响应传统的召唤，并深深地沉浸于其中。

当前，大多数学者对传统的关注集中在其文化建构性上，认为当下的传统不过是对过去的想象和再生产。传统主义盛行的原因，一方面是为了当代的目标，需要对过去予以重新解释或赋予另外的意义，以此来操纵当前的社会安排；另一方面是出于一种偏执的、与生俱来的怀旧情结，悠久的历史本身就能够激起人们的憧憬、崇敬和深情。本书赞同传统是被动态地发明和再创造的观点，但也想强调过去与现在之间存在的客观、真实的历史关联，今天发生的任何传统复兴或再造，都能在过往的历史中找到相关依据，过去的存在为今天的变迁或改造提供了起点。在"传统的发明"成为学术界深感兴趣的主流议题时，过多的注意力被牵引到了传统在当前是如何被发明或创造出来的，传统与现实之间最基本的联系反而被搁置了起来。本书试图使对传统的讨论回归到"从过去延传到现在"的本义之上，必须指出，宁村现今呈现出的社会生活面貌，在相当程度上归因于当地特定的社会、历史环境的塑造。如果不将宁村的发展置于华南地方社会长时段的历史背景中去考察，就无法恰当地理解这个社区的公共生活为什么表现出当前的状态。这也是为何在这个高度工业化、城镇化的社区，传统时间、空间、信仰仪式、道德观念依然在社区日常生活中随处可见，并构成"我们感"和"地方感"的有机组成部分。

悠久的历史所积淀下来的大量传统，也成为社区再造的宝贵遗产。这些传统中所蕴含的重视道德规范、怀念过去、眷念家乡和集体、渴望家庭的温情的品质，对处于快速社会变迁、被抛入市场经济大潮中的人们来说，显得格外可贵。传统特有的Charisma（魅力），使其具有非凡的感召力和动员力，以传统的名义发起和组织的活动，总是特别容易得到民众的支持响应。传统作为社区再造的文化基础，具体表现在：（1）过去被视为重建现在的模型，持续已久的习惯做法为社区生活的回归提供了方便现成的参照；（2）特定的观念、价值能够在地方性节日和仪式中传递下去，继续规范社区内的人文关系；（3）传统中蕴含着大量与社区历史文化相关的社会记忆，能够有效激发当地居民的社区认同，促进社区团结；（4）传统是社区居民共享的集体遗产，具有浓厚的公共文化意味，是培养社区集体意识的有效途径。

当然，当前在宁村社会生活中继续扮演着重要角色的传统，并非纯粹等同于前工业时期的乡村文化遗留，对传统的重新解释或发明创造在这里同样存在，以"采取参照旧形势的方式来回应新形式"①。为了满足变化了的实践的需要，传统能够被迅速调整或放弃。宁村的传统在工业化、城镇化进程中表现出高度灵活性：阴历和阳历两套时间系统在社区生活中并行不悖，工作看阳历，生活看阴历；穿着西式礼服的新郎新娘照例在客厅"拜天地"，举行"传统"婚礼；祠堂管理机构变成了"董事会"，但祭祖却还是只有男性能够参加的严肃仪式；社神依然受到普遍崇拜供奉，不过其职责却从农业神变成了财神……所有这些传统的转变，无不体现着从农业社会向现代城镇和工商业社会的转型。希尔斯指出："过去既定的东西之所以会如此广泛被接受，其主要原因之一，它使生活得以沿着既定的方式进行，并根据过去的经验作出预测，从而巧妙地将预测到的事物转变成不可避免的，而将不可避免的事物转变成可以接受的。"② 正因为如此，宁村的社区传统不能完全看作被历史所给予的，也不是沿着乡村—都市、传统—现代的自发简单线性运动，而是在相当程度上被当地居民选择、改造、重新解释而产生的结果。

## 二　集体再造——社区再造的经济及组织基础

许多学者都注意到了沿海发达地区乡村社区再造与集体经济之间的联系：社区感较强的村庄，通常集体经济都十分发达。社区与集体经济之间为何能够呈现出正相关关系？这就需要首先对"村集体"进行界定。折晓叶指出，"村集体"可以从三重意义上来理解：（1）公社体制下形成的与计划经济相适应的农村集体组织，以"一大二公"、"平均主义"为主

---

① ［英］E. 霍布斯鲍姆·T. 兰格：《传统的发明》，顾航、庞冠群译，译林出版社 2004 年版，第 2 页。

② ［美］爱德华·希尔斯：《论传统》（译序），傅铿、吕乐译，上海世纪出版集团 2009 年版，第 211 页。

要特征；（2）以生产资料集体所有制和共同劳动为基础的经济形式，既是生产资料联合体，又是劳动联合体；（3）与个人相对的，由社区成员联合起来的集体，重在强调个人与集体的关系。[①] 改革开放带来的市场化、工业化对"集体"的三个层面都产生了巨大冲击，使之发生转变：首先，新时期的村集体外部产权和利益边界明确，上级集体或地方政府无权平调下一级集体的资产和劳动力。集体与国家之间的关系也随之发生改变，从公社时期主要对上级行政负责，转变为主要对村民负责。不仅如此，改革开放后的村集体还演变为市场主体，成为"法人团体"性质的集团公司。其次，新集体内的劳动联合和资产联合不可避免地相互分离，一方面村民能够自主安排支配自己的生产活动和私有财产，私营和个体经济迅速发展；另一方面工业化对雇佣劳动力的要求提高，传统农业和集体制下的"自然就业"已无法继续实行。面对这一新情况，许多村庄采取了股份合作制的方式来解决问题，通过把村庄资产量化成股份分配给村民，使村民以持股的形式继续保持集体资产所有者的身份，从而使以往的村集体从生产资料和劳动联合体，转变为生产资料和产权联合体。最后，集体与个人的关系也发生了改变，新集体承认和保护个人利益，集体是分化基础上的再联合。凭借其强大的"公共财政"和资源动员能力，村集体能为村民个人提供系统完善的支持和保护。集体的共享互惠性质在这些村庄得到充分体现，村庄领导人自觉地将社区整体发展和共同富裕作为理想目标，有时甚至为了实现这些目标违背市场原则，产生工业化背景下的"过密化"现象。

对"集体"不同层面的含义梳理足以表明其对社区共同体再造的意义。当下村集体中的社区自治组织成分显著增加，集体资产为全体"股民"所共有，集体经济发展成果由"股民"共享，集体事务由居委会当家做主，自行支配处理。在珠三角地区，村庄集体在很大程度上已经转变为公共服务供给机构；不仅社区性的公共产品——道路、学校、水电、卫生、治安、居民福利保障要由集体负责提供；村民的日常生活困境也常常需要集体施以援手——为有就业需求的村民提供工作岗位，为村民创业、盖房提供借贷，为贫困家庭提供救助等。作为市场主体，集体还要花费大

---

① 折晓叶：《社区的实践——"超级村庄"的发展历程》，浙江人民出版社1997年版，第106—111页。

量时间精力用于企业经营管理、开拓市场、商业谈判和"跑关系"。村集体自我服务、自我管理的实现使其享有较高自主性，在处理与乡镇地方政府甚至上级政府机关的关系时，讨价还价的能力增加，敢于为维护村集体利益而和上级政府"顶牛"，采取各种方式抗拒、抵制对本村不利的方针政策。对村民个人而言，联合起来以集体名义进入市场经济能够有效增加对市场冲击的抵御，安全感也随之增加。在城市"单位社会"土崩瓦解的"后改革时期"，许多村民为能够生活在集体中、享受集体的庇护而庆幸。在宁村，村集体提供的福利保障基本能够满足村民在教育、就业、居住、医疗、养老等方面的需求，解除村民在重大生活问题上的后顾之忧。在集体提供的强大保护伞下，宁村居民生活得更加平静从容，也更有可能从生存压力中解放出来，从事经济事务以外的文化娱乐活动。

值得注意的是，改革开放后，农村集体的发展经历了从解体到重构的曲折历程。改革开放初期，"三级所有，队为基础"的制度设置重心倾向生产队，在生产队逐渐成为政治、经济实体的同时，大队和公社权力则遭到削弱。此后，随着改革开放深化和大工业日益要求对土地、公共基础设施等进行集中规划统筹，沿海地区农村又开始了自发的社队合并或联合。在小榄镇，地方政府不满足于自发社队合并的规模和速度，遂于2004年发起了由镇政府推行的"村一级核算"改革，决心将"三级所有"体制简化为镇和行政村两级所有，正式将基层权力从生产队、自然村向行政村一级汇聚。在镇政府的支持下，宁村迅速完成了"村一级核算"，将生产队、自然村的地权、财权、人事权彻底收归行政村。

实行"村一级核算"以后，宁村各项社会事业都取得明显进步和发展，社区公共生活面貌也大为改观。居委会对社区文体设施进行了统一规划和建设。2004年，小榄镇设立了"社区教育办公室"，下辖各个社区均设立相应分支机构。宁村为其所辖的每个小区都设置了一名社区教育人员，专职负责群众文体活动的组织开展。此后，宁村的公共生活面貌焕然一新，进入有组织、有计划的实施阶段，健身操比赛、青少年篮球赛、拔河赛比赛、环村长跑、全民阅读、书画比赛蓬勃开展，三个接受居委会资助的文艺团体定时轮流演出，村集体甚至公开或半公开地支持某些传统复兴项目——如果不是宁村居委会慷慨出资900万元，"净意庵"就无法重建得像现在这般美轮美奂。这些活动加强了村民之间的交流互动，激发了村民的团结感、凝聚力和集体荣誉感，提高了村民生活质量，更重要的是在社队合并以后有效地促进了各个自然村、生产队在情感和文化上整合于新的行政村集体。不仅如此，活跃的社区公共生活还可以塑造幸福和谐的良好社区形象，成为反映社区建设成就的一扇"窗口"。

沿海地区处于乡村都市化进程中的村庄较之城市社区更容易在"社区"建设中取得成效，最根本的原因有两个：一是大量城市社区是近年来通过国家行政力量自上而下"创造"出来的"集体"，这类新集体既缺乏共同关心的利益，又不能获得政治、经济独立，社区责任感和社区自治都无从建立，社区建设举步维艰。而宁村这类由乡村转化而来的"社区"则历史悠久，在长期的发展过程中形成了自身的地域、人口、经济生活和心理文化，具有深厚的历史文化根基，容易形成社区认同。不仅如此，在这类建立在产权联合基础上的乡村社区中，居民与社区之间被经济利益紧紧捆绑在一起，促使居民对社区事务，至少是对社区经济事务高度关注。二是这类乡村社区一般都是独立的经济实体，通过乡镇企业和土地、物业出租，社区集体能够获得丰厚收入，居委会可以在相当大的范围内自由支配、管理社区事务，享有较高自治权。相反，城市社区则在很大程度上依赖国家行政体系，社区自身资源匮乏，无法实现财政独立自主，居委会权力有限，不能像村集体一样建立强有力的组织架构体系，只能作为国家治理单元存在。就这一点而言，社区共同体在经济发达、都市化程度较高的乡村而不是城市地区首先得以再造复兴，有其必然性。

### 三 新兴乡村中产阶级——社区再造的社会基础

社区再造是一项涉及社区所有社会力量和成员的浩大工程，但并不是所有的社区成员在社区再造中发挥的作用都相同，其中的一些成员对社区再造的参与显然更为积极，贡献更大。前文的叙述表明，以私营企业主为代表的新兴乡村中产阶级在宁村社区再造中占据着突出地位。为什么是由这一社会阶层而不是其他社会群体来担任社区再造的主角？本书将从如下方面探寻这一问题的答案：

第一，新兴乡村中产阶级是当下乡村社区生活中的中流砥柱，在乡村政治、经济、文化活动中发挥主导作用。这些在改革开放中"先富起来"的社区精英，大多是各方面的"能人"——乡村干部、私营企业家、复员军人、知识分子等，他们掌握着社区最重要的政治、经济、文化资源，对地方社会生活具有举足轻重的影响。他们不仅是社区政治舞台上的主要角逐者、乡村慈善公益活动的发起人、庆典仪式的推动者，也是社区文体活动的重要赞助人。投身社区公共生活一方面可以为乡村新兴中产阶级赢得面子、声誉，声明其权力和地位；另一方面也可以制造生产出一套由新兴中产阶级控制的秩序、规则，为他们赢得道德上和文化上的合法性、优越感，强化他们对其他社会阶层的领导。贝斯特指出，商人和小工厂主能够创造出一个别样的社会世界，在那里，等级、声望、权力和地位的分配能够按照他们定义和控制的标准进行。① 新兴私营企业主阶层发起的仪式竞赛使得小榄镇成为周边市镇中仪式举办最为奢侈铺张的地区，许多贫困家庭深受这种仪式风尚之累，但也只能遵守这种由新贵们制定的规则。与此同时，新兴企业主阶层并不满足于财富上的成功，他们尽力追求文化和道德声望，力图从"暴发户"上升为市场经济背景下的新"乡绅"。引导新的价值观和道德观的建立，是新兴私营企业主阶层为实现这一目标普遍采取的策略。新兴企业主是包括永宁在内的珠三角乡村普遍盛行的各种形式的"敬老"活动最重要的发起、倡导者，通过重新宣扬儒家文化中至关重要的"孝道"，以及与之紧密相连的注重家庭的观念，新兴私营企业主成为乡村道德重建运动的领导人。

第二，与其他社区居民相比，新兴中产阶级与社区的关系更为紧密。不论是社区政治活动家还是企业家，从某种意义上来说，他们的成功都带有一定的"社区性"。脱离了社区人情、礼义和关系网络的支持，他们的事业只能成为无根之木、无源之水。新兴中产阶级生活中的一个重要内容，就是建立各种"关系"，关系网的深度和广度，通常与其能够取得的成就成正比。由于社区为这些盘根错节、在相当长的时间内才得以培育而成的"关系"提供了深厚的土壤，因而新兴中产阶级也深知社区对自身的意义。只有守住这块"地盘"，许多事情处理起来才会得心应手；只有在社区内被承认，他们的成功才能获得真正的意义。这种"社区主义"的蔓延甚至影响到了当前的社区治理，宁村所有的居委会工作人员都由本社区"股民"担任，这既是社区就业保护政策的体现，也含有"社区主义"考虑在内——本社区居民对自己的社区感情更为深厚，对自己社区的事务会更加认真负责；另外一方面，出于社区内种种关系的牵制，居委

---

① ［美］西奥多·贝斯特：《邻里东京》，国云丹译，上海译文出版社 2008 年版，第 280 页。

会对本社区雇员的管理约束也将更为有效。村支书 QGT 就曾跟我开玩笑，说他们一定不会请我当会计，因为他们上过当，外地会计了解了社区企业的税务申报真实状况之后来向他们敲诈勒索，他们没办法，只能被"敲竹杠"，因为对方是外地人，敲诈成功之后能够立即"走人"。Q 书记说，如果是本地人，家在这里，就绝对不敢做这样的事情。"社区主义"治理的确获得了一定收效，一名在物业部工作的年轻人就认为，在社区工作比在外面的企业好得多，不仅因为居委会为其雇员提供的薪酬福利很优厚，更重要的在外面是给别人打工，在这里是为自己的社区工作，相当于给自己干，更有归属感和成就感。不过，"社区主义"治理也表现出一些弊端，其中之一即为限制社区人员流动，尤其是社区干部，宁愿守着社区的"铁饭碗"，也不愿去上级政府"高就"。据说社区妇女主任曾有机会被提拔到镇政府工作，但她毫不犹豫拒绝了。

第三，与社区的利害关系使新兴中产阶级更容易产生社区责任感，因而也更乐于回报社区。许多老板认为他们的成功与社区提供的资源和条件分不开，尤其是经营转制企业的老板，他们的财富中所含有的社队集体企业积累成分，使得回报社区、参与社区公共事务成为其应尽的责任和义务。只要是与社区相关、对社区有益的活动，无论是重建庙宇，还是社区文体活动，老板都总是首先被期望捐资的赞助人。事实确实也经常如此，许多老板热衷组织带有公共娱乐性质的群体活动，通过这种形式回报社区。老板的参与在民间公共活动组织中具有重要作用，这些地域性的群体活动具有悠久的历史，深受群众欢迎。以往这些活动通常由地域性的邻里组织出面组织，传统社会结构断裂以后，这些活动也随之中断。现在，老板出面承担起组织社队集体活动的职责，中断的传统得以接续，在很大程度上满足了个体化时代群众对公共生活的需求，很容易得到民众支持响应。老板对公共生活的参与，极大地推动了永宁社区公共生活的繁荣，有助于创造浓厚的社区氛围。

第四，新兴乡村中产阶级是新兴生活方式的主要引领者，对公共生活参与起到了良好的示范推动作用。作为改革开放后"先富起来"的社会群体，新兴乡村中产阶级与外部世界的交往接触更多，对外界的变化潮流反应更为敏锐，对新事物的态度更为包容开放，变革生活方式的能力和意愿也更强烈。在宁村，以私营企业老板为代表的新兴中产阶级在引导消费潮流方面一直走在前列，他们是最早建别墅、购买私家车、频繁出入酒店餐厅及各种娱乐场所的社会群体。引人注目的是，这些新兴中产阶级中还涌现出大量"发烧友"，他们出于兴趣爱好，积极投身各种文化娱乐活动——龙狮、粤剧、龙舟、交谊舞、书画、园艺……在宁村的民间文体社团中，活跃着众多老板"发烧友"的身影，他们要么是这些活动的发起组织者，要么是兴趣爱好团体成员，除了亲身参与，很多时候他们还为这些团体或活动提供资助。老板的加入为永宁民间文体社团注入了巨大活力，不仅增加了社团的人气，还为社团活动的开展提供了资金来源，使之得以蓬勃发展。以中产阶级成员为主体的东村舞蹈队已经成为永宁发展态势最好、取得成就最突出的一个群众文体社团；沙垄号称宁村老板最多的小区，这个小区的公共生活也格外活跃，敬老晚宴、邹陈法师诞、5人飞艇赛、舞蹈队，无不开展得红红火火，老板的支持参与是其中的关键因素。更令人振奋的是，一些最初由老板开创的活动逐渐向民间蔓延，带动了普通民众广泛参与，获得了更为广泛持久的生命力。现在宁村下辖的一些小区，暑期青少年篮球赛的主要捐助者已经从社区企业的老板变成了参赛青少年的家长，捐款也从居高临下的赞助变成了获得参与感的条件。

## 第二节　改头换面的社区

　　传统社会学通常假设社区共同体与现代化、工业化和都市化是对立的，高度稳定、同质性极强、重视集体而忽视个人的社区共同体被认为是不适应现代工商业都市社会的设置。从雷德菲尔德开始，"前现代—乡村—社区（共同体），现代—城市—社会"组合模式就开始被广泛使用。滕尼斯为共同体的黯淡前景感到忧虑，他敏锐地预感到，建立在血缘、地缘、宗教等自然意志之上的共同体终将不敌以契约、交换和计算为基础的有目的的联合体——社会，尽管共同体才是一种持久和真正的共同生活，而在社会中，人们不是结合在一起，而是基本上分离的。① 不过，传统—现代、社区—社会的尖锐对立在近年来的社会科学研究中已经得到较大改观，研究者力图从三方面证明社区与都市生活的调适性：首先，社会分工与科层化并不一定会弱化和隔断个人的初级社会关系，人们能够在

---

① ［德］裴迪南·滕尼斯：《共同体与社会》，林荣远译，商务印书馆1999年版。

新的社会环境下继承传统，同时适应性地重新建构社区，亲密关系、社区团结和认同依然能够存在于城市。其次，工业化和城镇化变迁并不一定必然消灭传统乡村社会结构和文化，二者可以相互兼容，乡村社会的关系模式完全能够被延伸至城镇化的新型社区。在中国东南沿海的一些发达地区，传统乡村社会结构在推动社区工业化和市场化过程中发挥了重要的积极作用。最后，当前学界对"社区"的认识也在不断反思、深化，社区不再被假定为封闭的、面对面的同质空间，而是向价值、情感认同倾斜，更多地被视为一种个人关系网络。如果能够增加地域特征而降低对同质性的要求，社区是可以在现代城市社会被重新发现的。①

尽管这些研究令人信服地指出了社区与现代都市共生性的一面，都市化并不会必然导致人际关系削弱，对许多都市人来说，社区依然是社会化、获得社会支持和社会资源的重要来源，但大多数学者也明确指出，在都市化背景下，人们的联系方式出现了很大转变，表现出与传统乡村社区迥然相异的特质。在城市化条件下，社区与个人之间的关系不再是紧密的、团结的和在空间上相对固定、重叠的，而是在空间上扩散的、关系节点少的、关系强度较弱的和多元化的。宁村居民对这些变化有着切身感受和体验，经过改革开放30多年来持续的工业化、都市化变迁，宁村已经从一个传统乡村社会向现代工商业城镇转变：

（1）社区经济结构从农业转向非农，工业和物业出租成为社区主要经济支柱，农业在社区生产总值中所占比重微不足道，绝大部分居民在非农产业领域就职。（2）社区空间重组，以土地利用效率最大化为指导原则的社区规划将社区空间划分、切割为功能不同的板块，原有社区居住格局被打破，社会阶层分化不但在空间重组中得以明确体现，而且还在这一过程中被强化。（3）社区时间观念从传统农业社会的循环时间观念向现代工商业社会的线性时间观过渡，效率、守时、工作日、周末、节假日等现代时间观念深入人心，并对社区日常生活节奏产生重要影响。（4）社区异质性增强，一方面，随着工业化和市场化的推进，社区日益被卷入资本主义市场体系，居民与外部世界的交往互动大幅增加。另一方面，大量外来工涌入社区，常年在社区工作居住，社区人口急剧增加，传统小型

---

① 程玉申、周敏：《国外有关城市社区的研究述评》，《社会学研究》1998年第4期，第54—61页。

的、同质性的村落社区不可避免地向大型的、高异质性和高流动性城镇社区转型。（5）社区人际关系转变，以往村落共同体成员之间基于地缘、血缘而具有的强烈的责任义务淡化，业缘、友缘在社区居民关系网络中的重要性相应增加。（6）社区边界调整，从自然村扩大为行政村，社区治理方式也随之转变，自然村/生产队被撤销，资源、权力收归行政村，行政村再次实体化。在城乡关系方面，通过"村改居"，社区被纳入城镇管理体系，实现了从自然城镇化向行政城镇化的转变。

尽管面临着上述挑战，社区感在宁村却并未消失，而是较好地得以保持和延续。尽管前现代社会那种小型的、封闭的、建立在血缘或亲缘之上的传统社区在现代社会已经丧失了存在基础，但相对和睦的邻里关系、居住在一起的人们对公共事务的共同关心则是可以维系的，也是人们所期待和需要的。在经过了大幅调整之后，社区在很大程度上改头换面，呈现出新的面貌特征。

首先，有机团结的浅度信任取代了机械团结的深度信任，整合社区的不是强关系而是弱关系，社区维系纽带由原生的地缘、血缘转向社区历史文化认同和理性经济合作，社区成员之间相互的责任义务关系减弱。当前，非利益性的、轻松平等的浅度交往正在永宁悄然兴起，人们为了特定的目的短暂地聚集到一起，活动结束后随即解散，并不会过多地介入他人的私生活。现在很多中老年妇女习惯晚上到永南广场跳健身舞，各个小区来的人都有，一般都是自己独自骑电动车来，来了就跳，跳完就离开，相互之间很少交谈，最多只是点头致意。广场为乡村交往提供了新的模式。在传统农业社会中，休闲娱乐被认为是私人领域内的事情，人们习惯与熟悉的亲朋好友一起度过休闲娱乐时光。广场在一定程度上打破了休闲娱乐的私密性，素不相识的人们聚集到一起参与文化娱乐活动，距离不但没有成为聚集的障碍，合适的距离反而使人们感到自在，他们既能走出家门，享受"与众人一起"的群体活动氛围，又能充分保持独立自由。互联网的普及也在一定程度上推动了新型人际交往，人们可以通过网络上的虚拟社区进行匿名沟通交流。近年来，小榄出现了一个以介绍地方风土人情、名胜古迹、历史文化为宗旨的小团体，他们通过博客形成了自己的小圈子，经常互"踩"博文，相互点评并链接。爱菊之仁、新艺城主、中山权、卓玛等网友是其中的骨干成员，他们之间有的是生活中熟识的朋友，有些相互之间也并不认识，只是在网上"神交"的网友。网络还为他们打开了广阔的外部世界，提供了与外界交往的途径。我在小榄进行田野调查期间，就曾通过网络与其中的部分成员取得联系，他们的博文为我的调查研究提供了许多有价值的信息和线索。

其次，现代社团开始出现，在社区居民的重新联合组织过程中扮演重要角色。中国历史上曾经活跃着大量以"社"、"会"形式的民间团体，按照功能和联系纽带来划分，这些民间组织可被划分为兴趣团体、宗教团体、行业组织、经济生活互助组织等，是构成中国社会结构的重要基石。[①] 从20世纪初开始，随着国家政权建设的不断推进，传统民间组织的生存空间不断受到挤压，既有"文化网络"和传统权威被破坏，国家与社会之间的隔离也逐渐扩大。[②] 1949年共产党新政权建立后，对民间组织的限制达到新高度，连向来最被农民看重的宗族和宗教组织也无法避免被横扫的命运，所有村民都被整合到严密的国家政权组织体系中。20世纪70年代末开始的以市场为导向的经济改革与国家权力收缩相辅相成，国家与社会关系也随之发生深刻转变，社会迅速分化，个人从国家严密的控制中解放出来。国家权力的骤然撤退导致一些负面影响，其中之一即为"原子化"，原有的社会整合制度失灵，社会重新陷入一盘散沙的状态。高丙中指出，社会变迁必然牵涉一些规范的放弃和另一些规范的确立，人以群分和人以群聚总是在同时发生。[③] 与当前的社会背景相适应，在国家对社会垂直控制减弱的同时，个人之间的横向联系日益增强，其表现之一就是各种社会团体的蓬勃发展。在乡村社会，除了传统宗族组织和民间信仰团体迅速复兴之外，另外一些现代新型社会组织也开始出现，如群众文化娱乐团体的兴起。在这些社团中，人们在承认相互之间的差异的基础上，借助共同的理念、志趣进行协商以达成合作。宁村的民间社团发育表现出良好态势，已经形成龙狮武术团、粤剧团、歌舞团等较为成熟的组织，一些小区健身队也表现出向自主社团发展的趋势。社团为宁村居民提供了集体和个人关系以外的交往渠道，对社区居民的重新组织联合具有重要意义，在社团中建立、拓展社交网络已经逐渐变成部分居民的自觉

---

① 陈宝良：《中国的社与会》，浙江人民出版社1996年版。

② 杜赞奇：《文化、权力与国家——1900—1942年的华北农村》，江苏人民出版社1996年版。

③ 高丙中：《社团合作与中国公民社会的有机团结》，《中国社会科学》2006年第3期，第110—123页。

实践。陈健民和丘海雄的研究证实了社团在提供沟通和联系网络方面的重要性，他们发现，"促进会员联谊及交流"是最大多数社团选择的职能角色。①

最后，社区参与动机多样化。社区参与被视为社区的关键特质之一，宁村的社区感之所以得以延续，在很大程度上得益于近年来重新活跃起来的社区参与。与改革开放前单一的国家出于治理需要进行的自上而下的社区参与相比，当前宁村的社区参与动机明显多元化。除了迫于政治压力、寻求庇护和维护权益以外，宁村的社区参与还体现出强烈的互惠主义和社区志愿主义色彩，对生活乐趣的追求也是宁村社区参与不可忽略的动机。研究显示，出于互惠的社区参与正在宁村快速增长：私营企业老板们对社区为其生意提供的资源和支持充满感激，乐于为社区公共事务出钱出力，在社区公共生活中扮演着主力军的角色；少儿篮球队员的家长高度认可社区在暑假期间为孩子们举办的篮球赛，认为这一活动让孩子们的暑假过得充实愉快，因此踊跃为篮球赛捐款捐物，赛后请孩子们一起吃饭，使篮球赛变成一项充满了人情味的社区活动；普通村民因为自己家的老人分享过社队敬老活动提供的好处，因而也开始参与到敬老活动中来，为活动的举办出钱出力，使之不断发展壮大。"热心人"提供的志愿服务是社区公共生活得以蓬勃发展的重要原因，社区庙宇的日常管理、保洁、仪式活动的组织筹备，都由"志愿者"承担。王斯福对民俗节日中部分成员的自愿奉献给予了相当高的评价，认为"相对于寺庙拥有附属土地并为其节日活动从中收取地租的时代，这是一种变化，变得更加民主"②。值得注意的是，对生活乐趣和生活质量的追求正在宁村居民的社会参与动机中扮演着越来越重要的角色。调查表明，"玩"和"锻炼身体"是居民参与社区公共生活最主要的两个原因，在大多数文体活动中，二者都结合在一起。普特南发现，公共生活发达地区的居民生活更快乐，对生活的满意度更高。③

---

① 陈健民、丘海雄：《社团、社会资本与政经发展》，《社会学研究》1999 年第 4 期，第 64—74 页。

② 王斯福：《农民抑或公民？——中国社会人类学研究的一个问题》，载王铭铭、王斯福主编《乡土社会的秩序、公正与权威》，中国政法大学出版社 1997 年版。

③ ［美］普特南：《使民主运转起来——现代意大利的公民传统》，王列、赖海榕译，江西人民出版社 2001 年版。

## 第三节　乡村都市化背景下的社区再造：
　　　　　现代性的反思

　　从西方发达国家的发展轨迹来看，社区普遍经历了一个从解体到重构的过程，伴随着这一过程的，是对"发展"概念的不断反思。早期的"发展"侧重经济建设，从事发展事业的各国，几乎都把谋求本国经济发展甚至单纯的经济增长作为唯一的政策目标，全力追求有助于实现这种发展目标的工业化，将社会发展简单地等同于国民经济水平提高或人均国民生产总值增长。[①] 这种发展观的负面影响很快表现出来，伴生的问题甚至超出了取得的成就，如个人主义至上、公共意识衰落、社会秩序混乱、贫富分化引发社会动荡等，已经危及发展进程的继续推进。这种状况迫使人们反思一些传统价值观念和社会组织形式在现代社会所具有的价值，"社区"由此重回大众视野，"积极依靠和运用社区这种形式来谋求发展，既能达到现代发展的目的，又能保留人类生活这一有价值的形式，从而使发展成为更合乎人性，也更能持久的事业"[②]。于长江指出，当前人们所倡导的"社区回归"，就其本质而言，并不是指某种具体组织或机构，而是指人类的一种"生存状态"。作为人类生存基础的各类社区，涉及许多基本的社会价值、精神文化、生活方式等内容，社区研究和社区建设，本身就是我们对于社会变迁和社会发展的一种反思，有助于更深刻地理解"人"与"人的发展"[③]。

　　在中国，社区建设的目标和背景要更为复杂。马西恒指出，中国城市社区建设的初衷，旨在适应建立社会主义市场经济体制改革的需要，由社区承接"单位制"解体剥离的社会职能和政府职能转变归还社会的社会职能，逐步达到"小政府、大社会"的政治体制改革目标。[④] 与城市相

---

①　陈涛：《社会发展与社区发展》，《社会学研究》1997年第2期，第9—15页。

②　同上。

③　于长江：《走中国的城市社区化道路》（http：//www1. mmzy. org. cn/html/article/1247/5116593. htm. 2008. 5. 28）。

④　马西恒：《社区建设：理论的分立与实践的贯通》，《浙江社会科学》2001年第6期，第87—91页。

比，沿海发达地区在乡村都市化过程中所出现的"社区回归"反而体现出更多的对现代化和工业化的反思，这些地区的"社区"不需要承担城市社区在政治经济体制改革中扮演的"小政府、大社会"职能，因为相对城市来说，乡村长期缺乏国家资源供给，本身就是一个个自给自足、对自身管理和福利负责的实体。因此，与其说这些地区的社区重构是对国家自上而下的社区建设政策的响应，还不如说这些地区的社区复兴更多地出于当地居民自下而上的需求和行动。在这些地区，社区重建已经变成了民众寻求归属感、安全感、提高生活质量的内在要求。

为什么都市化不但没有削弱和瓦解这些地区的社区，反而促成了社区复兴？为什么是社区而不是其他的什么成为了对都市化最为有力的回应？都市化究竟在社区重构的过程中发挥着什么样的作用？本书将试图从以下方面对这些问题进行回答：

对安全感和确定性的追求。在传统乡村社区受到冲击最猛烈的地方，往往也是现代化、工业化遭到最强烈抵制的地方。如果说广东是改革开放的前沿，那么作为广东经济核心的珠三角则是前沿中的前沿，这里是全国最早开始发展乡镇企业的地区，也是乡村工业化、都市化成效最为明显的地区。2007 年广东省省长接受记者采访时说，广东改革开放以来经济高速增长，改革开放 29 年来年均增长速度为 13.7%，其中 1990—2006 年间的年均增长速度更是达到了 14.4%，远远超过韩国、日本、新加坡经济起飞时期的平均增速。这种经济高速增长最明显的表现之一就是城市化快速推进，尤其是在珠三角地区，城乡边界日益模糊，大量小城镇崛起，这一地区正在成为亚太地区最重要的城市群之一。快速的工业化、都市化变迁不仅改变了珠三角乡村的地理景观风貌，对其社会结构也产生深刻影响，大部分当地民众对改革开放带来的变化感受最深的一点，就是物质生活改善了，人际关系却在倒退，邻里、亲友关系大不如从前，许多人经常感觉到孤独，以往在大都市地区才存在的"城市病"、"现代病"现在也蔓延到都市化的村庄里来了。吉登斯指出，现代性的发展粉碎了旧有的"连续性"形式，损害了现代社会中的个人关系，个人生活由于失去原有的固定参照而变弱。现代性侵占了社会生活的大片领地，耗尽了他们曾经有过的意义丰富的内容。①

---

① 〔英〕安东尼·吉登斯：《现代性的后果》，田禾译，译林出版社 2000 年版，第 100—101 页。

不仅如此，现代性的发展还将人们抛入前所未有的"风险社会"，"流动的现代性"使社会成员被置于普遍的不确定感之中，前现代社会的安全感、信任和意义也随之丧失。为了抵制这些因素带来的焦虑，重构本体性安全，许多人将目光转回亲缘关系、地域性、传统和宗教——前现代社区的主要构成要素。鲍曼清楚地意识到了这一点，他指出，我们怀念共同体是因为我们怀念安全感，安全感是幸福生活至关重要的品质。[①] 这也可以说明，为何在工业化开始较早、经济较为发达的地区，传统复兴和社区回归越容易出现，发展得越好。

都市化、工业化与社区互构。一方面都市化、工业化为社区重构提供经济基础；另一方面社区为都市化和经济增长提供动力和意义。杨美惠指出，繁荣的市场经济才能支持礼仪经济所需要的各种仪式开支，工业化为温州地区带来了经济繁荣，因此人们才能建造豪华的庙宇、祠堂、坟墓，举办盛大的婚礼、葬礼和各种仪式庆典。[②] 不仅如此，富裕起来的当地居民来积极为社区公共项目捐款，建造庙宇、祠堂、学校或修路，有效地促进了财富再分配和社区建设。珠三角的情况与之类似，这里同样也以宗族和民间信仰的发达而著称。小榄的婚礼、葬礼和民间信仰仪式是周边市镇中最为隆重铺张的，这里的人们不仅不惜花大价钱来举办"风光"的仪式，还热衷于捐款修庙、建祠堂、举办敬老晚宴等活动，这与小榄镇的GDP多年来在中山市一直独占鳌头密切相关。这里的各种礼仪不但举办频繁，而且规模盛大，人情往来动辄成千上万，是当地居民家庭的一项重要支出。礼仪和社区公共项目是社区感形成的重要因素，工业化带来的经济繁荣为这类活动的开展提供了物质条件，也为社区再造提供了经济基础。与此同时，社区和礼仪活动又对工业化和都市化产生巨大的反作用：在沿海都市化的乡村地区，经济仍然深深嵌入在当地家庭和亲属文化中，礼仪活动有助于巩固和加强社会关系、提高社区自组织能力、激发社区责任感和与市场经济追求物质利益相反的牺牲和奉献精神。因此，生气勃勃的"浪费性"的礼仪不仅能够避免现代性的异化，还有力地推动了市场扩大和城镇成长，促进了社区重建和公益积累，成为助推经济发展的重要动力。

---

① ［英］齐格蒙特·鲍曼：《共同体（跋）》，欧阳景根译，江苏人民出版社2003年版。
② 杨美惠：《"温州模式"中的礼仪经济》，《学海》2009年第3期，第21—31页。

地方特色价值凸显。资本主义的一大目标就是摧毁社区和地方文化所构成的贸易屏障，从而将大众锻造为无差别的劳动力，并将地方变成资本通行无碍的自由市场。随着工业化、都市化的日益推进，资本主义的确也将"标准化"扩展到了世界各地，地方特色及个性大量丧失，变得彼此相似。全球化在消解"地方"性的同时，也从另一方面激起了地方主义的反弹。戴维·莫利和凯文·罗宾斯指出，也许恰恰是新的全球背景正以非常积极的方式重新创造地域意识和社会群体意识，与地域密切相关的传统、语言、生活方式顿然复苏。全球化导致的另外一个悖论，是地方特色成为吸引投资的有力筹码，地方特有的差异成为竞争优势，为此，城市已经到了强调、开发甚至制造文化和物质上的特性的时候了。① 国家的干预助长了"地方主义"的扩张，许多在集体化时期被贴上"封建迷信"标签的传统民俗，在市场改革时期都摇身变为炙手可热的"非物质文化遗产"，成为构成地方文化特色不可缺少的组成部分。强调传统和民俗对于旅游业开发也具有重要意义，鲜明的地域特色成为将地方作为整体性商品推销的良好广告。外部因素对地方特色的巨大需求，在一定程度上推动了当地民众的"文化自觉"，他们自发地发掘和追寻地方历史文化传统，并在这一过程中强化对地方的自豪感和忠诚，使地方历史文化在增强凝聚力和集体认同中的重要性增加。现在，小榄镇和宁村涌现出一批对地方历史文化抱有浓厚兴趣的居民，他们志愿去寻访本地的名胜古迹，从事资料搜集和考证工作，仔细地探寻街巷地名的由来，努力辨认、体察"地方纹理"。经由他们的努力，大量地方性文史知识被再生产出来，并通过地方电视台、报纸反过来灌输给当地民众。当前，地方传统和文化特色已经变成社区发展、文化、旅游以及制造文化遗产的政治对象。② 当地居民对社区及其传统的迷恋，也成为混合着怀旧、情感及实用功利主义的产物。

在鲍曼看来，"共同体"这个词之所以会给人不错的感觉，是因为它传递出的所有含义都预示着快乐。作为一名人类学工作者，我深知快乐的可贵，并由衷地关心自己和他人的快乐。这种关切指引我走进宁村，很快注意到这里充满欢乐的各种公共活动，并最终将这种快乐归结为社区。然

---

① ［英］戴维·莫利、凯文·罗宾斯：《认同的空间——全球媒介、电子世界景观与文化边界》，司艳译，南京大学出版社 2001 年版，第 159—161 页。

② ［英］王斯福：《帝国的隐喻（中文版序）》，赵旭东译，江苏人民出版社 2008 年版。

而，调查越深入，困惑也越大：一方面，我的确时时感到社区生活的欢快热闹，我从来没有在哪一个农村或城市社区看到宁村这样生机勃勃、既充满传统文化韵味又富有现代意识的社区生活；另一方面，我也日益认识到宁村并非一处遗世独立的"世外桃源"——每个人都有自己的问题和烦恼，并为之焦虑痛苦；社会分层和权力斗争同样不可避免地在这里发生，大同、自由、民主、平等在很大程度上依然只是一种理想；"农民"、"居民"、外来工等不同社会群体之间的差异和分歧丝毫没有改善的迹象，"农民"的富裕团结很大程度上建立在对其他群体的剥削和敌视上……这是否还是典型意义上的社区？抑或只是我自己的一种想象？对于前一个问题，现在我已经基本可以给出自己答案，社区不是"乌托邦"，任何一种现实生活都不可避免地存在矛盾和缺陷，这些并不能否定社区的价值。从这种意义上来看，宁村虽然不是一个尽善尽美的社区，但也不失为一个相当"好"的社区。对于第二个问题，我却很难做出回答，只能说如果每个人都是在按照自己的想象生活，那么在我对幸福的理解和想象中，将始终为社区保留一席之地。

# 参考文献

## 一　中文文献

### （一）地方史志

1. （明·嘉靖）《香山县志》。

2. （清）《香山县乡土志》。

3. （清）何大佐：《榄屑》。

4. 骆伟、骆廷辑注：《岭南古代方志辑佚》，广东人民出版社 2002 年版。

5. 政协广东省中山市委员会文史资料委员会编：《小榄菊花大会史记》，《中山文史》1994 年第 33 辑。

6. 政协广东省中山市委员会文史委员会：《榄溪风物》，《中山文史》1998 年第 42 辑。

7. 政协广东省中山市委员会文史资料委员会：《香山钩沉》，《中山文史》2004 年第 55 辑。

8. 政协广东省中山市委员会文史委员会：《赤子丹心》，《中山文史》2009 年第 62 辑。

9. 中山市地方志编纂委员会编：《中山市志》，广东人民出版社 1997 年版。

10. 高华载、梁华海主编：《小榄镇初志》，油印本，1986 年。

11. 小榄地方志编纂组：《小榄镇镇志》，修订本，未刊稿，2008 年。

12. 伍汉文著：《菊乡艺缘》，国际港澳出版社 2003 年版。

13. 伍汉文著：《古韵新容——水色匦》，小榄镇宣传文化中心编印，2010 年。

14. 伍汉文著：《古城新韵》，小榄宣传文化中心编印，2010 年。

15. 永宁居委会：《永宁村志》，油印本。

16. 永宁居委会：《永宁月刊》（内部刊物，内部发行）。

17. 何仰镐：《何族发家史》，手稿。

18. 梁卓勋：《永宁大事记》，油印本。

**（二）中文著作**

1. 《马克思恩格斯全集》第46卷（下），人民出版社1980年版。

2. ［美］爱德华·希尔斯：《论传统》，傅铿、吕乐译，上海世纪出版集团2009年版。

3. ［法］埃米尔·涂尔干：《宗教生活的基本形式》，渠东、汲喆译，上海人民出版社1999年版。

4. ［英］安东尼·吉登斯：《现代性的后果》，田禾译，译林出版社2000年版。

5. ［英］安东尼·吉登斯：《第三条道路：社会民主主义的复兴》，郑戈译，北京大学出版社2000年版。

6. 陈宝良：《中国的社与会》，浙江人民出版社1996年版。

7. ［美］陈佩华、赵文词、安戈：《当代中国农村历沧桑：毛邓体制下的陈村》，孙万国、杨敏如、韩建中译，牛津大学出版社1996年版。

8. ［英］戴维·莫利、凯文·罗宾斯：《认同的空间——全球媒介、电子世界景观与文化边界》，司艳译，南京大学出版社2001年版。

9. ［美］杜赞奇：《文化、权力与国家——1900—1942年的华北农村》，王福明译，江苏人民出版社1996年版。

10. 费孝通：《乡土中国》，生活·读书·新知三联书店1985年版。

11. ［美］菲利普·塞尔兹尼克：《社群主义的说服力》，马进、李清伟译，上海人民出版社2009年版。

12. ［美］傅高义：《先行一步——改革开放中的广东》，凌可丰、丁安华译，广东人民出版社1992年版。

13. 高丙中：《民间文化与公民社会》，北京大学出版社2008年版。

14. 高俊良、宗泉超：《中国亿元村》，今日中国出版社1994年版。

15. ［法］葛兰言：《古代中国的节庆与歌谣》，赵丙祥、张宏明译，广西师范大学出版社2005年版。

16. ［俄］古列维奇：《中世纪文化范畴》，庞玉洁、李学智译，浙江人民出版社1992年版。

17. ［德］哈贝马斯：《公共领域的结构转型》，曹卫东等译，学林出版社1999年版。

18. 何国强：《围屋里的宗族社会——广东客家族群生计模式研究》，广西民族出版社 2002 年版。

19. 贺雪峰：《乡村治理的社会基础：转型期乡村社会性质研究》，中国社会科学出版社 2003 年版。

20. 贺雪峰：《乡村治理的社会基础》，中国社会科学出版社 2003 年版。

21. 华中师范大学中国农村问题研究中心：《中国农村研究 2001 年卷》，中国社会科学出版社 2002 年版。

22. 黄淑娉：《广东族群与区域文化研究》，广东高等教育出版社 1999 年版。

23. 黄应贵主编：《时间、历史与记忆》，台北中研院民族学研究所 1999 年版。

24. 黄宗智主编：《中国研究的范式问题讨论》，社会科学文献出版社 2003 年版。

25. 黄宗智：《长江三角洲小农家庭与乡村发展》，中华书局 2006 年版。

26. ［英］E. 霍布斯鲍姆、T. 兰格：《传统的发明》，顾航、庞冠群译，译林出版社 2004 年版。

27. ［英］卡尔·波兰尼：《大转型：我们时代的政治与经济起源》，刘阳、冯钢译，浙江人民出版社 2007 年版。

28. 蓝宇蕴：《都市里的村庄——一个"新村社共同体"的实地研究》，生活·读书·新知三联书店 2005 年版。

29. ［美］理查德·桑内特：《公共人的衰落》，李继红译，上海译文出版社 2008 年版。

30. 李惠斌、雪冬主编：《社会资本与社会发展》，社会科学文献出版社 2000 年版。

31. 李亦园：《人类的视野》，上海文艺出版社 1996 年版。

32. 李亦园：《李亦园自选集》，上海教育出版社 2002 年版。

33. 罗梅君：《北京的生育婚姻和丧葬——十九世纪至当代的民间文化和上层文化》，中华书局 2001 年版。

34. 林之达主编：《中国共产党宣传史》，四川人民出版社 1990 年版。

35. ［美］罗丽莎：《另类的现代性》，黄新译，江苏人民出版社 2006 年版。

36. ［英］马丁·阿尔布劳：《全球时代：超越现代性之外的国家与社会》，高湘泽、冯玲译，商务印书馆 2001 年版。

37. 麻国庆：《家与中国社会结构》，文物出版社 1999 年版。

38. ［美］曼纽尔·卡斯特：《认同的力量》，林荣湘译，社会科学文献出版社 2006 年版。

39. ［美］曼瑟尔·奥尔森：《集体行动的逻辑》，陈郁译，上海人民出版社 1995 年版。

40. 毛丹：《一个村落共同体的变迁》，学林出版社 2000 年版。

41. ［英］莫里斯·弗里德曼：《中国东南的宗族组织》，刘晓春译，上海人民出版社 2000 年版。

42. ［德］裴迪南·滕尼斯：《共同体与社会》，林荣远译，商务印书馆 1999 年版。

43. ［美］普特南：《使民主运转起来：现代意大利的公民传统》，王列、赖海榕译，江西人民出版社 2001 年版。

44. ［英］齐格蒙特·鲍曼：《流动的现代性》，欧阳景根译，上海三联书店 2002 年版。

45. ［英］齐格蒙特·鲍曼：《共同体》，欧阳景根译，江苏人民出版社 2003 年版。

46. 折晓叶：《村庄的再造：一个"超级村庄"的社会变迁》，中国社会科学出版社 1997 年版。

47. 折晓叶、陈婴婴：《社区的实践——"超级村庄"的发展历程》，浙江人民出版社 2000 年版。

48. ［德］托马斯·海贝勒、君特·舒耕德：《从群众到公民——中国的政治参与》，张文红译，中央编译出版社 2009 年版。

49. ［法］托克维尔：《论美国的民主》，董果良译，商务印书馆 2004 年版。

50. 汪晖、陈燕谷主编：《文化与公共性》，生活·读书·新知三联书店 1998 年版。

51. 汪民安、陈永国、马海良主编：《城市文化读本》，北京大学出版社 2008 年版。

52. 王铭铭：《社区的历程：溪村汉人家族的个案研究》，天津人民出版社 1997 年版。

53. 王铭铭、王斯福主编：《乡土社会的秩序、权威与公正》，中国政法大学出版社 1997 年版。

54. 王铭铭：《村落视野中的文化与权力——闽台三村五论》，生活·读书·新知三联书店 1997 年版。

55. 王铭铭：《溪村家族——社区史、仪式与地方政治》，贵州人民出版社 2004 年版。

56. ［英］王斯福：《帝国的隐喻》，赵旭东译，江苏人民出版社 2008 年版。

57. 王颖：《新集体主义：乡村社会的再组织》，经济管理出版社 1996 年版。

58. 王颖、折晓叶、孙炳耀：《社会中间层》，中国发展出版社 1993 年版。

59. 王志弘编译：《空间与社会理论译文选》，译者自刊，1995 年。

60. ［美］西奥多·C. 贝斯特：《邻里东京》，国云丹译，上海译文出版社 2008 年版。

61. 萧放：《岁时——传统中国民众的时间生活》，中华书局 2002 年版。

62. ［日］小滨正子：《近代上海的公共性与国家》，葛涛译，上海古籍出版社 2003 年版。

63. 许纪霖编：《知识分子论丛——公共性与公民观》第五辑，江苏人民出版社 2006 年版。

64. 阎云翔：《私人生活的变革：一个中国村庄里的爱情、家庭与亲密关系》，龚小夏译，上海书店出版社 2009 年版。

65. ［美］杨美惠：《礼物、关系学与国家——中国人际关系与主体性建构》，赵旭东译，江苏人民出版社 2009 年版。

66. 俞可平：《社群主义》，中国社会科学出版社 1998 年版。

67. 张厚义、明立志：《中国私营企业发展报告（1999）》，社会科学文献出版社 2000 年版。

68. 张思：《近代华北村落共同体的变迁——农耕结合习惯的历史人类学考察》，商务印书馆 2005 年版。

69. 张珣、江灿腾主编：《台湾本土宗教研究的新视野和新思维》，台北：南天书局 2003 年版。

70. 周大鸣：《凤凰村的变迁》，社会科学文献出版社 2006 年版。

71. 周晓虹：《传统与变迁——江浙农民的社会心理及其现代以来的嬗变》，生活·读书·新知三联书店 1998 年版。

72. 周怡：《中国第一村——华西村转型经济中的后集体主义》，香港：牛津大学出版社 2006 年版。

（三）中文论文

1. 阿兰纳·伯兰德、朱健刚：《公众参与与社区公共空间的生产》，《社会学研究》2007 年第 4 期。

2. 北京大学社会分化课题组：《工业化与社会分化：改革以来中国农村的社会结构变迁》，《农村经济与社会》1990 年第 4 期。

3. 常建华：《日本八十年代以来的明清地域社会研究述评》，《中国社会经济史研究》1998 年第 2 期。

4. 曹锦清、张乐天：《传统乡村的社会文化特征：人情与关系网》，《探索与争鸣》1992 年第 2 期。

5. 陈春声：《正统性、地方化与文化的创制》，《史学月刊》2001 年第 1 期。

6. 陈健民、丘海雄：《社团、社会资本与政经发展》，《社会学研究》1999 年第 4 期。

7. 陈伟东、李雪萍：《社区自组织的要素与价值》，《江汉论坛》2004 年第 3 期。

8. 陈万灵：《"社区参与"的微观机制研究》，《学术研究》2004 年第 4 期。

9. 陈涛：《社会发展与社区发展》，《社会学研究》1997 年第 2 期。

10. 程玉申、周敏：《国外有关城市社区的研究述评》，《社会学研究》1998 年第 4 期。

11. 陈志明：《东南亚华人的土地神与圣迹崇拜》，《广西民族学院学报》2001 年第 1 期。

12. 邓燕华、阮横俯：《农村银色力量何以可能?》，《社会学研究》2008 年第 6 期。

13. 费孝通：《居民自治：中国城市社区建设的新目标》，《江海学刊》2002 年第 3 期。

14. 费孝通：《对上海社区建设的一点思考》，《社会学研究》2002 年第 4 期。

15. 付华顺：《城市化进程中的乡村演剧与公共娱乐生活变迁》，《戏曲研究》第七十七辑。

16. 傅瑾：《百年越剧与农民的公共生活》，《南风窗》2006 年第 5 期。

17. 甘满堂:《福建村庙酬神演戏与社区公共生活》,《福建省社会主义学院学报》2006 年第 1 期。

18. 甘满堂:《乡村草根组织与社区公共生活》,《福建行政学院福建经济管理干部学院学报》2008 年第 1 期。

19. 甘满堂:《灵验与感恩》,《民俗研究》2010 年第 1 期。

20. 高丙中:《社会团体的合法性问题》,《中国社会科学》2000 年第 2 期。

21. 高丙中:《民族国家的时间管理》,《开放时代》2005 年第 1 期。

22. 高丙中:《社团合作与中国公民社会的有机团结》,《中国社会科学》2006 年第 3 期。

23. 高丙中:《对节日民俗复兴的文化自觉与社会再生产》,《江西社会科学》2006 年第 2 期。

24. 高丙中:《作为非物质文化遗产研究课题的民间信仰》,《江西社会科学》2007 年第 3 期。

25. 高丙中:《"中国民俗志"的书写问题》,《文化艺术研究》2008 年第 1 期。

26. 高丙中:《节日传承与假日制度中的国家角色》,《绍兴文理学院学报》2009 年第 5 期。

27. 高鉴国:《社区意识分析的理论建构》,《文史哲》2005 年第 5 期。

28. 〔美〕高斯密:《农民的终结》,李居宁译,《广西民族学院学报》2004 年第 2 期。

29. 高添璧:《浅谈中国古代传统丧葬礼俗》,《学习月刊》2010 年第 9 期。

30. 高贤峰:《我国私营企业主参政问题研究评述》,《当代世界与社会主义》2005 年第 3 期。

31. 格里·斯托克:《新地方主义、参与及网络化社区治理》,《国家行政学院学报》2006 年第 3 期。

32. 郭于华:《心灵的集体化:陕北骥村农业合作化的女性记忆》,《中国社会科学》2003 年第 4 期。

33. 关昕:《"文化空间:节日与社会生活的公共性"国际学术研讨会综述》,《民俗研究》2007 年第 2 期。

34. 郭正林:《农村权力结构的民主转型:动力与阻力》,《中山大学学报》2004 年第 1 期。

35. 郭正林：《中国农村二元权力结构论》，《广西民族学院学报》2001 年第 6 期。

36. 贺雪峰：《中国农村社会转型及其困境》，《东岳论丛》2006 年第 2 期。

37. 贺璋瑢：《关于女性宗教信仰建立的几点思考》，《华南师范大学学报》2001 年第 3 期。

38. 黄世楚：《宗族现代化初探》，《社会科学研究》2000 年第 4 期。

39. 黄洋：《希腊城邦的公共空间与政治文化》，《历史研究》2001 年第 5 期。

40. 胡平、谢文雄：《我国五天工作制出台始末》，《百年潮》2009 年第 12 期。

41. 蒋国河：《20 世纪 90 年代以来当代中国农村宗族问题研究述评》，《中国农村观察》2006 年第 3 期。

42. 蒋省三、刘守英：《土地资本化与农村工业化》，《经济学》2004 年第 4 期。

43. 金丹元、王莹莹：《后现代消费语境下当代身体文化的审美观照与理性超越》，《中州学刊》2006 年第 5 期。

44. 金亨运、潘秋平：《阴阳五行与四时关系考》，《中医研究》2010 年第 4 期。

45. 科大卫：《国家与礼仪：宋至清中叶珠江三角洲地方社会的国家认同》，《中山大学学报》1999 年第 5 期。

46. 科大卫、刘志伟：《宗族与地方社会的国家认同》，《历史研究》2000 年第 3 期。

47. 科大卫、萧凤霞：《原初的跨越社会及其在现代的命运》，《乡村中国评论》2007 年第 2 期。

48. 劳动部、人事部谈实行五天工作制：《创业者》1995 年第 6 期。

49. 李宝梁：《从超经济强制到关系性合意》，《社会学研究》2001 年第 1 期。

50. 李长莉：《清末民初城市的"公共休闲"与"公共时间"》，《史学月刊》2007 年第 11 期。

51. 李晋：《中国华南社会主义社区研究述评》，《思想战线》2009 年第

4 期。

52. 李培林：《巨变：村落的终结》，《中国社会科学》2002 年第 1 期。

53. 黎熙元、陈福平：《社区论辩：转型期中国城市社区的形态转变》，《社会学研究》2008 年第 2 期。

54. 林剑：《论人的荣誉感的道德价值》，《江汉论坛》2005 年第 12 期。

55. 刘广宇：《新中国农村电影放映的实证分析》，《电影艺术》2006 年第 3 期。

56. 刘汉杰：《宗祠：神圣的纪念堂》，《百科知识》2007 年第 3 期。

57. 刘铁梁：《作为公共生活的乡村庙会》，《民间文化》2001 年第 1 期。

58. 刘志伟：《宗族与沙田开发》，《中国农史》1992 年第 4 期。

59. 卢福营：《农村私营企业主的崛起和参与》，《社会主义研究》2007 年第 6 期。

60. 卢晖临：《社区研究：源起、问题与新生》，《开放时代》2005 年第 4 期。

61. 马西恒：《社区建设：理论的分立与实践的贯通》，《浙江社会科学》2001 年第 6 期。

62. 毛丹：《村落变迁中的单位化》，《浙江社会科学》2000 年第 4 期。

63. 毛丹：《村落共同体的当代命运：四个观察维度》，《社会学研究》2010 年第 1 期。

64. 欧建平：《舞蹈：你究竟姓阴，还是姓阳?》，《艺术教育》2003 年第 6 期。

65. 潘泽泉：《当代社会学理论的社会空间转向》，《江苏社会科学》2009 年第 1 期。

66. 濮文起：《女性价值的张扬》，《理论与现代化》2006 年第 5 期。

67. 彭玉生：《当正式制度与非正式规范发生冲突：计划生育与宗族网络》，《社会》2009 年第 1 期。

68. 覃德清：《波特夫妇华南茶山调查的追踪研究》，《广西民族学院学报》2004 年第 1 期。

69. 任强：《"苏南模式"的转型与乡村先富参政》，《浙江社会科学》2005 年第 3 期。

70. 折晓叶、陈婴婴：《超级村庄的基本特征及"中间"形态》，《社会学研究》1997 年第 6 期。

71. 师凤莲：《农村社区：概念的误解与澄清》，《浙江学刊》2008 年第 5 期。

72. 孙璐：《利益、认同、制度安排》，《云南社会科学》2006 年第 5 期。

73. 万全勇：《中国佛教因果报应说的理论特色》，《西藏民族学院学报》2006 年第 3 期。

74. 王海洋：《"现代性时间"及其文化价值反思》，《求是学刊》2009 年第 4 期。

75. 王立胜：《人民公社化运动与中国农村社会基础再造》，《中共党史研究》2007 年第 3 期。

76. 王铭铭：《小地方与大社会——中国社会的社区观察》，《社会学研究》1997 年第 1 期。

77. 王日根、张先刚：《从墓地、族谱到祠堂：明清山东栖霞宗族凝聚纽带的变迁》，《历史研究》2008 年第 2 期。

78. 王圣芬：《沉迷于宗教，逃避现实》，《江南大学学报》2009 年第 5 期。

79. 王斯福：《什么是村落》，《中国农业大学学报》2007 年第 1 期。

80. 吴新叶：《农村基层公共空间中的政府在场》，《武汉大学学报》2008 年第 1 期。

81. 武占江：《四时与阴阳五行》，《河北师范大学学报》2003 年第 2 期。

82. 夏建中：《中国公民社会的先声》，《文史哲》2003 年第 3 期。

83. 萧凤霞：《文化活动与区域社会经济的发展》，《中国社会经济史研究》1990 年第 4 期。

84. 萧凤霞：《传统的循环再生》，《历史人类学学刊》2003 年第 1 期。

85. 萧俊：《中国公民权利认知的结构性进步》，《中国社会科学季刊》1999 年第 26 期。

86. 项飚、宋秀卿：《社区建设和我国城市社会的重构》，《战略与管理》1997 年第 6 期。

87. 项继权：《中国农村社区及共同体的转型与重建》，《华中师范大学学报》2009 年第 3 期。

88. 辛逸：《人民公社研究述评》，《当代中国史研究》2008 年第 1 期。

89. 熊辉：《社区参与：从他组织到自组织》，《湖北师范学院学报》2009 年第 5 期。

90. 徐海燕:《关于辽宁中老年妇女宗教信仰状况调查分析》,《理论界》 2005 年第 5 期。

91. 许纪霖:《市民社会与日常生活传统礼仪的传承》,《绿叶》2008 年第 7 期。

92. 徐琴:《城市更新中的文化传承与文化再生》,《中国名城》2009 年第 1 期。

93. 徐扬杰:《宋明以来的封建家族制度述论》,《中国社会科学》1980 年第 4 期。

94. 徐勇:《国家化与地方性背景下的双向型县域治理改革》,《探索与争鸣》2009 年第 11 期。

95. 杨建宏:《论宋代土地神信仰与基层社会控制》,《湖南科技大学学报》2006 年第 3 期。

96. 杨鲁慧:《中产阶级的崛起与东亚政治转型》,《当代亚太》2006 年第 1 期。

97. 杨美惠:《"温州模式"中的礼仪经济》,《学海》2009 年第 3 期。

98. 杨敏:《公民参与、群众参与与社区参与》,《社会》2005 年第 5 期。

99. 杨敏:《作为国家治理单元的社区》,《社会学研究》2007 年第 4 期。

100. 杨念群:《"地方性知识"、"地方感"与"跨区域研究"的前景》,《天津社会科学》2004 年第 6 期。

101. 叶南客、李芸:《当代城市发展战略的转型》,《江海学刊》2000 年第 3 期。

102. 叶显恩、林燊禄:《明清珠江三角洲沙田开发与宗族制》,《中国经济史研究》1998 年第 4 期。

103. 俞可平:《当代西方社群主义及其公益政治学评析》,《中国社会科学》1998 年第 3 期。

104. 张宝锋:《城市社区参与动力缺失原因探源》,《河南社会科学》2005 年第 4 期。

105. 张传勇:《因土成俗:明清江南地区的自然地理环境与葬俗》,《中国社会历史评论》2008 年第 9 期。

106. 张践:《因果报应论对传统政治正义观的补充》,《理论学刊》2007 年第 1 期。

107. 章立明:《身体消费与性别本质主义》,《妇女研究论丛》2001 年第 6

期。

108. 张鸣：《为什么会有农民怀念过去的集体化时代》，《华中师范大学学报》2007 年第 1 期。

109. 张佩国：《汉人的丧葬仪式：基于民族志文本的评述》，《民俗研究》2010 年第 2 期。

110. 张萍、刘德寰、程燕：《影响当代中国人宗教信仰倾向的几个因素辨析》，《世界宗教研究》2009 年第 4 期。

111. 郑杭生：《社会公平与社会分层》，《江苏社会科学》2001 年第 3 期。

112. 周大鸣：《论珠江三角洲的乡村都市化》，《开放时代》1995 年第 3 期。

113. 周大鸣：《外来工与"二元社区"》，《中山大学学报》2000 年第 2 期。

114. 周怡：《村庄声誉：一个无法略去的集体符号》，《社会》2008 年第 5 期。

115. 庄仲雅：《五饼二鱼：社区运动与都市生活》，《社会学研究》2005 年第 2 期。

116. 邹卫东、阮春林：《明清珠江三角洲地区对"北帝"的崇拜》，《岭南文史》2000 年第 3 期。

117. 中共厦门市委统战部联络处：《兴利抑弊，为海外联谊和统一祖国服务》，《福建省社会主义学院学报》1995 年第 3 期。

118. 朱健刚：《城市街区的权力变迁：强国家与强社会模式》，《战略与管理》1997 年第 4 期。

119. 朱健刚：《国家、权力与街区空间（上）》，《中国社会科学季刊》1999 年第 26 期。

120. 朱英：《20 世纪中国民间社团发展演变的历史轨迹》，《华中理工大学学报》1999 年第 4 期。

121. 祖德·豪厄尔：《中国妇女的政治参与：为谁而选举?》，《当代世界与社会主义》2008 年第 1 期。

## 二　英文文献

### （一）英文著作

1. Chen, Nancy N. etc. (eds). *China Urban*：*Ethnographies of Contempora-*

*ry Culture.* Duke University Press. 2001.

2. Fischer, Claude S. *To Dwell among Friends*: *Personal Networks in Town and City.* Chicago: University of Chicago Press. 1982.

3. Fisher, C. S. , *The Urban Experience*, New York: Harcourt Brace Jovanovich. 1984.

4. Gans, Herbet. *The Urban Villagers.* New York: Free Press. 1962.

5. Gmelch, George and Zenner, Walter P. (eds). *Urban Life*: *Readings in the Anthropology of the City.* Waveland Press, Inc. 2002.

6. Lefebvre, Henri. *The Production of Space.* Translated by Donald Nichiolson-Smith. Oxford & Cambridge USA: Blackwell press, 1991.

7. Lewis Osar. *Vida*: *A Puerto Rican Farmily in the Culture of Poverty-San Juan and New York.* London: Random House. 1967.

8. Marsden, Peter V. and Lin, Nan (eds. ) . *Social Structure and Network Analysis.* Beverley Hills: Sage Publications. 1982.

9. Madsen, Richard. *Morality and Power in A Chinese Village.* Berkeley: University of California Press, 1984.

10. Massey, Doreen. *Space, Place, and Gender.* Minneapolis: University of Minnesota Press. 1994.

11. Oi, Jean C. *Rural China Takes Off*: *Institutional Foundations of Economic Reform.* University of California Press. 1999.

12. Pateman, Carole. *Participation and Democratic Theory.* Cambridge: Cambridge University Press. 1970.

13. Pottr, S. H. and Pottr, J. M. *China's Peasants*: *The Anthropology of a Revolution.* Cambridge: Cambridge University Press. 1990.

14. Sennet R. (ed. ) . *Classic Essays on the Culture of Cities.* New York: Appleton-Century-Crofts. 1969.

15. Siu, Helen. *Agents and Victims in South China*: *Accomplices in Rural Revolution*, New Haven and London: Yale University Press, 1989.

16. Wellman B. and Berkowitz S. D. (eds. ) . *Social Structure*: *A Network Approach.* Cambridge: Cambridge University Press. 1988.

17. Yang C K. *A Chinese Village in Early Communist Transition.* Cambridge, Mass: The MIT Press. 1959.

## （二）英文论文

1. Brint, Steven. Gemeinschaft Revisited: A Critique and Reconstruction of Community Concept. *Sociological Theory*. 2001, 19: 1 - 23.

2. Fischer, Claude S. The Sub-cultural Theory of Urbanism: A Twentieth-Year Assessment. *The American Journal of Sociology*. 1995, 101 (3): 543 - 577.

3. Fischer, Claude S. Urbanism as a Way of Life: A Review and an Agenda. *Sociological Methods and Research*. 1972, 1 (2): 187 - 242.

4. Guldin, Gregory Eliyu. Desakotas and Beyond: Urbanization in Southern China. *Ethnology*. 1996, 35 (4): 265 - 283.

5. Oi, Jean. Fiscal Reform and the Economic Foundation of Local State Corporatism in China. *World Politics*. 1992, 45 (1): 99 - 126.

6. Redfield, Robert. The Folk Society. *The American Journal of Sociology*. 1947, 52 (4): 293 - 308.

7. Redfield, Robert. The Folk Society and Culture. *The American Journal of Sociology*. 1940, 45 (5): 731 - 742.

8. Smart, Alan and Smart, Josephine. Local citizenship: welfare reform urban/rural status, and exclusion in China. *Environment and Planning*. 2001, 33: 1853 - 1869.

9. Smart, Alan and Zhang, Li. From the Mountains and the Fields. *China Information*. 2006, 20 (3): 481 - 518.

10. Smart, Alan and Lin, George C. S. Local Capitalisms, Local Citizenship and Translocality: Rescaling from Below in the Pearl River Delta Region, China. *International Journal of Urban and Regional Research*. 2007, 31 (2): 280 - 302.

11. Wellman, Barry. The Community Question—the Intimate Networks of East Yorkers. *The American Journal of Sociology*. 1979, 84 (5): 1201 - 1231.

12. White, Gordon. Prospects for Civil Society in China: A Case Study of Xiaoshan City. *The Australian Journal of Chinese Affairs*, 1993, 29: 63 - 87.

13. Vaisey, Stephen. Structure, Culture, and Community: The Search for Belonging in 50 Urban Communes. American Sociological Review. 2007, 72 (6): 851 - 873.

# 后　记

　　本书在我的博士论文基础上修改而成，诸多师友、机构和田野调查中结识的人们都为这本书的出版付出了时间、精力以及至为宝贵的信任和情谊，对此我深表感谢。

　　在云南大学就读本科期间，我在一次田野调查中结识了周大鸣老师，为老师的学识和为人处世的气度所折服，毕业时即报考了周老师的硕士研究生，毕业工作两年后，又在周老师的鼓励下重返学校攻读博士学位。从2004年进入中山大学至2011年博士毕业，我师从周老师七年。在这七年间，周老师给予了我极大的信任和自由，无论是治学还是生活，均尽力提供帮助，让我去做自己想做的事。不仅如此，在我遇到困难挫折时，周老师还热情地施以援手，帮我走出低谷，重新回归学术之路。老师的敦促和鼓励，使我看到了自己的潜力，也在长期的历练中日益成熟和自信。撰写博士论文期间，周老师让我放手选择感兴趣的领域进行调查研究，并最大限度地从学术、人脉和资金等方面对我的田野调查提供支持，悉心指导，使我的调查和论文得以顺利完成。到武汉大学工作后，周老师还是一如既往地关心支持我，甚至带病赶来参加我的博士后出站评审。恩师的厚爱，一直是我努力在学术道路上探索前行的最大动力。

　　朱健刚老师也为本书的出版做出了重要贡献。朱老师不仅是一名有思想的学者，更是一名富于开拓进取精神，以饱满的热情和实际行动积极投身社会公益事业实践，致力于推动社会进步的行动者。这种将理想与实践相结合的务实风格，以及以天下为己任的知识分子情怀，对我产生了巨大影响，我的博士论文选择以"公共生活"为研究主题，某种程度上就是这种影响的体现。不仅如此，当他策划的"慈善与社会公益丛书"出版计划获得批准后，他还邀请我参与这套丛书的出版，他所任职的机构——中山大学慈善公益研究院在出版经费方面慷慨地予以资助，直接促成了本书的出版。

感谢中山大学人类学系的诸位老师——麻国庆教授、王建新教授、张振江教授、张应强教授、邓启耀教授、何国强教授、郭立新教授、刘昭瑞教授、刘志扬教授，在他们细致严谨的教导指引下，我得以接受系统严格的专业训练，一步步走上学术之路。感谢沈关宝教授、刘祖云教授、李江涛教授、王宁教授和麻国庆教授，他们在本人博士论文答辩过程中给予的建设性意见及评论为本书的修改指明了方向。感谢亦师亦友的马丁堂青年学者们：平易近人的程瑜副教授在学术和生活上均给了我不少启发帮助；同门师姐杨小柳副教授多次与我一同开展田野工作和合作研究，我们经常就生活和学术上的问题展开坦诚深入的交流，这些讨论中闪现的灵感和火花使我受益匪浅；勤于治学、思维严谨的段颖副教授一直是我学习的楷模，他通读了我的博士论文全稿，提出了许多中肯有力的批评建议，对本书贡献尤大。

感谢中山大学人类学系 2008 级博士班的同窗好友们：王易萍、杨婷婷、朱晴晴、杨帆、黄志辉、张振伟、石伟、姜娜、汪丹、彭力、王秋花、卢成仁、刘长、刘家佶、贾兴和，我们在一起度过了愉快充实的时光。感谢师妹罗猷敏，师弟周如南、刘初明，他们对本书成稿亦有贡献。

感谢中山市和小榄镇的朋友们。中山市文联主席胡波先生引荐我前往小榄，小榄文化站副主任、画家黎柱成热情接纳我的到来，并将我介绍给当地文化界人士。小榄菊花文化促进会会长李尚仁先生不仅多次接受我的访谈，还慷慨地向我提供资料，帮我联系访谈对象，对我的帮助尤其巨大。小榄文联主席、《菊城》报主编伍汉文先生在接受我的访谈之余，更向我赠予数册自己的大作，为我更好地了解小榄地方文化背景提供了有价值的参考。小榄方志办的诸位老先生——梁华海、麦天泰、李广明、何尧申、苏炳军，以及办公室唯一的一名年轻人何耀雄，在我的整个调查期间都给予了大力配合支持。

最隆重的感谢要献给永宁的朋友们，我在这里完成了学生时代的最后一次田野，也实现了我对田野调查的所有期待和想象：一方面是思想上的冲击碰撞甚至震撼，另一方面是生活上的充实愉快，我不是在生硬地做调查，而是生活在一群朋友们中间。业已退休离任的屈桂添书记对我在永宁的调查研究提供了最大限度的支持，他不仅主动邀请我参加居委会的各种活动，为我介绍报告人，还要求居委会的工作人员为我的调查提供便利，甚至为我提供了一处免费住所！此外，永宁居委会的郭钊荣、刘琴、布宝文、麦林坤、梁卓勋、何文钻、胡志炳、何荣洲、胡培森、杨志斌、英晔峰、伍文涛、吴健强、何敏娟以及其他工作人员都为我提供过帮助，虽然没有办法一一列举他们的名字，但他们已经与永宁这块热土一起，永远在我的记忆中熠熠生辉。当地的一些普通居民：何渭广、琼姨、刘凯、王老师也都曾对我的调查提供过很多协助，他们的淳朴善良、真诚亲切为我的田野调查增添了浓浓的人情味。

光阴似箭，转眼我已经离开中山大学到武汉大学社会学系工作近四年。在这四年中，社会学系的各位领导和同事——林曾教授、李玉龙书记、罗教讲教授、周长城教授、慈勤英教授、桂胜教授、王红副书记、徐炜副教授、崔应令副教授、张杨波副教授以及负责行政工作的陈倩老师、何艳红老师、黄锦琳老师、余园老师、林卫老师等为我的论文修改提供了许多便利和支持，在此一并表示感谢。尤其要感谢朱炳祥教授，四年来，朱老师在工作和学术上对我予以大力协助，为我的成长付出了许多心血和努力。

感谢家人一直以来的关爱支持。工作以后虽然离家更近，但由于工作学习繁忙，回家的时间并不多，对父母的关心照顾也很少，但他们从无怨言，总是鼓励我在工作上取得更大进步。公公婆婆在儿子出世后就放下了老家的一切来与我们同住，承担起照顾宝宝的重任，用他们的牺牲和付出，为我营造出良好的工作环境。2014年初，儿子的到来使我的生活开始有了新的意义和动力，为了这个小小的人儿而奋斗，跟他一起体验成长，时时让我感到欢欣鼓舞。丈夫从事的职业虽与我不同领域，但琐碎日常的陪伴和分担，已是对我最大的支持。

最后要感谢中国社会科学出版社的田文编辑，田编辑花费大量时间精力多次对本书全文进行精心校对，并给出了宝贵的修改意见。如果没有她高度负责的态度和良好的专业水准，本书将很难顺利出版。